RESEARCH ON THE CHANGES OF
CHINESE BRAND CULTURE
SINCE REFORM AND OPENING UP

From the Perspective of Advertising Communication

改革开放后
中国品牌文化变迁研究

——基于广告传播的视角

阴雅婷　著

社会科学文献出版社
SOCIAL SCIENCES ACADEMIC PRESS (CHINA)

本书由 2020 年度河南财经政法大学马克思主义新闻观研究中心招标课题
“中国品牌文化传播研究”资助；

本书系河南财经政法大学校级科研团队
“文化产业与数字经济融合发展研究团队”的阶段性研究成果

目　录

绪　论

第一节　问题的缘起与研究意义

一　问题的缘起

当代中国的广告业主要是在改革开放之后恢复的，中国企业和消费者的品牌意识也是在改革开放后，伴随着国外品牌和西方现代文化的涌入而被唤醒的，所以本书将1978年，即党的十一届三中全会召开，确立了实行改革开放、把工作重心转移到社会主义现代化建设上来的时间作为中国当代品牌文化变迁的起始点。

品牌的核心是文化，[①] 品牌文化是包含产品、广告等在内的多种文化的集合体，是社会文化经济体系的重要组成部分。再好的品牌、商品，如果不进行广告传播，或者广告传播的广度和效度不够，将很难获得较高的品牌认知度，品牌中蕴含的民族精神、企业理念等文化价值更难以深入人心。广告是导引消费者品牌选购倾向的重要力量，广告传播是当代社会提升产品形象、扩大品牌文化影响力的重要途径。

1978年是中国社会从相对封闭走向对外开放的重要转折点。改革开放初期，经济发展刚刚起步，国内企业规模小、实力不强，生产供给水平低，商品种类不丰富，市场上求大于供，导致“皇帝的女儿不愁嫁”，企业不需要品牌即可将产品销售出去，因此，出现了

① 刘光明主编《品牌文化》（第二版），经济管理出版社，2017，第4页。

商标的注册数远远小于企业数目的现象。当市场发展到产品较为丰富的阶段，企业和消费者均开始将品牌作为产品销售、购买的利益保障。但在计划经济向市场经济过渡时期，整个社会对于品牌的认识仍局限于品牌就是产品的商标、名称、符号，品牌文化的建设和传播更是无从谈起。1978 年之后，在改革开放和社会主义市场经济的双重政策推动作用下，中国经济快速起飞，中国居民的闲暇时间日趋增多，生活方式也日渐多样化。1979 年之后，随着沿海开放城市的建立，中国对外开放新局面的出现，我国企业开始参与对外经济技术交流。但是，20 世纪 80 年代风靡海内外的名牌，例如梅花运动服、飞跃运动鞋却慢慢淡出了人们的视线，与此同时，在国际市场竞争中，苦心经营的品牌不乏折戟沉沙的情况。国外企业常常利用中国企业急需资金、技术的心理，通过合资、并购的方式，逐步"雪藏、边缘化"中国本土品牌，从而控制销售、占领市场份额，导致中国民族品牌在合资经营的过程中不断消失。1984 年 10 月，党的十二届三中全会在北京举行。在此次会议上通过的决议报告中，社会主义经济是公有制基础上的有计划的商品经济的科学论断被正式提出。1985 年，我国城市经济体制改革全面展开，企业的自主权得以逐步扩大。商品市场的发展促使市场开始自由竞争，一些理念比较先进的商家为了赢得更多消费者的关注，从而为企业带来更多的销售利润，开始投放广告、打造品牌，但是，当时的企业普遍忽视品牌文化内涵的建设和传播，把创名牌的希望全部寄托在广告的炒作上，并且在广告中常常只是对品牌名称、企业的获奖荣誉和称号、企业的名称和销售地点等进行宣传，致使该品牌在市场上无法形成差异化的品牌形象，品牌成为一具缺乏核心价值的空壳。

进入 20 世纪 90 年代之后，经济全球化的步伐进一步加快，我国社会生产力水平不断提高。在物质性需求持续得到满足的同时，人民对美好生活的精神需求日益增长，西方消费社会的主流文化——消费主义文化借助广告、消费品和跨国企业等载体日益渗透进国内，对发达地区以及较发达地区的居民和中高阶层群体产生深刻影响，并逐步向欠发达地区和中低阶层群体扩散蔓延；在消费主义文化的助推下，消费者的品牌意识空前加强，国内消费者的消费需求开始呈现多元化和个性化，他们在购买商品时，更为看中该商品品牌为自己带来的附加价值。与此同时，企业也开始重视品牌的发展，企业主和广告商逐渐将品牌塑造成产品功能性价值的“附属物”，品牌的附加价值文化形成。但是，当时国内企业往往从利润获取、品牌提升等功利性目标出发，在广告中融入那些能够促进市场效益最大化的西方价值观念，以迎合消费者的需求、刺激消费者的欲望。

进入21世纪之后，在国家“走出去”战略实施之后，中国企业纷纷试水海外市场，越来越多的企业开始关注品牌资产问题，并逐步意识到品牌文化这一无形资产在企业资产中的重要地位。但是，中国民族品牌“走出去”的过程常常是跌跌撞撞、一波三折的，乃至产生了一些民族品牌不够自信、得不到充分发展的问题：首先，随着中国国力和经济实力的增强，中国品牌开始在世界上受到广泛关注，中国企业的商标在海外也屡屡被抢注；其次，有不少国内企业仍然将无自主品牌名、无商标、无形象和无文化意义的产品输出到国内和国外市场；最后，还有不少企业只顾眼前利益，自甘为人作嫁衣裳，为国外企业贴牌生产（OEM），以跨国企业代工商的身份进入国际市场。在这个过程中，西方消费主义、个人主义、享乐主义等文化价值观念搭乘西方品牌营销传播方式的快船，对我国传统消费文化与道德伦理造成强烈的冲击，不断消解传统的社会价值观念；而中国企业却普遍缺乏品牌文化传播的意识与实践经验，一些国内企业的品牌文化内容与传播方式缺少表现力、现代性和系统性，未能充分地对国家文化进行表达与传播……由于缺乏品牌保护意识和现代传播营销意识，在国外品牌的冲击下，民族品牌被收购和“雪藏”的现象时有发生，例如：“中华牙膏”被荷兰“联合利华”收购、“活力28”被美国“美时洁”收购、“乐百氏”被法国“达能”收购、“小护士”被法国“欧莱雅”收购……

品牌文化是以品牌为基础，在持续的品牌营销传播中形成的，影响着消费者的生活方式和生活观念。真正的品牌文化是消费者和企业间文化的融合与再生产，是企业和消费者共同构建的价值观。中国当代民族品牌的发展与改革开放同步，历经波折，并随着国家战略的实施，在“走出去”的过程中逐渐发展起来，是由表及里、由浅入深、不断丰富和升华的过程。

改革开放至今的四十多年间，中国企业逐渐明白了什么是市场、什么是品牌，但在未来的发展过程中，中国企业更需要增强品牌保护意识和品牌文化传播意识，在国内外树立中国民族企业的品牌形象，传播国家文化，促进国家形象的不断提升。因此，本书认为有必要关注如下问题：改革开放以来，中国民族企业的品牌文化意识是如何产生的；其品牌文化是如何被以广告为主的方式传播的；品牌文化传播是否和如何影响中国大众的文化价值观；品牌文化对中国企业有什么价值和作用；品牌文化如何帮助中国企业建构和发展品牌、提升企业的品牌价值；品牌文化受到了社会经济、文化等因素怎样的影响。

文化是品牌的核心与灵魂。中国当代企业的品牌文化是西方消费文化和中国传统文化彼此碰撞、互相融合的结晶，同时也是改革开放之后市场化、产业化、国际化运作的结果。广告是品牌传播的主要形式和主要途径，也是最直接、最有效的方式，凝聚了企业的核心文化元素，能够充分体现品牌丰富的文化底蕴和价值内核，深深地影响消费者的消费意识与文化价值观念。因此，无论是广告活动还是广告作品，均具有文化的内涵与特质，也是品牌文化传播的载体。所以，基于广告传播的视角，考察中国本土品牌文化变迁的路径、规律，具有重要的理论和现实意义。

二　研究意义

（一）理论意义

经过长期的发展，品牌理论已经在诸多领域取得了显著的成果，品牌研究也从品牌建构向品牌竞争力方向深化，但国内外的品牌理论研究主要集中在品牌资产和品牌关系管理上，比如品牌定位理论、品牌资产理论、战略品牌管理理论等，而有关品牌文化变迁，特别是中国品牌文化变迁的系统研究却未有面世。观察到当前的企业更为关注品牌的文化内涵、价值内核等问题，本书从广告传播的视角出发，依据品牌文化理论、文化资本理论，通过挖掘、分析相关资料，按照中国当代品牌历史发展的脉络，关注中国当代品牌文化变迁的问题，梳理中国当代品牌文化发展变迁的路径，探讨其发展规律，最后总结出其发展模式与特征。

研究中国当代的商业品牌文化传播策略及其发展变迁可以丰富与拓展既有的品牌文化理论研究。一方面，品牌文化符号体系能够帮助企业形成品牌的无形价值，提升企业的品牌形象，提高企业的品牌资产价值；另一方面，品牌文化符号体系能够通过广告、公关、叙事、营销的传播发展出人们对人生的知识及对生命的态度，影响其消费观念和价值观念。进入 21 世纪，特别是在数字媒体环境下，文化不仅成为国内外品牌竞争的资本，也成为人们竞争的资源。在这种情境下，人的价值观被异化，通过把品牌贴在自己身上，来表达自己无法用语言准确表达或广而告之的想法、价值观念，彰显自身价值、品位与社会地位。因此，本书梳理探究自 1978 年党的十一届三中全会之后的品牌文化的历史变迁，提炼中国品牌文化变迁的路径和规律，为丰富品牌文化研究的理论与实践提供学术积累；并通过进一步延伸探讨、挖掘数字媒体环境下的品牌文化变迁的规律与特征，为中国的品牌文化学研究提供更宽阔的学术增长空间。

（二）现实意义

20 世纪 90 年代初，世界上史无前例的社会主义市场经济体制正式被提出，中国经济转型渡过预备阶段正式起步。① 国内企业大多品牌意识不强，缺乏具有中国传统文化底蕴且拥有国际竞争力的品牌。

---

① 董志凯：《转型之路——中国社会主义市场经济起步（1992—2001）》，《中国经济史研究》2008 年第 4 期。

如何提高品牌的附加价值和资产价值；如何实现中国传统文化与西方文化的互动与交融，推动中国企业与品牌的国际化，进而实现中国本土品牌文化乃至中国传统文化的现代化、全球化传播——这些都已成为我国现代市场经济条件下品牌经营的战略问题。追踪研究中国当代品牌文化的变迁过程有助于中国企业反思自身的品牌国际化路径，梳理总结品牌价值提升的方法，有助于企业构建以理念文化为核心的品牌竞争力，提升品牌的文化价值。

特别是在数字化环境下，消费者的消费行为呈现新的时代特征：消费个性化、选择多样化、决策主动化、购买现实化、信息对称化等。其中，网络新生代流行文化更是呈现如下特征：丰富多样、不确定性增加；民主参与意识强、拥有更多表达的权利、机会和自由；娱乐化特征更为显著；偏重感性体验以及寻求个性的张扬。[①] 消费者尤其是新生代消费者的消费及文化特征，加上电脑、手机等数字媒体的支持，推动数字化环境下消费行为和消费文化的更迭：第一，消费环境的去障碍化；第二，生产与消费的模糊化；第三，线下与线上的融合化；第四，消费内容的长尾化和细分化。与此相应，越来越多的企业也通过实施整合品牌文化传播，缩短与消费者沟通的距离，与消费者共同构建与传播品牌的核心文化价值。

以此为背景，本书重点从广告的创意表现与传播、广告的消费文化表现、广告的艺术审美表现三个维度，观察改革开放以来中国品牌文化变迁的路径，分析包括品牌符号文化、品牌理念文化在内的品牌文化的变迁对中国消费者的文化价值观产生的影响，以及对中国民族品牌建设、国家形象提升的作用和意义。希望从中国品牌意识再次被唤醒、品牌文化发展的历史中找寻规律，总结中国本土品牌文化演进的模式，预测未来品牌文化的发展趋向，助力中国本土企业反思过去，展望未来的品牌国际化道路。

---

① 张苑琛：《网络新生代流行文化特征探析》，《新闻爱好者》2011 年第 4 期。

第二节 国内外文献综述

一 国外研究

在 EBSCO 数据库、CrossRef 开放式参考文献链接系统和 UIUC University Library 数据库中键入题名（TI Title）“brand culture communication”进行检索，根据输出的相关文献结果，梳理归纳西方学者对品牌文化论述的主要角度为：

1. *从顾客价值理论的角度分析品牌文化为消费者所带来的功能和情感价值*

人们不仅对外形、品质、功能等品牌的实用性价值感兴趣，还关注品牌内在的理念文化所带来的象征性价值。兰能和库珀认为企业应该将情感、文化因素融入品牌建设和传播中。[①] 1997 年，戴维森提出了“品牌冰山”理论和思想，认为消费者只能看到品牌水面上的部分，而藏在水下 85% 的部分是品牌的“价值观、智慧和文化”。[②] 斯科特·戴维斯提出品牌金字塔模型，认为金字塔最顶端是满足消费者精神和文化需要。[③]

2. *考察品牌文化的国际传播*

文化资源可以为品牌传播、发展开创新的路径。只有接受品牌的文化维度，学者才能更好地理解品牌在全球市场中的作用，民族品牌通过品牌来源国、产品国家形象和文化接近度与国际贸易、消费者偏好有着诸多联系。Xiaoqing Qin 的文章“Brand Culture Communication Under New Media Age”（《新媒体时代下的品牌文化传播》）

---

① Judie Lannon & Peter Cooper, “Humanistic Advertising: A Holistic Cultural Perspective,” *International Journal of Advertising*, Vol. 2, 1983, pp. 195 – 213.

② 转引自〔英〕莱斯利·德·彻纳东尼《品牌制胜——从品牌展望到品牌评估》，蔡晓煦等译，中信出版社，2002，第 80 ~ 93 页。

③ 〔美〕斯科特·戴维斯：《品牌资产管理》，刘莹、李哲译，中国财政经济出版社，2006，第 48 ~ 49 页。

指出，在新的网络环境下，品牌文化呈现新的特点，品牌传播也面临新的挑战，强调品牌文化传播对于一个企业的生存和发展是非常重要的，因此，企业必须寻找更为有效的品牌文化传播途径与策略。[①]

二　国内研究

品牌文化的构建和传播能够实现品牌的个性化、差异化，从而在消费者心目中留下深刻的印象。作为品牌传播的主要方式，广告能以其卓越的创意、绚丽的画面，体现品牌独特的文化特征。中国关于当代品牌文化变迁的研究历史不长、数量不多，品牌文化方面的专著、编著或教材数量稀少。与本书选题较为接近的教材有：由乔春洋编著、中山大学出版社 2005 年出版的《品牌文化》，该书从“文化”探义、品牌文化的内涵与意义入手，论述了品牌物质文化、品牌精神文化和品牌传播文化等；[②] 由余明阳、戴世富著，武汉大学出版社 2008 年出版的《品牌文化》，该书主要对品牌文化的概念、构成和品牌文化战略及其构建等进行了概述；[③] 由刘光明主编、经济管理出版社 2017 年出版的《品牌文化》（第二版），该书阐释了品牌文化的建设、传播与营销。[④] 与本书内容较为接近的著作有由林升梁所著的《33 年中国社会价值观念的变迁：基于广告传播的视角》，这部著作从品牌信息传播的主要手段——广告传播的视角，将线上线下国内外品牌文化传播和消费价值观二者相结合，描述了 1978 年至 2011 年中国广告历史发展与文化价值观变迁之间的互动关系。[⑤]

---

① Xiaoqing Qin, “Brand Culture Communication Under New Media Age,” Inernational Conference on Education Management and Computing Technology (ICEMCT 2015), pp. 680 – 684.

② 乔春洋编著《品牌文化》，中山大学出版社，2005。

③ 余明阳、戴世富：《品牌文化》，武汉大学出版社，2008。

④ 刘光明主编《品牌文化》（第二版），经济管理出版社，2017。

⑤ 林升梁：《33 年中国社会价值观念的变迁：基于广告传播的视角》，厦门大学出版社，2012。

再者，在中国知网（CNKI）高级检索框中键入“品牌文化变迁”篇名进行查找，仅得到1篇相关文献——张丹发表的《浅谈体育品牌文化变迁——以李宁为例》①，在中国知网再键入“品牌文化传播”篇名进行查找，经过甄别后得到46篇相关文献，文献主要分为硕士学位论文、报纸新闻、经济管理类文章、新闻传播类文章、市场营销类文章、艺术设计类文章和大学学报类文章七类，其中硕士学位论文12篇，报纸新闻3篇，经济管理类文章11篇，新闻传播类文章11篇，市场营销类文章1篇，艺术设计类文章3篇，大学学报类文章5篇。从这组数据中我们可以看出，硕士学位论文最多且其中4篇都是来自新闻传播专业，其次是经济管理类和新闻传播类文章，这反映了品牌文化传播研究主要集中在经济管理和新闻传播领域。此外，这46篇文献中，仅有1篇来源于中文核心期刊，占期刊文章数量的2%，说明该领域高层次的研究所占比重较低。在这46篇文献中，发表最早的期刊文章是木一的《天号陈的品牌文化传播》，该文章主要分析了四川全兴酒业对外进行品牌文化传播的案例，并聚集于全兴酒业旗下的“天号陈”品牌，探讨了该企业“天号陈”品牌通过包装、广告、促销、赞助活动等传播策略，向受众传播其品牌故事及其凸显皇家特色的酒文化。②

最后，通过分析、梳理，得出国内学者对品牌文化传播研究主要有三个学术视角。

一是从企业、消费者的关系角度进行品牌文化传播路径的研究。舒咏平、吴希艳认为品牌传播是通过广告、公关等传播手段，提高品牌在目标受众心目中的认知度、美誉度、和谐度。③ 品牌传播主要有VI、广告、公共关系、促销活动、人际传播方式。④ 品牌

① 张丹：《浅谈体育品牌文化变迁——以李宁为例》，《商业文化》（学术版）2011年第12期。

② 木一：《天号陈的品牌文化传播》，《市场观察》2003年第8期。

③ 舒咏平、吴希艳编著《品牌传播策略》，北京大学出版社，2007，第1页。

④ 黄合水：《品牌学概论》，高等教育出版社，2009，第323～325页。

传播既是表现品牌个性的手段，也是形成品牌文化的重要组成部分。[①] 品牌核心价值的本质是文化性精神价值，其根植于特定的社会文化或民族文化。[②]

二是从提升品牌力、品牌形象构建的视角，探究品牌文化传播策略。杨楠建议中国品牌必须树立中国特色形象，展现中国文化的智慧。[③] 张晓萍指出品牌文化传播要依靠品牌视觉形象的展示。[④] 品牌之间的竞争是文化的竞争。陈颖认为在品牌全球化的过程中，文化差异是企业不得不突破的最大障碍。[⑤]

三是从文化输出、国家形象提升的视角研究品牌文化传播。中国品牌发展已上升至国家战略层面，[⑥] 但是，我国对外的品牌文化传播在相当长的一段时期内仅仅被作为一种企业对外宣传与活动促销的方式，品牌独特的文化价值被忽略，中国产品出口的主要问题在于大量品牌走的是低价、贴牌、产量和规模优先的路线，[⑦] 而与其他构成要素相比，显然只有品牌文化最能将品牌的价值沉淀传送到世界各地。

品牌文化变迁是一个崭新的研究领域，从以上分析我们可以看出，国内有关品牌文化变迁及其传播的研究成果的不足之处。

第一，在研究内容上，案例分析、策略研究的文章居多，虽然有少数人研究了大众媒体、网络媒体对品牌文化传播的影响，但是缺乏探索品牌文化传播发展路径与规律的研究，更鲜见数字媒体环

---

① 余明阳、戴世富：《品牌文化》，武汉大学出版社，2008，第127页。

② 段淳林：《整合品牌传播：从IMC到IBC理论建构》，世界图书出版公司，2014，第93页。

③ 杨楠：《品牌国际化形象对消费者行为的影响》，《经济体制改革》2015年第2期。

④ 张晓萍：《视觉形象与品牌文化研究》，《汉字文化》2018年第21期。

⑤ 陈颖：《品牌国际化战略中跨国品牌文化的传播策略研究》，《价值工程》2008年第2期。

⑥ 才源源等：《“一带一路”背景下中国品牌文化价值观运用分析》，《社会科学》2020年第1期。

⑦ 黄升民、张驰：《改革开放以来国家品牌观念的历史演进与宏观考察》，《现代传播（中国传媒大学学报）》2018年第3期。

境下的品牌文化变迁的研究，总结起来就是对于品牌文化传播的社会文化与时代语境缺少深入的阐释，特别是对品牌文化所依存的社会文化语境及其与传播媒介的关系，品牌文化传播过程中体现的企业、市场以及消费者之间的互动关系缺乏深入认识。

第二，在研究方法上，特别是以硕士学位论文为代表，理论研究薄弱，大多采用问卷调查的方法，该方法往往仅呈现了消费者的消费特征与企业品牌传播策略，难以揭示当代中国品牌文化变迁的路径与规律，以及通过广告传播来观察中国当代本土品牌文化价值的发展变迁。此外，该领域博士学位论文层次上的研究尚未完全展开。总之，无论是从研究数量还是从质量上看，目前品牌文化特别是从广告传播角度探讨中国当代品牌文化变迁的研究仍然处在浅表层次，更没有出现品牌文化与中国当代社会政治、经济与文化关系的研究，需要更多的新闻传播学者参与其中。

第三节　研究内容与方法

一　研究内容

从文化的角度来看，广告传播是一种以营造人的生活方式和消费观念为目的的文化传播形式，其通过各种方式刺激消费者的消费欲望，传播消费理念和价值观念。广告亦是品牌文化最主要也是最重要的传播方式，品牌文化符号体系能够通过包括广告、公关、叙事、营销、人际等方式的传播，发展出人们对人生的知识及对生命的态度，影响并反映消费者的文化价值观念。因此，本书重点从广告的创意表现与传播、广告的消费文化表现、广告的艺术审美表现三个角度观察改革开放以来包括品牌符号文化、品牌理念文化在内的中国品牌文化变迁的轨迹与规律，分析品牌文化对中国消费者的文化价值观产生的影响，以及对中国民族品牌建设与发展的作用和意义。

除绪论和结语外，本书总共有 7 章，主要从中国本土企业品牌意识的复苏出发，关注企业由品牌符号文化传播向品牌理念文化传播转变，直至与消费者协同共建品牌文化的过程，从广告的内容表现与传播观察中国当代品牌文化变迁的路径、规律和特征，并对其所产生的影响加以考察分析。具体章节安排如下。

本书绪论部分对问题的缘起、研究内容、研究方法进行了介绍，对相关概念进行了界定。第一章从品牌的核心与本质——文化切入，对品牌文化的核心概念加以界定，指出品牌文化在本质上是一种文化资本，品牌文化的传播和消费是一种符号的生产，即在品牌的构建和传播的过程中进行信仰、意义和价值的生产。第二章，在分析改革开放后中国社会消费环境的变化、消费者需求的变化、广告与品牌文化传播关系的变化的同时，对商品经济孕育下的品牌文化符号进行分析。20 世纪 90 年代，随着社会主义市场经济体制的确立，全国各地相继实施名牌战略，启动名牌工程，然而许多企业在实施“名牌战略”的过程中，忽视了品牌发展的质量基础，并把创名牌的希望全部寄托在广告的炒作上。针对广告投放与管理混乱的现象，我国政府出台了一系列相关的政策法规进行治理整顿，促进中国本土品牌朝着现代化、科学化和富有精神内涵的方向发展。鉴于此，第三章对我国企业的品牌文化内涵匮乏的现象进行分析。第四章对市场经济下的中国品牌附加价值文化的发展进行研究，分析了其中的消费主义色彩和审美表现，并指出由于当时本土企业品牌传播的功利性过强，中国品牌审美文化表现中存在一些窄化和扭曲的情况。第五章分析了经济全球化语境下的中国品牌文化资产建设、累积，并以实证的方式比较了中国加入世贸组织前后的 2001 年和 2006 年《IAI 中国广告作品年鉴》中的品牌广告所呈现的文化价值观，分析和研究这两个年份的中国品牌文化传播的内容、方式和文化价值取向的变化，及其所受到的西方现代文化的影响。第六章对数字媒体环境下中国品牌文化的多元化发展进行了分析，指出广告审美消费文化的数字化协同共建进一步消解了审美与日常生活的边界，影响着消费者的文化价值观与审美观。同时，概括了从 20 世纪 80 年代直至数字时代中国品牌文化传播场域中的多元权力关系。第七章总结了改革开放以来中国当代品牌文化变迁的轨迹、规律与特征，归纳了中国当代品牌文化传播给中国本土企业、消费者和社会所带来的价值和影响，并给予中国本土企业一些有关品牌文化传播的策略性建议。结语部分指出了研究的不足，并对广告学、品牌学相关研究者今后的研究提出了一些建议。

研究发现，20 世纪 80 年代至今，品牌文化愈来愈趋向现代化和多元化。品牌代表了特定的生活方式和品位，是企业的价值观与消费者的价值观的有机统一，也是企业的文化资本、消费者的文化资源，品牌文化渗透于大众日常生活的方方面面。品牌文化价值受到政治制度、经济发展水平、文化习俗等因素的影响。中国品牌的文化价值不仅是在企业的品牌建设过程中发展和积淀起来的，更是在社会公众的生活和意识中培养和积累起来的，品牌文化最终型构成为由消费者、企业、社会公众共同作用的文化环境，并刻录着中国社会消费方式、文化价值观的演变轨迹。同时，品牌文化的建设和传播对于中国企业实施“走出去”战略、提升品牌形象、传播国家文化等也具有非常重要的意义。

二 采取的研究方法

本书在广告学、社会学、心理学、经济学、传播学的理论观照下，在充分考察时代、行业、市场机制的基础上，并在数字化媒体技术产生、发展的背景下，从社会历史发展的维度观照并深入研究当代中国品牌文化变迁的路径、方式和价值取向。

本书采取以下研究方法。

1. 文献研究方法

文献研究方法主要是在对记录知识的载体，如图书、报刊、会议资料、各种文件、学术论文、科技报告、专利文献、磁盘、光盘及各种音像视听资料、微缩胶卷等进行全面搜集的基础上，归纳整理、鉴别分析之后形成对事实的科学认识，是在历史中寻找规律的科学研究方法。

2. 内容分析方法

该方法根据既定的研究目标，通过搜集、对比和分析与课题相关的文字、图像、声音等样本资料，进行分析性归类，并从中提炼、总结出研究结果，因此通常也被称为“定量的研究方法”（quantitive method），它同样可以被用来加强本质上更加“定性的研究”（qualitative studies）。本书使用内容分析方法，比较中国加入世贸组织前后的2001年和2006年《IAI中国广告作品年鉴》中的品牌广告所呈现的文化价值观，分析和研究这两个年份中中国品牌文化变迁的内容、方式和文化价值取向的变化，及其所受到的西方现代文化的影响。

3. 话语分析方法

在英国语言学家诺曼·费尔克拉夫（Norman Fairclough）看来，所谓话语，指的是对主题或者目标的谈论方式，包括口语、文字以及其他的表述方式。① 法国哲学家福柯提出了话语权力的理论，强调了话语系统在知识生产和社会建构方面的功能。诺曼·费尔克拉夫认为话语体系的建构效果主要体现在三个方面：“话语首先有助于某些有着不同称呼的东西的建构，诸如‘社会身份’；其次，话语有助于建构人与人之间的社会关系；再次，话语有助于知识和信仰体系的建设。”② 除了以语言为研究对象，Kress与VanLeeuwen提出的多模态话语分析方法从构图、声音、色彩等方面来解读图像所要表达的意义，有助于分析广告作品中的图片、音乐、字体、色彩等文化传播元素；互文性是广告话语分析的另一个重要的维度，“互文性”概念的提出者克里斯多夫认为：“任何文本的构成都仿佛是一些引文的拼接，任何文本都是对另一个文本的吸收和转换。”③ 广告话语作

① 〔英〕费尔克拉夫：《话语与社会变迁》，殷晓蓉译，华夏出版社，2003，中译本序第1页。

② 〔英〕费尔克拉夫：《话语与社会变迁》，殷晓蓉译，华夏出版社，2003，第60页。

③ 转引自秦海鹰《互文性理论的缘起与流变》，《外国文学评论》2004年第3期。

为一种对外传播品牌文化和价值理念的功利性话语模式，其话语的生产和传播均富有互文性特征。

本书基于社会历史的角度对2000年之前的“全国广告作品展”获奖作品、2000年之后的《IAI中国广告作品年鉴》中的代表性的品牌个案加以考察，并运用话语分析的方法进行分析，虽然并不属于非常严格的实证性分析，但是按照社会历史的发展顺序，通过较为全面的考察，也能够在社会和文化的互动关系中探讨广告话语对消费者的个人形象、社会地位、审美趣味的构建作用，并分析广告话语如何受到权力关系与意识形态的影响，以及广告话语对于品牌文化传播的作用，具有可操作性和可行性，能够达到既定的研究目的。

4. 案例分析法

案例分析法属于一种经验主义的方法，是在特定市场条件下，抓住典型案例的关键环节进行具体的描述和分析，从中提炼出案例的价值和意义，寻找解决问题的方法，最终检验理论并拓展理论的解释范围。本书在分析广告话语、整体考察改革开放以来中国本土品牌文化变迁的历程的基础上，将对太阳神、健力宝、双星、海尔、华为、百雀羚等广告表现与传播力强、社会影响力大的典型品牌案例进行分析和研究，通过这些典型而生动的案例展现改革开放以来中国本土品牌文化传播的面貌，从而进行更有说服力、针对性的思考和论证，丰富品牌文化研究的理论和实践。

第四节 概念界定

无论是自然科学领域，还是社会科学领域，在开展研究之前，对事物或现象进行概念界定是科学研究的一般规则。

一 品牌文化核心概念的界定

“文化”一词的内涵极其丰富，甚至“每个人都可以对文化作出个人的描述”①。“文化”最早是从拉丁语“colere”转化而来的英文词语“culture”，其原初含义是“栽培、耕作、种植”，更多地偏重于物质性或技术性方面的意义，而非意识形态或精神性的含义。以尼霍尔·本诺克拉蒂斯为代表的社会学家认为：文化是指习得的、共享的并表现某一特定群体或社会特点的行为、信念、态度、价值观和实物。② 但实质上，文化是物质性和精神性相统一的复合体，是因应人类的生理和精神需要而产生的，品牌文化也是由文化所具有的两大基本结构——物质性和精神性所制约、构成的。先进的文化和优秀的民族精神是企业品牌保持长久竞争力的根基与源泉。

综合美国市场营销协会（American Marketing Association）、菲利普·科特勒、切纳瑞和麦克唐纳（Chernatory and McDonald）等组织和学者对品牌的定义以及之前相关研究者对品牌文化内涵的论述，结合当代“文化”的概念，本书认为，品牌文化是在品牌经营活动中，企业通过将消费文化因素、情感因素、审美因素等文化内涵赋予品牌，从而形成品牌的附加价值，并充分利用各种品牌传播方式加以强化，从而推动消费者在对品牌高度认同的文化氛围中形成强烈的品牌忠诚。品牌文化属于一种大众文化，包括品牌文化的外层——物质文化，以及品牌文化的内核——理念文化，品牌文化是品牌的价值内核，也是品牌建设的核心和最高级阶段。本书从品牌文化的物质文化和理念文化出发，主要围绕与社会经济、文化紧密相关的消费文化、审美文化，并重点从广告的表现与传播分析中国本土品牌文化变迁的轨迹和规律。

品牌文化的内核是理念文化，品牌理念文化的核心和基石是价值观，品牌的文化价值观具有稳定性和持久性，文化价值观是一个

---

① 〔法〕路易·多洛：《个体文化与大众文化》，黄建华译，上海人民出版社，1987，第116页。

② 〔美〕尼霍尔·本诺克拉蒂斯：《像社会学家一样思考》，黄剑波等译，机械工业出版社，2011，第37页。

为社会大多数成员所信奉，被认为是普遍倡导的信念。[①] 因此，品牌的文化价值观被定义为“在特定社会中的思想和行动的指导思想和指导原则”[②]。Lin 指出，辨识和确证一种文化的核心价值观对于文化的比较研究是特别重要的。[③] 广告广泛存在于多种形式的媒体之中，它的重复性和业已成熟的专业化发展的劝服策略，使得广告持续影响和传播着文化价值观。[④] 有关品牌与文化的研究在 20 世纪 60 年代初期就已经出现。[⑤] 早在 20 世纪 80 年代，当文化价值观刚刚成为一个前沿课题，Pollay 就开发出一种囊括 42 种文化价值（广告中常见的）的广告基本编码框架。[⑥] 传达广告信息的文化价值观被视为形塑消费者购买动机、生活方式和产品选择的强大力量。消费者正是基于不同的文化价值观导向识别、选择具有不同文化内涵的品牌。

二　中国当代品牌文化变迁的历史分期

目前，对改革开放 40 多年来广告发展的历史分期，主要有以下三种观点：第一种较为有影响力的观点是根据广告营业额及其变化的程度，对当代中国广告发展的历史时期进行划分，比如在《中国广告猛进史：1979—2003》的时期划分中，1979 ~ 1982 年是中国广告的萌动发展期，1983 ~ 1985 年是中国广告的高速发展期，1986 ~

① 〔美〕德尔·霍金斯等：《消费者行为学》（原书第 11 版），符国群等译，机械工业出版社，2011，第 30 页。

② S. Srikandath, "Cultural Values Depicted in Indian Television Advertising," *Journal of Promotion Management*, Vol. 48, 2013, pp. 265 – 281.

③ Carolyn A. Lin, "Cultural Values Reflected in Chinese and American Television Advertising," *Journal of Advertising*, Vol. 30, 2001, pp. 83 – 94.

④ Richard W. Pollay, "The Distorted Mirror: Reflections on the Unintended Consequences of Advertising," *Journal of Marketing*, Vol. 50, 1986, pp. 18 – 36.

⑤ Hong Cheng, "Reflections of Cultural Values: A Content Analysis of Chinese MagazineAdvertisements from 1982 and 1992," *International Journal of Advertising*, Vol. 13, 1994, pp. 167 – 183.

⑥ Richard W. Pollay, "Measuring the Cultural Values Manifest in Advertising," *Current Issues and Research in Advertising*, Vol. 6, 1983, pp. 71 – 92.

1991 年是中国广告的快速发展期，1992 ~ 1994 年是中国广告的超高速发展期，1995 ~ 1997 年是中国广告的快速发展期，1998 ~ 2003 年是中国广告的稳步发展期；[①] 第二种是以黄勇[②]、许俊基[③]的方式为代表的中国当代广告史的分期方式，他们将在此期间的广告发展历程以十年为一个阶段进行了划分，属于一种平均式分布的叙述框架；第三种是以余虹和邓正强[④]、姚曦和蒋亦冰[⑤]、杨海军[⑥]的方式为代表的广告发展分期方式，即以中国改革开放以来每个阶段的广告发展特征为主题进行的时期划分。

此外，陈刚教授主编的《当代中国广告史（1979—1991)》中提到目前较为流行的当代中国广告史的“四阶段说”，即以 1979 ~ 1991 年为当代中国广告发展的第一阶段，1991 ~ 1996 年为第二阶段，1997 ~ 2005 年为第三阶段，2006 年至今为第四阶段。[⑦] 当然，他也意识到这种分期方式的局限性，即这种分期只注意到了中国广告产业内部的变化和博弈格局的不同，如特别注意到 1997 年进入过剩型经济的情况、2006 年中国品牌元年的形成等，因而这种分期关注的还只是市场结构变化所导致的广告业主导趋势的变化，而不是产业整体的发展。

最后，从品牌概念的发展出发，朱立在博士学位论文《品牌文化战略研究》中，将品牌的渐进式发展过程划分为符号文化、附加价值文化、资产文化以及文化多元化四个阶段。[⑧] 但他既没有考察中国当代品牌文化变迁的过程，也没有注意到中国当代品牌文化变迁的特征，仅仅是从品牌概念的发展切入，简要地概括了品牌文化的

① IAI 国际广告研究所、国际广告杂志社、北京广播学院广告学院：《中国广告猛进史：1979—2003》，华夏出版社，2004。

② 黄勇编著《中外广告简史》，四川大学出版社，2003。

③ 许俊基主编《中国广告史》，中国传媒大学出版社，2006。

④ 余虹、邓正强编著《中国当代广告史》，湖南科学技术出版社，1999。

⑤ 姚曦、蒋亦冰编著《简明世界广告史》，高等教育出版社，2006。

⑥ 杨海军编著《中外广告史新编》，复旦大学出版社，2006。

⑦ 陈刚主编《当代中国广告史·1979—1991》，北京大学出版社，2010，第 6 ~ 7 页。

⑧ 朱立：《品牌文化战略研究》，博士学位论文，中南财经政法大学，2005。

发展历程。

由于没有成型的中国当代品牌文化演变的历史分期方式可供借鉴，而本书又是从广告传播的视角看中国当代品牌文化的变迁，本书参考之前的广告和品牌文化的研究，并基于改革开放后，中国经济与文化的发展、企业品牌意识的再次唤醒与发展以及广告业的恢复与发展，同时借鉴朱立提出的品牌发展路径，将中国当代品牌文化演进的时期分为从品牌符号文化的孕育、品牌附加价值文化的凸显直至今天的品牌文化资产建设、品牌文化多元化发展的过程，亦是企业从品牌物质文化的认知开始，直至展现和持续发展完整的品牌文化的过程。在这个过程中，品牌文化正在从产品符号向资产价值深化，向增强品牌竞争力和现代性方向发展。最后，本书总结了中国当代品牌文化变迁的轨迹与规律、因素与特征，指出了在改革开放以来的不同阶段中国商业品牌文化传播的内容、方式和品牌文化价值的变化，并对中国企业今后的品牌文化发展提出了建议。

本书以广告传播为视角看当代中国品牌文化变迁的目的在于：通过实证分析，使人们对中国当代品牌文化变迁的轨迹与规律、广告层面的品牌文化价值演变的过程、品牌文化传播过程中作为主体的企业与受众的地位和作用，以及品牌文化传播对于企业和消费者的价值与意义等有更加深入的理解和清晰的认识。品牌建设与发展的过程，其实是一个文化渗透的过程。品牌文化价值不仅是在企业的品牌建设过程中发展和积淀起来的，更是在社会公众的生活和意识中培养积累起来的，品牌文化最终构成由消费者、企业、社会公众共同作用的一种文化环境。国内外的品牌理论研究多注重品牌的资产与管理，而本书基于品牌文化的变迁历程，观察分析品牌文化对中国本土企业和消费者的连接与沟通作用、企业与消费者的品牌价值观共建模式，有助于深化“以消费者为中心”的品牌文化传播理念。希望本书对我国企业品牌文化的建设和传播、品牌文化价值的提升有一定的借鉴意义。

第一章　品牌的文化本质

第一节　品牌与文化

品牌既具有物理功能，又具有文化传导的功能。今天，构成品牌资本价值的主要成分不再是有形的产品、名称、符号，而是名称、标识背后无形的文化价值。文化是品牌的核心与灵魂，是实现品牌差异化的关键。品牌文化是一种反映社会潮流的文化产品，也是隐含在品牌中的文化意义，因市场结构、文化价值观和文化信仰的变化而变化，但品牌文化亦是市场经济条件下的产物，其最终目的是推动商品的销售。而在中国，品牌文化往往只反映有利于品牌定位的价值观，并常常基于中国特别的社会文化现实，引入那些能够使人们产生消费欲望的文化价值观，而对那些不利于商品销售的文化价值元素加以改造、扭曲以适应企业的商业目标，或干脆避而不谈。最终，从某种角度上讲，品牌文化已经成为一面反映中国社会现实的“双重扭曲镜”，品牌文化的传播进一步扩大了裹挟于其中的消费文化和审美文化的影响力，持续作用于人们的文化价值观。

一　品牌的文化内涵

“文化”一词，在中国是古已有之的。中国对于“文化”的研究要远远早于西方，并且，在我国历史上，“文化”一词指“以文化成”和“以文教化”的总称，从一开始就涉及人的精神领域。具体而言，“文化”一词可以追溯到汉朝刘向的《说苑·指武》：“文化不改，然后加诛。”但这里的“文化”是指文治教化，并非近代的文化概念，也不是文化社会学中的文化概念。在中国古代，“文”与“化”合并在一起讲，就是以人文来教化天下，富有理想主义色彩，不同于现代意义上的“文化”。

中国学术界所使用的现代意义上的“文化”（culture）概念是经日语转译而来的西方产物。“文化”一词在西方是从人类物质生产活动中生发的，正像德国哲学家黑格尔在《美学讲演录》中提出的，词语的意义在最初阶段总是充满隐喻，其本身是感性的、形象的，经过长期的发展才引申到精神的意义上来，而这种抽象的精神意义则最终掩盖了语词最初的感性意义。因此，虽然英文与法文的“文化”一词均为“culture”，但从词源上看，“culture”一词来源于拉丁文“cnlturao”，原意是耕种土地、祭祀神明、培养动植物等，指的是具体的生产劳动过程，具有感性色彩。随着19世纪下半叶以来人类学和社会学的发展，“文化”一词被引申至精神活动领域，逐渐被赋予了真正的社会意义。在近代历史上，英国著名的文化人类学家E. B. 泰勒（E. B. Tylor）是最早给“文化”下定义的人。他指出：“文化，或文明，就其广泛的民族学意义来说，是包括全部的知识、信仰、艺术、道德、法律、风俗以及作为社会成员的人所掌握和接受的任何其他的才能和习惯的复合体。”[①] 他的定义具有开创性和代表性，此后各国学者虽然从各自的研究视野和学科角度对文化进行了界定，但是均与泰勒的定义比较相似。

在前工业社会，文化始终被少数社会精英所垄断，是与世俗生活对立的。随着19世纪末期浪漫民族主义的发展，文化的含义也发生了变化，英国的当代文化研究消解了经典文化的纯粹性、距离性，推动其逐步走下神坛，向世俗化、大众化方向发展。[②] “文化是人为的，也是为人的。”[③] 也就是说，文化是社会实践的产物。在联合国

---

① 〔英〕爱德华·泰勒：《原始文化：神话、哲学、宗教、语言、艺术和习俗发展之研究》（重译本），连树声译，广西师范大学出版社，2005，第1页。

② 陆扬、王毅：《文化研究导论》，复旦大学出版社，2006，第12页。

③ 费孝通：《费孝通集》，中国社会科学出版社，2005，第441页。

《世界文化多样性宣言》中，“文化”被定义为“某个社会或某个社会群体特有的精神与物质、智力与情感方面的不同特点之总和，除了文学和艺术外，文化还包括生活方式、共处的方式、价值观体系、传统和信仰”①。由此可见，“文化”代表着社会意识和价值观念的生产、消费，而生产、消费概念的引入，再次否定了将文化局限于精英文化的范畴，并把经济概念引入文化的领域。

“品牌”一词最早见于古挪威文“Brandr”，意为“烙印”，后来主要指欧洲的匠人为了帮助顾客识别自己的手工艺品，通过打烙印的方法所形成的产品标记。1874 年 H. 辛普森的著作《广告的历史》涉及与品牌有关的内容。20 世纪 60 年代，大卫·奥格威首次提出并阐述了品牌形象论，这标志着真正意义上的品牌研究的开端。1997 年，戴维森指出品牌（包括名称、标识和包装）属于产品组合的一部分，是浮在海面上的冰山中可见的一角。② 总的来看，国外较早明确给品牌下定义的权威机构当首推美国市场营销协会（American Marketing Association）。该协会给品牌所下的定义为：“用以识别一个或一群产品和劳务的名称、术语、象征、记号或设计及其组合，以和其他竞争者的产品或劳务相区别。”③

2000 年，美国市场营销学权威菲利普·科特勒教授指出，品牌与企业产品线上的一个或更多的产品直接关联，并用来区别或表明这些产品特征。而且，他在《营销管理》一书中指出，品牌能帮助消费者识别商品销售者或者制造者。一个品牌往往是一个更为复杂的符号，它能表达出属性、利益、价值、文化、个性和消费者六层意思。④

---

① Lourdes Arizpe et al. , *Cultural Diversity*, *Conflict and Pluralism*, UNESCO, 2000, pp. 101 – 109.

② Leslie de Chernatony, *From Brand Vision to Brand Evaluation*, Butterworth-Heinemann, 2010, p. 15.

③ 关键：《品牌形象与视觉识别》，《现代广告》2021 年第 11 期。

④ 〔美〕菲利普·科特勒、凯文·莱恩·凯勒：《营销管理》（第 13 版），王永贵、于洪彦、何佳讯、陈荣译，上海人民出版社，2009，第 11 页。

结合当代“文化”的概念，并综合之前研究者的论述，本书认为，品牌文化是在品牌经营活动中，企业通过将消费文化因素、情感因素、审美因素等文化内涵赋予品牌，从而形成品牌的附加价值，并充分利用各种品牌传播方式加以强化，从而推动消费者在对品牌高度认同的文化氛围中形成强烈的品牌忠诚。品牌文化属于一种大众文化，包括品牌文化的外层——物质文化，以及品牌文化的内核——理念文化，品牌文化体现了品牌人格化的一面，也是品牌建设的核心和最高级阶段。本书从品牌文化的物质文化和理念文化出发，主要围绕与社会经济、文化紧密相关的消费文化、审美文化，并重点从广告的表现与传播分析中国本土品牌文化变迁的轨迹和规律。

二　品牌是商品的文化符号

品牌就是符号系统。品牌的文化价值首先在于它的符号意义，根据鲍德里亚的消费文化理论，在消费社会中，商品更多的是作为符号被消费，是按其所代表的社会等级与地位，并不是按照商品的使用价值来定价的。英语中“品牌”一词大致起源于中世纪，当时，随着社会生产力的不断提高和产品种类的极大丰富，为了维护商品的质量与声誉、便于顾客识别产品，商家开始在商品上印刻带有文字或图案的标记，逐渐形成约定俗成的品牌标识——商标，以示区别。而进入 20 世纪之后，随着商标制度的产生、科技的发展和品牌创意策划策略的广泛运用，大量具有文化内涵和先进理念的品牌诞生了，品牌逐渐成为文化的表征。根据加里·阿姆斯特朗、菲利普·科特勒的营销学观点，产品是能够引起市场注意、获取、使用或能够满足某种消费者的欲望和需求的任何东西，包括有形商品、服务、事件、人物、地点等，① 是具体可感的，而品牌是抽象的，消费者为品牌赋予意义，并发展品牌关系，使得品牌的意义远远超出

① 〔美〕加里·阿姆斯特朗、菲利普·科特勒：《市场营销学》（原书第 13 版），赵占波等译，机械工业出版社，2019，第 174～175 页。

了产品的物理属性。[①] 究其本质，现代品牌既是对商标的断裂，又是对商品自然而然的延伸，也是对大众生活的延续。通过品牌建设，符合大众需求的新文化被生产出来，品牌担承并代表了商品背后的符号价值，商品不再“被文化”，复归到了使用价值的位置。

目前，商品在没落，而品牌在崛起，这一点不同于鲍德里亚所强调的商品自身的符号价值。一方面，真实与意向的边界在廓清；另一方面，二者的边界又在进一步消失。随着年轻一代消费者的消费理念日趋理性化，他们开始将商品的使用价值和品牌的符号价值加以区分，他们对品牌的消费，究其本质是对品牌文化的消费；而品牌广告中的实用性诉求对象和象征性诉求对象也由品牌的市场定位和目标消费群体的需求决定。在此，品牌不再是某个企业用来区别它的产品或服务的名称、符号，而是由消费者识别商品的标记上升到消费者的“心理烙印”，并通过品牌消费形成消费者的文化区隔。

交换价值和符号价值共同决定了品牌文化的接受程度，品牌的象征意义与文化内涵逐渐成为消费者关注的焦点，人们的消费生活也越来越显著地以文化为中介。这正如迈克·费瑟斯通在《消解文化——全球化、后现代主义与认同》一书中指出的：“经济交换的胜利并不必然会导致传统文化和高雅文化出现残缺，但这意味着一种新的‘人造文化’从底层被生产出来，并遵循商品生产的逻辑要来取代它们。”[②] 从某种积极的意义上说，在商品世界里，品牌文化这种新的“人造文化”赋予了每个人自由选择的权利。不同风格和品牌的服饰及商品，均能展示一个人在社会中的位置。而新技术在品牌传播领域的广泛运用，经过广告学、营销学等专业高等教育成长起来的“外部”知识分子对品牌营销传播的推动等，加剧了品牌的

① 〔美〕加里·阿姆斯特朗、菲利普·科特勒：《市场营销学》（原书第 13 版），赵占波等译，机械工业出版社，2019，第 180 页。

② 〔英〕迈克·费瑟斯通：《消解文化——全球化、后现代主义与认同》，杨渝东译，北京大学出版社，2009，第 25 页。

塑造和传播的竞争。品牌成为进行社会区分、表征身份的符号象征。商家销售的也不再仅仅是商品本身，更通过品牌文化的出售与传播，展示企业与品牌的文化等级，潜移默化地推动消费者对品牌形成文化价值观的认同直至依附。

三　品牌在本质上是一种文化资本

品牌内在地、天然地与文化相关联。品牌的本质是文化，品牌文化是企业的无形价值，也是企业品牌价值的重要组成部分。今天，品牌的文化价值已经成为越来越多的消费者购买商品的重要决策依据。品牌价值是消费者赋予的，消费者的感受影响着品牌价值的实现，因此，企业需要通过品牌文化传播，寻求与消费者内心认同的文化价值的共鸣，一旦品牌文化与消费者的消费观念、审美趣味、价值理念高度契合，就会推动品牌价值呈几何级数增长。

澳大利亚麦考里大学经济学教授 David Throsby 考察了经济学意义上的文化资本概念。他认为“文化资本是以财富的形式具体表现出来的文化价值的积累”①，文化资本分为有形的文化资本和无形的文化资本。有形的文化资本主要表现为被人类赋予且富含文化意义的各种人工制品，包括各种艺术品、建筑物等；而无形的文化资本主要包括与目标人群的价值观相吻合或一致的想法、观点等。资本是客观的、具体的，并不断积累，是以同一的形式或扩大的形式去获取生产利润的潜在能力，也是以这些形式去进行自身再生产的潜在能力。② 布尔迪厄将资本分为经济资本、文化资本和社会资本三种存在形式，经济资本可以用文化或社会资本这类非物质的形式呈现，文化资本也可以表现物质的形式，并以物质的多样性呈现在快速高效的创造力和生产力之中，而且文化资本可以在媒体中被客观化，

---

① 戴维·思罗斯比、潘飞：《什么是文化资本?》，《马克思主义与现实》2004 年第 1 期。

② 包亚明主编《文化资本与社会炼金术——布尔迪厄访谈录》，包亚明译，上海人民出版社，1997，第 190 页。

其内在的物质性不仅可以广为传播，而且可以影响、作用于人。布尔迪厄（也译作“布迪厄”）在其著作《区隔：趣味判断的社会批判》中，通过大量的调研分析得出结论：趣味不但因人而异，各不相同，也会在阶级、阶层之间形成差异，而文化资本是造成阶级或阶层之间艺术趣味不同的原因，比如年轻人追求时尚，喜欢个性张扬，而他们的父辈则喜欢传统、高雅的文化形式。

因此，文化资本说到底，是社会地位的一个象征。同时，布尔迪厄将文化资本分为：以文化等形态存在的具体状态、以商品的形式存在的客观状态和制度化的状态。其中，客观状态是在报纸、广播、电视、网络等媒体中以客观化的形态表现的文化资本，并在市场上以商品的形式进行物质性生产和传播。

品牌文化就是经过企业主、媒体和消费者共同创造出来并依附于有形的产品形态而形成的文化符号资源，广泛存在并被反复传播。因此，品牌文化在本质上是一种被客观化的文化资本，品牌文化的传播和消费是一种符号的生产，即在品牌的构建和传播的过程中进行信仰、意义和价值的生产。在品牌文化的生产和传播过程中，语言学家索绪尔所述的“能指”（signifier）逐渐实现自主化，它可以接受企业、媒体或消费者的操控，从而以一种彼此认同的关系自由地在客体之间流动，并为自身建立和不断强化相互黏合的意义之链，使人们生活在一个表意而又现实的“美学”符号场景之中。在这种背景下，品牌逐渐替代了商品，起到象征层面和沟通符号的作用。为此，中国本土品牌需要循序渐进地提升品牌的文化内涵与价值，加速将企业内部和外部的文化转化为品牌的文化资本，推动品牌文化的资本化扩张与运作。

四　品牌文化资本对经济资本的还原

20 世纪出现的经济全球化一体化进程推动“他者”成为我们自身形象的对话者和组成部分，在商品、符号激增的急流中，强调整体、统一与系统的宏大叙事日益转向碎片、融合与差异化；高雅文化与大众文化、艺术与日常生活之间的区隔在民粹主义的浪潮中坍塌，日常生活审美化的趋势愈加显著。这种美学表现是为康德美学所否定的，康德美学倡导“非功利”“无目的”，而品牌文化由于本身对仪式并没有过多的要求，所以就自然徘徊于正统文化门槛之外。

布尔迪厄等将“场域”定义为“在各种位置之间存在的客观关系的一个网络（network），或是一个构型（configuration）”[①]。建立在人们主观愿望和行为决策基础上的社会化网络中的各种网络节点的位置是客观的，且含有社会资源和权力资本，而社会成员或团体因占有不同的位置而相应地获得不同的社会资源和权力资本。但是由于位置中内在的资源和权力是场域中各种矛盾和斗争的关键，因此位置始终在连续不断地变动。

在中国品牌文化传播的场域中，20 世纪 80 年代初期，由于经济发展刚刚起步，社会物资匮乏，商品供不应求，企业不需要品牌即可将产品销售出去，因此消费者基本上没有选择商品的自由空间。20 世纪 80 年代中后期，我国市场仍然是一个卖方市场，市场供给远低于需求，消费者的市场主体地位并没有完全确立，企业仍然占据主导地位。20 世纪 90 年代初期，中国的广告业有了更为迅速和全面的发展，形成前所未有的“广告热”，企业的品牌传播意识有所提高，但许多企业仍然过度依赖广告推销产品，期望通过广告的狂轰滥炸带来品牌的“一夜成名”。因而，虽然此时消费者的品牌意识正在增长，但在品牌文化传播的场域中，仍然居于被动接收的地位。1997 年，国内市场上商品短缺的现象基本消失，供大于求的买方市场形成，消费者的品牌意识空前加强，国内消费者的消费需求开始呈现多元化和个性化，他们在品牌文化传播的场域中由被动变为主动，希望通过自己的意见、建议和购买决策影响企业的品牌传播。

---

① 〔法〕皮埃尔·布迪厄等:《实践与反思——反思社会学导引》，李猛、李康译，中央编译出版社，1998，第 134 页。

进入21世纪之后，各种物资、商品和服务的丰盛在中国市场上达到前所未有的高度，中国消费者的消费行为逐渐呈现新的时代特征：消费个性化、选择多样化、决策主动化，拥有更多表达的权利、机会和自由。越来越多的消费者聚集到品牌文化传播的公共空间，参与品牌文化信息与价值的构建和传播过程中，成为企业的积极合作者，优势品牌及其品牌粉丝由于抢占了品牌文化传播场域中的有利位置，因此便获得了社会资源和权力资本，并因而能获得相应的经济资本。

因此，品牌文化不是社会精英的专利，而是商业化、市场化的“功能美学”。品牌文化属于企业的文化资本，企业借助品牌文化构造、展示企业与品牌的文化等级，从而迎合消费者对高端产品和高级文化追求的趣味，吸引他们的注意力，最终成功地将品牌的文化资本以产品的价格形式体现，并通过商品销售将之转化为经济资本；消费者通过品牌消费形构、体现自我的文化趣味与等级，并通过社会或同类消费群体的品牌文化认同将文化等级成功地转化为社会等级，体现自身的经济地位和社会身份，从而也顺利地完成了从文化再生产到社会再生产的过程。例如，消费者购买名包、名表、名贵珠宝等奢侈品是为了服务其投资增值的需求以及高层次的社交需求，并在成功的社交中赢得社会尊重、实现自我价值，从而以这些历史悠久、独有的品牌文化资本换取自我经济资本的增长。

“消费首先是社会的、关系的与积极的，而不是私人的、原子的或者消极的。”① 消费是品牌文化价值实现的最终环节，由于品牌文化的存在，企业、消费者之间不再是单向直线式的买卖关系，消费者可以拥有更多的了解与辨别商品、品牌的渠道，特别是在数字媒体环境下，品牌文化信息不仅仅限于发送和接收的方式，而是越来越多地被制造、体验和互动所取代，显示出巨大的文化价值；消费

① A. Appadurai, *The Social Life of Things: Commodities in Cultural Perspective*, Cambridge University Press, 1986, p. 31.

者也从传统媒体环境下的被动从属地位跃升至数字化媒体环境下品牌文化传播场域中的主体位置，借助数字媒体逐渐消解包括品牌文化在内的知识鸿沟，拥有更多的社会资源和文化资本，从而在某种角度上实现自我的文化解放，并通过平等地参与到原本专属于精英阶层的艺术文化领域，彰显一个普通人的个性自由，实现自我的经济价值和社会价值（即便这并不是最好的文化解放途径，却是最为大众的）；对此，企业更需发挥想象力，满足消费者急剧增长的精神文化需求。

第二节　中国品牌文化的自然发展

一　品牌符号的文化雏形

中国品牌雏形的起源可以追溯至原始社会末期出现商品交换的时期；从战国时期（公元前475年至公元前221年）到1912年辛亥革命推翻清王朝将近2400年的历史过程中，在农业和手工业主导下，品牌的发展处于初步萌芽的时期，并开始具有中国传统经济特色与民族文化内涵。原始社会末期，随着生产力的发展和社会分工的出现，出现了最初的商品交换，随着交换范围的扩大，为了使自己生产的产品区别于其他制造者的产品，商品制造者遂将自己的姓氏刻在产品上，这可以看作品牌标识的雏形。例如，在山东寿光出土的西周“己侯”虎钟，铭文就刻有“己侯作宝钟”五字；在另一出土的“良季鼎”的铭文上也刻有“良季作宝鼎”字样。我国古代时期，就出现了一些品牌现象和品牌传播形式，例如幌子、灯笼、招牌和书籍广告等。

较为著名的是北宋济南刘家功夫针铺的铜版印刷广告，这张刻板四寸见方、图文并茂，刻板上方是广告标题“济南刘家功夫针铺”，广告主体画面是一幅“白兔捣药”的图案，图案两侧“认门前白兔儿为记”的文字提醒购买者“认牌购买”。Kress 和 VanLeeuwen 强调，图像中的因素之一——参与者会影响到图像意义的再现。[①] 在这则广告中，“白兔捣药”图案源自中国汉民族的神话传说，作为典故引用于西汉《淮南子》，晋代傅玄《拟天问》中有“月中何有，白兔捣药”一句，该商家将“白兔捣药”的图案作为该品牌的标识，能够引发老百姓对产品的工艺和属性的联想，帮助顾客在众多同类产品中进行记忆和识别。同时，图案下方广告化的文字宣传不仅突出了针的质量和售卖方法，而且进一步强调了该家产品与别家产品的差异之处。除此之外，明清时期还涌现了“都一处”“全聚德”“内联升”“瑞蚨祥”等品牌。明末清初，品牌名称、寓意、标记、包装等现代品牌的基本要素都已经在中国品牌中出现，且体现了浓厚的中国民族文化的特征和价值观。

明末清初，资本主义在中国萌芽并缓慢地发展起来，但由于当时自给自足的自然经济仍然占据主导地位，这种自然经济的结构在很大程度上限制了市场的发展；同时，由于封建统治阶层对商业手工业者的压迫剥削和对海外贸易的严格限制，中国民营经济的发展受到封建制度的束缚，已经显现出现代品牌雏形的中国品牌未能得到发展。

在中国近代时期，自从《南京条约》签订、“五口通商”之后，“可口可乐”“联合利华（早期品牌名称为‘利华兄弟’）”“吉列”“派克”等欧美品牌登陆中国，运用广告等现代品牌营销手段向中国倾销商品获得高额利润。这虽然在客观上刺激了中国民族资本主义的发展，加速了中国近代商品经济的形成，唤醒了中国近代企业的民族品牌意识，但是也给处于萌芽状态的中国民族品牌带来了负面影响，一些传统老字号在洋品牌的冲击下失去优势、渐趋没落。

至20世纪二三十年代，国内时局动荡，资本主义世界的经济危机爆发，国际市场的变化、国内市场的持续扩大为中国的民族资本

① Gunther Kress, Theo. van Leeuwen, *Reading Images: The Grammar of Visual Design*, London/New York: Routledge, 1996, p. 47.

主义企业带来了机遇，中国的工商业一度呈现繁荣景象。上海作为当时全国著名的金融中心和品牌的摇篮，产生了“正广和”“冠生园”“培罗蒙”等深受广大消费者喜爱的民族品牌。这些民族品牌对促进民族工业的发展、弘扬民族精神起着重要的作用。在现代品牌营销观念、上海广告业发展和实业救国精神的推动下，诞生于上海的品牌多采用创业者姓名、动植物名称、吉祥寓意词语、产品功能类名词、政治时事类名词、交通工具和军事设施类名词进行命名。

例如，民族企业家荣氏兄弟于1910年开始使用“兵船”面粉商标，该品牌面粉曾经远销英、法、东南亚、澳大利亚等国家和地区，一战期间出口达80万吨，在国内外市场上享有盛誉。“兵船”正是将军事交通工具作为品牌名称，该商标的设计中间主体部分是航行在大海上的兵船，船上的排烟口烟雾滚滚，船体上方是“无锡茂新面粉公司”的中英文企业名称，船身两侧分别显示的是“中国自制顶上面粉”和“商部批准概免税厘”的字样，下方是“兵船”的英文和有关产品的其他英文说明，“兵船”是我国商标注册史上首开注册记录的第一号商标，[①] 其设计理念传递着荣氏兄弟的爱国精神。1916年，范旭东在天津塘沽所开创的久大精盐公司的产品正式上市。久大精盐品质纯净，色泽洁白，改写了中国人长期食用粗盐的历史，受到极大的欢迎，获得空前成功。其品牌名称为“海王”。“海王”来源于《管子·海王》中的“海王之国，谨正盐策”，寓意着久大精盐公司长久的发展前景、自立自强的精神，也象征着企业为民造福的家国情怀和社会责任感。“海王”的商标整体由一个五角星图形和“海王”名称的中英文文字两部分组成。与此同时，“双线”“华生”“三枪”“司麦脱”“固本”等一大批富有中国特色的品牌先后创建。

民国初期，中国民族工业的发展出现短暂的春天，发展速度、规模空前，中国民族企业在承继传统绘画手法和设计理念的基础上，

① 颜紫怡、王丹妮：《中国标志发展历程简述》，《湖南包装》2016年第2期。

积极引进西方现代文化和设计理念，逐渐实现由舶来词、舶来商标的模仿到与中国传统文化结合的本土化转变。当时的民营企业主已经初步具有了品牌标识的意识，并且他们具有决定品牌标识意义的隐形权力，对这些刚刚萌生的品牌和商标的意义起主导作用。民国时期的品牌和商标设计已经初步具备现代品牌符号文化色彩。这些品牌和商标不仅反映了商品的内在品质、具有鲜明的时代特征，而且体现了在当时的社会背景下中国民营企业家的商业理念和精神。

1929～1933 年资本主义世界经济危机促使帝国主义国家加紧了对中国的经济侵略，大批洋货倾销在中国市场。在“财货日失利源日涸”的困境下，一批仁人志士纷纷创立民族品牌以抵制洋货，民族企业家纷纷学习、借鉴国外企业商标设计与注册的先进理念，保护本土企业的合法权益。这些民族企业家所创立的品牌往往体现了创立者强烈的民族意识和爱国热情，比如南洋兄弟烟草公司的“长城”“爱国”“和平”等品牌，包含“抵制洋货”之意的“抵羊”牌绒线、取义“中华民族自己生产”的“华生”牌电扇，无不表达了抵御外侮、振兴民族工业的精神；在广告营销中，这些华商品牌往往高举爱国主义大旗，强调国货品牌的品质。

在《申报》中华民国十八年（1929 年）12 月 22 日第五张上，华商惠民奶粉公司以四分之一的报纸版面揭晓猜谜竞赛的结果，并搭配产品图片，对产品进行广告促销，广告上还以清晰的大字体标明其华商的身份。在中华民国二十二年（1933 年）3 月 14 日的《申报》增刊（一）上，“白玉”牌牙膏以“国货年大赠品一万件”为标题，附上产品图片进行广告宣传。在外商先进的经营方式和广告宣传方式的影响下，中国民族企业对商标设计、广告、促销和公共关系等品牌营销方式日趋重视和依赖，并常常在设计商标、广告宣传之时，将抵制洋货、发展国货之意隐含其中。20 世纪 30 年代，新技术、新材料在广告业得到广泛应用，杭稚英、李慕白等广告设计人才涌现，广告媒体形式丰富多样，民国时期的广告业进入发展的鼎盛时期。

新中国成立后的前 30 年，虽然逐渐形成了北京、上海、天津三个品牌中心，但品牌发展总体是萎缩的。[①] 许多近现代的知名品牌企业或退出中国市场，或经过公私合营之后被纳入计划经济体制，中国的名牌数量大幅减少。1956 年，社会主义三大改造基本完成，社会主义公有制成为我国的经济基础。1959 ~ 1961 年，社会主义建设探索中的“左”倾错误，造成中国国民经济的严重困难，品牌发展再度止步不前。在这期间，商品经济无法发展，很多名牌或老字号更名了，[②] 一些“中华老字号”在计划经济体制下，严重缺乏品牌的个性化、形象化建设，逐渐走向消亡，而另一些行业性品牌也多以“第一、第二、第三”等数字命名，缺乏品牌文化内涵，但总体而言，近现代发展起来的品牌并没有遭到彻底破坏。

新中国成立之初，百废待兴，国内的生产力水平还相当落后，现代工业并不发达，物资极度匮乏，老百姓并不关心品牌，只要能买到所需的产品即可，企业的产品供不应求，自然品牌意识淡薄。自 20 世纪 50 年代后期开始，国家有能力生产的、各个家庭所希望拥有的四件家庭物品是“三转一响”：“三转”是手表、自行车、缝纫机，“一响”就是收音机。当时的年轻人结婚有了这“四大件”，大家都很羡慕，这种风俗一直延续到 70 年代。虽然当时我国实行的是国家主导下的计划经济体制，商品短缺，产品和服务的生产和销售完全由政府计划，但从消费者的角度来讲，人们的消费方式仍然属于市场方式，所以也涌现了一些名牌产品，比如“永久”、“凤凰”、“飞鸽”牌的自行车，“上海”牌手表，“蝴蝶牌”缝纫机等。这些为数不多的品牌帮助人们在选择商品的时候获取信息、做出判断。到了 20 世纪 60 年代，整个社会基本的商品供应极端匮乏，到处排长队也买不到所需要的东西。在商品供应极其缺乏的时期，国家为稳定市场、保障人民的基本生活，对城乡居民的生活必需品采取计划供应

① 侯隽：《品牌 60 年　专家讲述新中国 60 年企业品牌史》，《中国经济周刊》2009 年第 4 期。

② 王海忠：《中国品牌演进阶段的划分及其公共政策启示》，《中山大学学报》（社会科学版）2015 年第 4 期。

制度，老百姓必须凭证、凭票购买粮、油、布等最基本的生活资料。

“文化大革命”时期，广告被视为“封资修”的东西，广告管理机构解散。同时，在“破四旧”的口号下，很多老的商标字号被列入“四旧”范围，牌匾被砸，店铺的名称被“东方红”“解放”“东风”“红星”等所取代，甚至一些乡镇、街道的名称也被纷纷改掉，邮电、交通业也不能幸免，更改后的产品名称重复现象严重，品牌失去了存在的价值和文化意义。由于品牌事业严重受阻，20 世纪 80 年代之前，对于中国本土企业来说，“品牌”基本上是一个全新的概念，企业的品牌意识非常淡薄。

二　品牌文化传播的主要形式——商业广告的恢复

1978 年底，改革开放政策的确立使我国广告业不仅得以恢复，而且焕发出勃勃生机，成为发展最快的行业之一。报纸、广播等媒体在品牌传播的过程中得到了充分使用，一些实用性较高、针对性较强的载体也被企业用来传播品牌，比如商品说明书、橱窗广告、公交车身广告、海报、单页、日历等。在经济发展和传播技术的推动下，广告的发展为中国企业的品牌建设注入了新的活力。

改革开放之前，人们普遍认为广告是在“摆噱头”“吹牛皮”，认为广告就是“资本主义的产物”。1979 年 1 月 14 日，在上海广告公司工作的丁允朋在《文汇报》上发表了《为广告正名》的短文。该文章从思想上拨乱反正，为在国内恢复商业广告起到舆论准备的作用。文章开篇对“广告是资本主义的生意经”等极“左”言论进行了批判，主张破除社会主义经济中的广告禁区，指出广告设计能够“指导商品的流向，促进销售”，而且也有助于提高产品质量。最后文章倡议借鉴国外广告的模式，发展社会主义广告事业。《为广告正名》吹响了改革开放后中国广告业恢复的第一声号角。

1979 年 1 月 4 日，《天津日报》刊登了改革开放后的第一个报纸商业广告，主要介绍了该厂生产的包括“蓝天”牌高级牙膏在内的主要产品。天津牙膏厂是由早期的同昌行发展演变而来的，“蓝天”牌高级牙膏是该厂1962年推出的产品。1979年1月28日下午在上海电视台播出的“参桂补酒”广告是我国第一则电视广告。这条电视广告堪称改革开放后中国思想剧变的象征，美联社、路透社等20多个国家和地区的媒体先后对此进行了相关报道。1979年3月5日，上海广播电台率先恢复广播广告经营，播出了“春蕾药性发乳”的广告。1979年3月15日，中央电视台播出首例外商广告“西铁城——星辰表”。

虽然当时的广告业得到全面的恢复发展，并且商品的广告设计开始关注消费者的消费心理和审美情趣，但由于长期以来的统购统销导致商业美术没有得到重视，而且改革开放初期大部分广告为生产资料广告，传统设计色彩较为浓厚，传播方式也比较简单粗糙，广告创意诉求欠缺现代性，所以人们在广告信息的接收和现实消费的选择上空间很小。一直到20世纪80年代后期至90年代初，广告的功能得到进一步的认知与认可，越来越多的企业把广告看作迅速提高产品知名度、树立品牌良好形象的传播手段，消费者也逐渐认识到广告是帮助他们了解商品、提高商品选择效率的助手。

1979年的1月4日，《天津日报》第三版率先刊登了一则报纸商业广告，这则广告传达了天津牙膏厂“蓝天”牌高级牙膏等商品信息。这条通栏广告类似于“产品介绍”，其中，广告的中间部分介绍的是该厂的代表性产品——“蓝天”牌高级牙膏，两侧分别是“富强牙膏”、“金刚牙膏”、“氟化钠牙膏”和“美人蕉高级牙膏”这四种天津牙膏厂生产的其他产品。这条广告的语言非常质朴，产品特点诉求很明确。针对主要推广的“蓝天”牌高级牙膏，广告文案显示“我厂高档重点产品，泡沫丰富、洁齿力强、能爽口腔，留兰香香味纯正，外包装精美大方，颇受国内外市场欢迎”。可见，天津牙膏厂不仅重视牙膏的品牌，还注意到各个品牌的产品定位和档次的差异化，广告强调不同品牌产品的不同特征，满足不同人群的多样化需求。虽然广告语言朴实直白，以开门见山式的产品信息告知为主，但是该广告从香型、功效、包装、产品档次等方面突出了牙膏品牌的档次，并且强调品质过硬，颇受国内外市场欢迎，暗合了消费者的从众消费心理。

1979 年，中国广告业的恢复有助于中国本土企业迅速扩大品牌的知名度，有助于推动中国本土品牌运用现代化的、科学的品牌营销方式经营品牌，最终提高民族品牌及其品牌文化的影响力，实现品牌的市场化与国际化发展。

三 本土品牌文化的“无意识”生长

1978～1984 年是中国本土企业品牌意识的觉醒时期，也是本土企业品牌文化自然形成的“无意识”时期，本土企业并不具备现代化的品牌文化意识和品牌文化传播理念。1978 年底召开的党的十一届三中全会开启了改革开放的大门，标志着中国开始进入从计划经济向市场经济转型的重要历史时期。但在这个时期，中国企业正在由国家统收统支、统购统销、统负盈亏向自主经营、自负盈亏转型，基础薄弱、规模普遍较小，而且市场上物资匮乏、求大于供，企业不需要品牌即可将产品销售出去，因此国内企业普遍没有品牌意识。但是，随着外商品牌纷纷涌入国内市场，其现代化的品牌经营方式和品牌营销手段使中国企业逐渐意识到品牌和商标的价值，以及品牌营销的重要性，因此，国内企业开始亦步亦趋地学习来自西方的现代化营销理论。

改革开放初期，中国政府为吸引外资，颁布了一些优惠政策。例如，1979 年 7 月，中国政府颁布了第一部利用外资的法律——《中外合资经营企业法》；1980 年，经政府批准，北京长城饭店等三家单位成立了外商直接投资企业。但是，在 20 世纪 80 年代初期，我国对外经济活动刚刚起步，缺乏经验，有关招商引资方面的立法还很不完善，国内各种基础设施也比较落后，加之出于投资风险的考虑，外商直接投资数量不多，因此，很多国外品牌主要通过直接进口的形式进入国内市场。

1978 年，松下电器成为第一家进入中国的外资企业。1978 年 12

月 18 日，可口可乐公司嗅到了中国将要发生的变革及其所带来的商机，通过与中粮总公司达成的独家代理合同，采用贸易补偿的方法在中国主要城市设厂罐装产品，并出售瓶装可口可乐。1979 年，日立公司在北京设立事务所，成为日本制造商中第一家在中国成立分支机构的企业。同一年，国际时装大师皮尔·卡丹率法国模特在北京民族文化宫举行时装表演。1980 年 7 月，丰田公司在国内开设首家售后服务中心，随后丰田汽车代表处在北京成立，“车到山前必有路，有路必有丰田车”的广告语也逐渐传遍中国大江南北。面对国外强大的品牌实力，当时许多国产品牌纷纷败下阵来。1986 年 10 月，为了吸引更多的外商来华投资，中国政府颁布了《关于鼓励外商投资的规定》，虽然 1980 年至 1985 年，外商对华直接投资的实际规模仅占世界直接投资流入总量的 1.44%，但外资的涌入及其本土化的品牌策略给中国企业补了一堂生动的现代品牌营销课程。

作为最早重返中国市场的外国品牌之一，可口可乐在中国的发展折射了中国改革开放的历史变迁，也见证了中国融入世界、成为世界经济发动机的巨变。1978 年 12 月 3 日，可口可乐公司与中粮总公司达成长达十年的独家代理协议，在中国设厂灌装销售，并于装瓶厂建成投产前，以寄售的方式由中粮总公司安排销售。在离开中国三十年后，可口可乐公司终于重返中国内地市场。1979 年 1 月，由中粮总公司安排，在香港五丰行的协助下，第一批 3000 箱可口可乐，从香港出发，通过火车运往北京和广州。根据当时可口可乐公司和中粮总公司签订的协议，可口可乐仅可供应涉外饭店、旅游商店，销售对象只是来华工作旅游的外国人、归国华侨和港澳同胞。可口可乐当时每瓶售价 4 元（约合 1 美元多），仅限以外币或外汇券购买，在当时来说已经非常昂贵，属于很罕见的“奢侈品”。就在可口可乐公司与中粮总公司签订合作协议的四天之后，1978 年 12 月 17 日，中美两国共同发表《中美建交联合公报》，宣布自 1979 年 1 月 1 日起，双方正式相互承认并建立大使级外交关系。这一切，不得不让人赞叹可口可乐公司敏锐的市场嗅觉和品牌创新的触觉。

继可口可乐进入中国之后，摩托罗拉、通用、惠普等欧美品牌陆续进入中国，东芝、日立、丰田等日本的家用电器和汽车品牌也在中国改革开放之初进入中国市场，它们的市场营销理念和方式非常贴合中国消费者的心理，显示出品牌对于市场的强大号召力，与此同时，大批量境外包装商品在很大程度上代替了本地生产的散装货品。面对越来越多的商品选择和商品信息，品牌成为决定消费者购买商品决策的重要依据，这种情况促使中国的企业开始反思自己的品牌与商标。企业发现这些在新中国成立前后就已经被使用的品牌却在国外被抢注，而自己的产品在国际市场上却成了冒牌产品。于是，在反复的经验教训和启发过程中，企业逐渐认识到塑造品牌的重要性，并以认识到商标的价值为开端踏上品牌意识觉醒之路。

1984 年，年仅 34 岁的张瑞敏临危受命，被派到尚处经营亏损阶段的青岛市电冰箱总厂（后来的海尔集团）接任厂长。在早期的市场环境下，因为受到当时消费观念的影响，人们普遍认为品质就是品牌，张瑞敏也秉持着这种观念，单纯地认为产品的质量才是最重要的。直至二十五年之后，他才对品牌有了真正的认识，与此同时，海尔为品牌赋予了新的精神文化——生活体验，并在多个城市建立大型体验中心。

20 世纪 80 年代，海尔极为重视产品品质，为了杜绝不合格的产品流入市场，张瑞敏宣布砸掉 76 台存在各种缺陷的冰箱。在物质匮乏的情况下，“张瑞敏砸冰箱”事件让企业上上下下深刻理解了“质量是企业的生命”。无数事实证明，在海尔之后的发展过程中，“张瑞敏砸冰箱”事件一举奠定了海尔品牌的口碑和声誉。

“张瑞敏砸冰箱”事件不仅强调了要重视质量标准，突出了品牌管理的观念和企业鲜明的品牌形象，而且体现了中国当时一些先知先觉的企业已经初步认识到质量即品牌，开始自发地经营品牌、宣传品牌。此事件之后，青岛市电冰箱总厂质量管理的历史强音传遍大江南北。现在看来，“张瑞敏砸冰箱”实质上是在以事件营销的方式传播品牌核心文化价值观，其对中国企业的品牌质量观念的影响是十分深远的。直到今天，这个案例仍然被奉为经典，在企业内部管理培训中被反复使用。“张瑞敏砸冰箱”事件体现了改革开放初期中国企业家的精神，更让后来的企业注意到产品质量对品牌建设的重要性。2009 年，张瑞敏在当年砸冰箱时使用的铁锤作为文物被中国国家博物馆收藏。① 海尔自觉的品牌及品牌文化意识是经过漫漫 27 年历练沉淀而成的，并不是一蹴而就的。

随着 1979 年初国家工商总局恢复商标统一注册制度，越来越多的企业家从不了解商标，到认识商标的属性和功能，进而主动到商标局申请商标注册；有的企业甚至开始保护投资、注册专利，运用商标发展生产、参与竞争，国内企业的品牌保护意识开始增强。

① 肖进：《张瑞敏：“砸”出品牌管理经》，《中国林业产业》2010 年第 4 期。

第二章　商品经济下的商标向品牌的转变

第一节　商标向品牌转变的社会背景

从1978年党的十一届三中全会宣布解禁农村工商业、1979年农村开始实行家庭联产承包责任制和统分结合的双层经营机制，到1992年社会主义市场经济体制改革目标的确立，其间的改革经历了计划经济是“市场交换价值的法则”（1978～1979年）、以市场调节为辅的计划经济（1979～1984年）、有计划的商品经济（1984～1987年）、国家调节市场和市场引导企业的经济（1987～1989年）、计划经济与市场经济有机结合的经济（1989～1992年）等阶段，中国社会的政治、经济体制发生了剧烈的变革，中国本土企业的经营理念和品牌意识也发生了巨大变革，逐渐进入市场竞争的阶段。

一　20世纪80年代的经济调整与社会变化

为了吸引外资和侨资，引进西方国家先进的科学技术和营销管理方法，1979年，在邓小平试办经济特区的思想指导下，党中央、国务院公开宣布在深圳、珠海、厦门、汕头试办经济特区；1980年，第五届全国人大常委会批准在深圳、珠海、汕头和厦门正式设立经济特区；1985年，国务院批准长江三角洲、珠江三角洲和闽南三角洲为沿海经济开放区；1988年，第七届全国人民代表大会审议了国务院关于建立海南经济特区的议案，并通过了增设海南省经济特区的决议。自此以后，我国逐渐由经济特区、沿海开放城市和沿海开放区向内地发展，形成了多层次的对外开放格局。

20 世纪 80 年代，我国城市经济体制改革的中心环节是增强企业活力，把企业搞活。1982 年 9 月 16 日，国务院决定将 160 种小商品价格正式放开，实行市场调节。1982 年底，三次产业及其内部结构趋于合理，国民经济调整的任务基本完成，由此为党的十二大以后中国改革开放的迅速发展奠定了坚实的物质基础。1984 年之后，全国经济工作的重心由调整转向改革，改革的重点也逐步由农村转向城市。党的十二届三中全会制定并通过了《中共中央关于经济体制改革的决定》，将增强企业活力作为改革的举措，推动企业真正成为自主经营、自负盈亏的社会主义商品生产者和经营者，并明确提出要“建立自觉运用价值规律的计划体制，发展社会主义商品经济”①。至 1985 年，我国城市经济体制改革全面展开，企业的自主权逐步得以扩大，有力地促进了国民经济的发展、增强了我国的综合国力，加快了我国融入世界经济的步伐。

1987 年，中国共产党第十三次全国代表大会确定了党在社会主义初级阶段的基本路线，制定了“三步走”的经济发展战略，决定全面深化改革并提出逐步实现“国家调控市场，市场引导企业”的经济调节方式。1988 年，国务院发布《1988 年深化经济体制改革的总体方案》，鼓励生产企业和科研单位实行联合，逐步形成一批科研、技术、资金、设备等力量强大的竞争性的企业集团或企业联合体。浙江是我国率先实行市场化取向改革的重要发源地。改革开放初期，浙江率先启动市场化改革，诞生了中国第一家私营企业、第一个专业市场、第一个股份合作社。这些改革措施对发展生产力、搞活市场经济发挥了显著的作用。商品市场的发展、小商品实行市场调节，促使市场开始自由竞争，一些意识比较先进的商家为了赢得更多消费者的关注，从而获取更多的市场利润，开始通过广告打造品牌，广泛传播商品信息。

新中国成立初期，党的工作重心面临实现两个转变：一是由农

① 《中共中央关于经济体制改革的决定》，《经济体制改革》1984 年第 5 期。

业国向工业国转变；二是由新民主主义国家向社会主义国家转变。[①] 在这种情况下，中国共产党开启了以实现工业化为核心的现代化进程，并选择了重工业优先的发展战略，[②] 以“高积累、低消费、先生产、后生活”为指导思想，对消费观念进行抑制性引导。企业成为党政机关的附属物，在管理上以生产为出发点；在工资分配上，平均主义和“大锅饭”被当作社会主义的优越性。改革开放之后，中国在政治、经济、外交领域与西方交流的同时，也受到了西方文化与价值观念的冲击。随着城市经济体制改革的开展，人们的政治热情相对回落，不再一味地纠缠于“姓社”还是“姓资”的问题，逐渐把注意力转移到经济建设上来。1984 年，一些原来在政府部门、企事业单位工作的人员开始“下海”经商，中国出现了第一次“下海经商”浪潮，万科、联想、海尔等富有影响力的中国企业相继诞生。人们的消费欲望在商品、品牌、广告等商业信息符号的刺激下不断膨胀，消费观念和生活方式也发生了巨大的变化，从之前的“三转一响”——手表、自行车、缝纫机、收音机进化为 20 世纪 80 年代的新的“四大件”——电视机、电冰箱、洗衣机和录音机等。

自古以来，中华民族崇尚节俭，逐渐形成了吃苦耐劳、勤俭节约的优良传统，而且，新中国成立初期，在生产力水平极为低下、物质短缺的情况下，“新三年，旧三年，缝缝补补又三年，衣服黄蓝是主色，很少看见无补丁”，家家户户秉承着艰苦朴素的原则，延续着节俭的消费观念。进入 20 世纪 80 年代之后，我国商品供给机制发生变化，社会物资慢慢丰富起来，曾经严格的票证制度越来越松动，商品市场开始活跃起来。1985 年初国家《关于进一步活跃农村经济的十项政策》的颁布，成为农产品购销体制由统购统销走向

① 刘新民：《百年大党引领农业大国工业化的艰辛探索、光荣历程和宝贵经验》，《学习与研究》2021 年第 8 期。

② 刘守英、王一鸽：《从乡土中国到城乡中国——中国转型的乡村变迁视角》，《管理世界》2018 年第 10 期。

“双轨制”的转折点；我国居民的收入水平和社会购买力逐渐提高，市场上商品的日益丰富，刺激了人们的消费欲望，以城市居民为代表的消费结构渐渐发生变化：首先，生活用品逐步实现电器化、高档化；其次，人们的穿着越来越丰富，服装的颜色由过去单一的黑蓝灰开始变得五颜六色，服装的面料由的确良走向多样化，服装款式也开始多元化，蝙蝠衫、喇叭裤、西服、连衣裙等取代了绿军装、中山装等单调的服装样式，不少年轻人的打扮是“尖皮鞋，喇叭裤，上衣穿着呢子布”，不仅“大人小孩穿得靓”，“奶奶也穿花衣裳”；最后，在城市街头，可以看到留着长发、穿着喇叭裤、拎着卡座式录音机、放着荷东、听着猛士、穿过大街小巷的“新青年”。

1984 年 4 月 30 日，《时代》周刊刊登了一纸名为“中国的新面孔”的封面照片：一个头戴鸭舌帽、身穿军大衣的普通中国人手拿玻璃瓶可口可乐，在长城上面露微笑。人们被压抑了许久的欲望逐渐苏醒，新的审美观念开始逐步形成，品牌意识也开始被唤醒。20 世纪 70 年代末 80 年代初，城市消费者特别是北京、上海的消费者流行戴“蛤蟆镜”，并将进口商标保留在镜片上，当时的媒体曾经对此现象公开批评。在今天看来，这些实际上是中国消费者品牌意识的最初觉醒。

从表 2－1、表 2－2 可见，从 1985 年开始，中国城镇居民和农村居民的食品消费支出占比开始有所下降，而医疗保健、娱乐教育文化服务方面的消费支出占比则呈逐年上升的趋势。这表明：中国城乡居民的消费结构逐步升级，人们的消费需求日趋多样化，消费质量显著提高。但是，在 80 年代中后期有计划的商品经济阶段，我国市场仍然是一个卖方市场，市场供给远低于需求，居民整体购买力低下，商品经济无法发挥应有的作用，消费者的市场主体地位并没有完全确立，因此，人们的消费方式和观念大体上仍然以“勤俭节约”“艰苦奋斗”为主，并向“适度消费”“量入为出”过渡。

表 2－1　1981～1992 年城镇居民的消费结构

单位：%

年份	食品	衣着	家庭设备用品及服务	医疗保健	交通通信	娱乐教育文化服务	居住	杂项商品
1981	56.66	14.79	9.56	0.60	1.44	8.43	4.31	4.20
1982	58.68	14.37	9.22	0.61	1.53	7.18	4.43	3.97
1983	59.20	14.54	9.04	0.62	1.49	6.64	4.39	4.08
1984	57.96	15.53	9.05	0.60	1.48	6.69	4.16	4.53
1985	53.31	15.34	11.13	0.75	1.26	10.31	3.49	4.41
1986	52.43	14.15	11.13	0.95	1.14	9.61	3.51	7.07
1987	53.47	13.69	13.10	1.29	1.12	8.49	6.13	2.70
1988	51.36	13.88	15.06	1.51	0.91	9.19	5.50	2.58
1989	54.50	12.32	12.86	1.73	0.94	9.47	5.66	2.52
1990	54.24	13.36	12.03	2.00	2.10	9.18	5.63	2.26
1991	53.82	13.73	11.74	2.21	1.36	8.86	5.99	2.29
1992	52.85	14.08	8.41	2.48	2.64	8.82	5.96	4.74

资料来源：国家统计局编《中国统计年鉴 1993》，中国统计出版社，1993，第 288 页。

表 2－2　1981～1992 年农村居民的消费结构

单位：%

年份	食品	衣着	家庭设备用品及服务	医疗保健	交通通信	娱乐教育文化服务	居住	杂项商品
1981	59.79	12.49	2.18	2.21	0.30	5.30	16.57	1.15
1982	60.48	11.37	4.26	2.13	0.28	3.38	16.15	1.82
1983	59.44	11.27	5.65	1.77	1.43	2.30	16.93	1.20
1984	59.29	10.55	5.41	1.84	1.25	3.01	17.66	0.98
1985	57.76	9.69	5.10	2.42	1.76	3.89	18.23	1.12
1986	56.45	9.24	5.48	2.45	1.73	4.04	19.69	0.91
1987	55.75	8.58	5.40	2.67	2.06	4.64	20.03	0.86
1988	53.99	8.62	6.29	2.81	1.87	5.39	20.21	0.82
1989	54.81	8.31	6.04	3.07	1.59	5.72	19.66	0.80
1990	58.80	7.77	5.29	3.25	1.44	5.37	17.34	0.74
1991	57.61	8.24	5.69	3.60	1.66	5.88	16.51	0.81
1992	57.55	7.97	5.56	3.66	1.86	6.64	15.92	0.84

资料来源：国家统计局编《中国统计年鉴 1993》，中国统计出版社，1993，第 315 页。

二 社会转型期的文化思潮

恩格斯曾经说过："一个民族要想站在科学的最高峰，就一刻也不能没有理论思维。"[①] 随着对外开放和思想解放的不断深入，西方的新理论、新思潮蜂拥而入，20 世纪 80 年代，在西方文化与中国传统文化的交流与碰撞中出现了"文化热"现象，这股文化热潮亦是改革开放之后，物质文化和制度文化的变革在思想领域的深刻反映。"美学译文丛书""走向未来丛书"等书的引介、翻译在西风东渐的过程中发挥了重要作用，人们的审美意识与价值观念发生了很大变化。

由于长期以来高度集中的计划经济体制对价值规律作用下的商品经济及其价值观念的否定，人的欲望和潜能长期处于被压抑的状态。直至 20 世纪 80 年代，人们被长期压抑的人性和功利意识还没有被普遍激活，因此，社会上占主导地位的仍然是精英文化。在实现了意识形态的"祛魅化"和思想的全面解放之后，在市场经济的冲击之下，20 世纪 90 年代，中国经济文化开始呈现市场化、世俗化。20 世纪 90 年代初期开始，后现代主义文化思潮被中国精英界人士陆续介绍到国内，人们的思维方式、价值取向开始发生变化。经济和社会转型带来了文化转型，即大众文化受到热捧，精英文化开始备受冷落。

随着商品经济和媒介技术的发展，国内的企业开始借助报纸、广播、杂志、电视等大众媒介发布各种类型的广告，传播商品信息，刺激大众的消费欲望，逐步把人们从精神的"天国"引向物质主义的世俗。传统审美原则也开始从艺术活动进入日常生活的各个领域，身体美学与自恋主义文化盛行，人们的消费习惯、消费观念逐步发生改变。陈欣、白蓓通过对历年的春节联欢晚会进行研究发现：1983～1989 年，没有任何广告出现在中央电视台的

① 《马克思恩格斯选集》（第 3 卷），人民出版社，2012，第 27 页。

春节联欢晚会中，但是从1990年开始，特别是1997年之后，零点报时广告、现场广告出现在春晚当中且越来越多。[①] 在对1979之后近15年的报纸广告进行实证研究和内容分析的基础上，何辉发现：相较而言，1979～1987年报纸广告数量少、主要表现产品、制作简单、大多采用手工绘制等，但是从1990年开始，广告“文字内容和视觉内容并重、互补传递广告信息的创作思想一直保持上升趋势”[②]。广告与当代生活、消费文化开始互相勾连，广告主、广告商逐渐将日常生活的审美元素融入广告的审美诉求、纳入人们的审美视野，[③] 并赋予品牌以文化内涵与价值，潜移默化地影响人们的文化价值观念。

广告话语的互文性特征是无所不在的，每一部广告作品都是对已有文本与文化的借鉴和延伸。[④] 20世纪90年代之后，广告中审美元素的增长一方面是对高雅的文化艺术逐渐融入日常生活领域的反映，另一方面也是对中国消费者的审美心理需求日益增长的回应和描述。

第二节　产品识别文化的构建与传播

现代营销理论是1978年党的十一届三中全会后由西方引介到中国的，其中的“品牌”内涵经过丰富与发展，已经不同于改革开放前的商标，因此无论是对于本土企业还是对于国内消费者，“品牌”都是一个新词。

---

① 陈欣、白蓓：《传统仪式的异化——从春节联欢晚会广告看消费文化》，《南京政治学院学报》2007年第S1期。

② 何辉：《“镜像”与现实——广告与中国社会消费文化的变迁以及有关现象与问题》，《现代传播（中国传媒大学学报）》2001年第3期。

③ 阴雅婷：《广告审美消费的数字化协同再生产研究》，《广告大观》（理论版）2016年第3期。

④ 杨先顺、陈曦：《互文性与广告话语的生产》，《暨南学报》（哲学社会科学版）2011年第5期。

品牌是一个符号，它包含和代表了一定的社会或文化意义，否则只是用来识别产品的商标而已。[①]

一 品牌=产品标识的自发意识时期

品牌是商品经济的产物。改革开放初期，经济发展刚刚起步，国内企业规模小实力不强，生产供给水平低，商品种类不丰富，市场上求大于供，导致“皇帝的女儿不愁嫁”，企业不需要品牌即可将产品销售出去，所以出现了商标的注册数量远远低于企业数量的现象。

当市场发展到产品较为丰富的阶段，企业和消费者均开始将品牌作为产品销售、购买的利益保障。但在20世纪80年代计划经济向市场经济过渡的时期，整个社会对于品牌的认识仍然局限于品牌的物质文化表层，认为品牌就是产品的名称、标识、符号等，因此整个社会把商标等同于品牌，也可以说，这一时期品牌的概念代表的是产品的本质，[②] 而有关品牌的文化、理念更是无从谈起。因此，该阶段属于品牌商标传播时期，当时企业在管理上以生产为出发点、“重产轻销”，一些意识先进的企业在推广、促销产品时也大多是以产品的质量和功能诉求为中心，宣传品牌所能带给消费者的物质层面的功能性利益，甚至很多省级和地方电视台的广告就是在蓝色的背景上，伴随着噼噼啪啪的打字声直接出现一行行字幕，同时播音员念着“省优部优国优……”当时，品牌就是区别不同产品和企业的商标、符号或标记，并不具备现代意义上的营销功能。

实质上，“商标”与“品牌”是两个内涵不完全重叠的概念。按照我国2019年《商标法》第8条的规定，商标在构成上是“文字、图形、字母、数字、三维标志、颜色组合和声音等，以及上述

① 王新新：《品牌是一种文化符号》，《第十一届中国质量论坛论文集——名牌与经济发展》，2003年。

② Carlos J. Torelli et al.，“Brand Concepts as Representations of Human Values: Do Cultural Congruity and Compatibility Between Values Matter?” *Journal of Marketing*，Vol. 76，2012，pp. 92 - 108.

要素的组合”。品牌则是企业用来区别同类产品和服务的名称、符号标记，以方便消费者识别。其相同点为：两者都要附着在某个载体上，均具有区别同类产品生产者且能够被消费者识别、记忆的功能；都属于企业的一种无形资产。其区别在于：首先，“商标”是一个法律概念，“品牌”是一个市场营销概念；其次，商标只是品牌的物质部分中能够被消费者直观感知的一部分，除了商标，品牌还包括市场营销战略和服务策略、品牌愿景、品牌使命、品牌核心理念等；最后，商标直接关联的是企业的商品或服务，只是品牌的一部分，而品牌则关系到企业形象与企业命运。

由此可见，从某种意义上讲，品牌包含商标且比商标有更宽泛的外延，并且市场作用不尽相同。品牌不仅是产品、名称、符号，更是生产者、经营者与消费者之间联结和沟通的桥梁。品牌管理大师大卫·艾克认为，一个拥有可感知质量的强大品牌将能够得到外延式的扩展，而且比一个弱小的品牌具有更高的成功概率。[①] 品牌文化是物质文化和理念文化的复合体，而理念文化又是品牌的核心与灵魂。因此究其根本，品牌文化是企业赋予产品或服务的价值观念、生活态度、审美意义等，它最终通过满足消费者的物质需求，进而实现他们的精神追求。消费者认牌购买商品，不仅是为了满足自身的物质需求，更是为了追求精神的满足、情感的体验以及体现自我存在的价值。由此，品牌必须由“功能、质量差异化”向“文化意义差异化”转化。

1982 年 8 月 23 日，第五届全国人民代表大会常务委员会第二十四次会议通过《中华人民共和国商标法》（以下简称《商标法》），该法自 1983 年 3 月 1 日起施行。该法是根据党的十一届三中全会之前近 30 年商标立法和商标实践的正反两个方面的经验，以及不同社会制度国家商标立法的经验，制定的具有中国特色的商标法律。《商

---

① David A. Aaker, *Managing Brand Equity: Capitalizing on the Value of a Brand Name*, New York: Free Press, 1991, pp. 86 – 88.

标法》对于保护商标专用权，促使生产者和经营者保证商品质量和维护商标信誉发挥了极其重要的作用，并为中国企业实施商标战略、参与两个市场的公平竞争、取得国际保护和提升中国品牌的国际市场竞争力创造了法律环境。自此之后，中国企业首先开启了以注册商标为标识的品牌建设行动，这也是中国品牌符号文化的孕育阶段。《商标法》全文共 8 章 43 条，其总则中第 2 条规定“国务院工商行政管理部门商标局主管全国商标注册和管理的工作”，其余 6 章对商标注册的申请、商标注册的审查和核准、注册商标争议的裁定、商标使用的管理、注册商标专用权的保护等进行了具体的规定。

《商标法》颁布后，商标注册的申请量大幅度提升。1983 年，全国商标注册年申请量仅为 20817 件，① 随着改革开放的不断深入，到 1990 年 9 月底为止有效注册商标已达 270032 件。②

20 世纪 80 年代，随着改革开放的深入，企业的生产经营方式发生重大变化，由过去的按国家计划生产型转变为按市场需求生产经营型，越来越多的企业从不了解商标，到认识商标、积极使用商标并申请商标注册与保护，直至正确运用商标战略和策略，创建驰名商标。例如，1983 年，江苏盐城无线电厂在《人民日报》《北京日报》刊登广告；1984 年，该企业继续投入 40 多万元在中央电视台投放广告；③ 1987 年，“燕舞”牌收录机的广告费已经达到 400 多万元。“燕舞，燕舞，一曲歌来一片情”“燕舞 888，质量顶呱呱”“到处莺歌燕舞，带来知音无数”等广告语令人耳熟能详，其青春动感的广告画面在 20 世纪 80 年代末的中国消费者心中印象深刻，广告中活力动感的青年被大家称作“燕舞小子”。以今天的眼光来看，该广告创意仍然不足，而且缺少内在的品牌文化支撑，但是在当时电视广告形式普遍单一的大环境里，将个性化的音乐、摩登青年等作

---

① 李继忠：《适应改革需要完善商标工作体系》，《工业产权》1989 年第 S1 期。

② 欧万雄：《我国商标工作的现状与今后的设想》，《知识产权》1991 年第 1 期。

③ 《中国广告年鉴》编辑部编《中国广告年鉴（1988 年）》，新华出版社，1988，第 39 ~ 40 页。

为品牌标志表现品牌活力的广告形式令人眼前一亮，迅速赢得了广大青年消费群体的关注。

虽然20世纪80年代，中国本土企业已开始具备商标意识，但从总体来看，国内企业的商标设计手法仍然比较老套，普遍缺乏现代意识，更缺少深层的文化内涵。相较而言，广东健力宝和广东太阳神集团的标识清晰、醒目，具有视觉冲击力，属于其中的翘楚。健力宝集团的前身是广东三水县酒厂，1984年，一种橙黄色的可口饮料在三水酒厂开发出来，被该厂命名为“健力宝”，该品牌名称渗透着运动基因，是中国最早的运动饮料。同一年，陈新金设计出健力宝的中文标识，标识是汉字和拼音字母的组合。健力宝标识的标准色为大红色，其整体造型呈现为小写的英文字母“J”，这个略微变形的字母“J”充满了运动的力量，其上半部分的球形代表着球类运动，下半部分类似跑道的曲线则代表着田径类运动，整个品牌标识突出了健力宝率先引入的运动饮料的概念。健力宝的标识可识别力极强，传达了与众不同的“独特销售主张”（USP），在这之后的几十年，健力宝借助亚运会等一系列体育赛事，全面展开体育营销，成为中国家喻户晓的知名名牌。

此外，1987年，毕业于广州美术学院的梁斌和长期从事包装装潢设计的潘殿伟为当时的东莞保健饮料厂（后来的广东太阳神集团）设计了著名的“太阳神”商标。该商标以简练、强烈的平面语言展现了生命与太阳之间的关系，表达了企业积极进取的理念文化和发展目标，适应了当时的市场变化和企业自身的发展需要，因此，迅速获得了消费者的认同，成功地开启了中国市场的大门。自此之后.太阳神集团从商标起步，逐步导入CI（Corporate Identity）战略并完善其品牌形象。

二 企业商标保护意识不足

20世纪80年代中期，是我国众多企业、大品牌起步的时期，其中，1984年被称为“中国企业元年”，例如，联想公司就是在1984

年创立，而张瑞敏也是在 1984 年出任青岛日用电器厂（海尔）厂长。从 1979 年至 20 世纪 80 年代末，对内改革、对外开放政策的实行使国门重新打开，国外品牌的涌入及其所开展的品牌营销活动，开阔了中国企业的眼界，中国企业的品牌意识开始复苏。80 年代初期，中国对外经济活动刚刚起步，有关利用外资的立法还不完善，外商直接投资受限，因而外国产品往往以直接进口的形式进入中国市场。由于当时的中国企业还处于追求产品质量阶段，缺乏品牌意识和现代品牌营销的观念，许多刚刚得到发展的民族品牌遭到猛烈冲击。例如，当时的国产汽车品牌“解放”“东风”和北京“吉普”的市场竞争力远不如日本汽车品牌。①

1. 中外企业以合资形式合作

改革开放初期，中国有关利用外资的立法还很不完善，外商来华投资顾虑较多；1985 年之后，政府逐渐放宽了对国外企业投资的限制，越来越多的国外企业开始通过与国内企业合资的形式进入中国市场。当时的地方政府和企业为了吸引外资，制定、出台了一系列优惠政策，积极与国外企业合资合作，却忽视了自身品牌在合资企业中的主导与发展。最终，国外企业为了占领市场、获取更多的利润，逐渐“雪藏、边缘化”国内品牌，大量国内优秀品牌在市场上彻底消失。

2. 贴牌生产导致无法发展自主品牌

在这期间，我国许多企业基于眼前的经济利益，放弃了自主品牌的建设和传播，为国外品牌进行贴牌生产获取利润，成为“来料加工、来样加工、来件装配”企业。贴牌生产导致企业利润微薄，不利于中国企业长期发展，也使中国逐渐成为世界的廉价加工厂，而中国企业生产的产品也成为“质低价廉”的代名词。而且最重要的是，中国企业始终无法获得核心技术，错失自主品牌建设的机会，因而产品在国际市场上竞争力较弱。

① 邓永成：《中国营销理论与实践》，立信会计出版社，2004，第 104 页。

3. 国际市场上商标被抢注

20世纪80年代，在国际商贸交易中，一些嗅觉灵敏的外商意识到中国品牌的无形价值，开始关注中国品牌，导致我国平均每年都有苦心经营的品牌被抢注商标的事件发生。例如，杭州龙井茶的商标被日商抢注，导致其产品只好退出日本市场；章光101始创于1974年，1987年“章光101”在第36届布鲁塞尔尤里卡发明展览会上获“一级骑士勋章”，之后，“章光101毛发再生精”出口日本并在日本大受欢迎，但由于品牌意识的缺乏，“章光101”的商标被日商抢注，“章光101”销量急剧下滑，随即被迫退出日本市场。20世纪80年代，我国企业商标在国外被抢注冒注的现象屡见不鲜，严重危害了我国民族品牌的发展，企业的无形价值流失严重。

在这个过程中，我国政府和企业也逐渐认识到，虽然对外开放、利用外资有利于引进先进的技术、管理模式和经营理念，有助于完善我国的市场经济体制，但是，中国企业在利用外资提高自身竞争力的同时，缺乏足够的品牌意识和知识产权保护意识。究其原因，主要是计划经济时代所形成的品牌意识淡薄，当时中国企业普遍没有认识到品牌在市场竞争中的主导作用，同时，随着对外开放的深入和中国企业的发展，越来越多的国内产品出口海外，海外企业和个人开始关注中国品牌。所以，针对国内企业品牌知识产权保护意识淡薄、品牌受损的情况，需要提高全社会的品牌意识，完善与品牌有关的法律与政策，加强品牌保护，同时企业需要以独特的名称、标识和包装，并通过构建、传播差异化的品牌文化与价值内核，将自己的品牌和同类产品品牌、假冒品牌区别开来，从而建设、发展优秀的民族自主品牌。

三　品牌象征性意义的广告传播

1984年以后，中国自主品牌纷纷诞生，其原因固然非常复杂，但是必须考虑到经济基础的形成、国家相关政策的激励，以及国外的品牌营销活动与营销理论的影响。从总体上看，在改革开放初期，由于市场经济体制尚不完善，我国经济活动在很大程度上仍然按照计划经济体制高度集中的规制运行，企业的商标注册管理意识、商标自我保护意识、商标推广宣传意识仍然处在薄弱和较低的层次上，企业在广告传播的内容中往往以简单的信息告知为主，并强调厂名、厂址和电话，突出商标、产品质量和产品所获得的各种奖项；广告的表现形式则以传统的艺术装饰手法为主，传播方式也比较简单。例如，获得 1982 年“第一届中国广告、装潢作品展”报纸广告类一等奖的上海橡胶厂的“上海胶管”广告就是一则典型的告知性广告。广告左侧的胶管图片展示了上海胶管各种型号的产品，右侧上方以大字体突出产品名称并说明：专业生产各种类型橡胶管，以及强调“铜丝高压支管、夹布胶管、吸引胶管等大类产品均获化工部优质产品证书”，右侧下方则清楚地标明了产品的生产厂家名称、地址和联系电话。

虽然当时我国本土企业的广告语言比较简单朴素，并坚持“重复就是注意力”的策略，在广告中反复强调商品名称、企业名称，但也开始注意到满足消费者初步多样化的需求。湖南长沙酱油厂成立于 1945 年，其前身为“上海老同兴”酱园，该厂主要生产酱油，新中国成立前，“金鸡”牌酱油为该厂主打产品。

1979 年 9 月，湖南长沙酱油厂推出了新产品——“双凤”牌酱油并在市场上开始试销。虽然该产品质量很好，但是因为知名度低而难以得到消费者的认可，销量一直不高。于是，长沙酱油厂与当时的长沙广告公司合作宣传推广“双凤”牌酱油，它们设计和制作了“双凤”商标瓶装酱油图案的大型户外广告牌，这个户外广告牌体积巨大，且位于人流量极大的位置，人们远远地就能看到广告上的商标和“原色酱油好”几个字，视觉冲击力很强；与此同时，厂家又投放了广播、报纸、电视等媒体广告，整合了多种媒体的广告宣传效应，“双凤”酱油的品牌知名度迅速提高，其销量也由两千瓶迅速增长至几十万瓶，不但畅销湖南省内，而且销往广东、江西、北京等地，受到广大消费者的欢迎，并于1982年获得商务部优质产品称号。①

品牌是一个名称、标识，其象征性意义是不可能自发产生的，必须依靠广告的创意表现与传播才能够完成。20世纪80年代中期之后，中国广告开始向现代广告转折，人们的广告意识逐渐增强，广告的画面设计、语言文字等开始从考虑受众的心理出发，在简洁鲜明地突出产品特色的同时力求表现形式的丰富活泼。例如，在许多洗衣机厂家仍然宣传“大容量、不缠绕、省电节水”等功能特征之时，威力洗衣机电视广告“母亲篇”则另辟蹊径，开始借助乡土人情、亲情打动电视观众，吸引广大消费群体的注意力。广告一开始的画面是春天的田野、挺拔的白杨、明快的溪水、慈祥的母亲，同时画外音（轻柔的女声）：“妈妈，我又梦见了村边的小溪，梦见了奶奶，梦见了您。妈妈，我给您捎去一样好东西。”（画面上出现了一辆卡车载着一台洗衣机从远方驶来，之后，妈妈和乡亲们围绕着威力洗衣机欢声笑语）此时画外男声：“威力洗衣机，献给母亲的爱！”广告整体采用清新的画面，唤起人们对乡土、母亲的眷恋，而广告的画外音则犹如漂泊在外的女儿写给母亲的一段家信，亲切自然、真诚生动。整个广告创意令人耳目一新，直抵目标消费人群的心底。

广告业的发展与经济的发展和社会整体品牌意识的孕育互相影响、互相作用。首先，在中国广告业的恢复和初步发展时期，人的行为是受思想支配的，没有思想观念的变革就没有改革开放的实践。由于计划经济的长期束缚，广大民众在改革开放初期的思想意识还没有完全放开，对于商品，不少人的认识还停留在统购统销的计划经济阶段，对于广告的认知更是停留在初级阶段。其次，在生产力水平低下、社会物资短缺的时期，卖方在市场上处于有利地位，企业不必建立品牌、参与市场竞争，就可以把产品销售出去。此外，

① 谭建罗：《双凤牌酱油》，《中国调味品》1985年第5期。

新中国成立初期，国内生产力落后、信息闭塞，行业之间、生产者与消费者之间、消费者与消费者之间均缺乏必要且有效的信息沟通渠道。人们对于商品信息知之甚少，"广而告之"便成为广告的首要任务。[①] 因此，反复宣传商品名称、厂家名称的"推销式"广告虽然缺乏创意和内在的品牌文化支撑，却能够通过狂轰滥炸式的传播产生很好的市场效应和经济效益。

四 CI——系统化的品牌形象文化战略

20 世纪 80 年代后期，中国企业对 CI 战略的尝试性引进，是中国企业接受西方现代营销观念并使之本土化的开端，从某种意义上说，CI 战略也属于一种系统化的名牌商标动作战略。广东太阳神集团有限公司是中国较早导入 CI 战略并取得成功的企业。

CI 企业形象识别或品牌形象识别战略，是企业为了获得市场竞争优势而进行的一种动态的、合目的性的品牌资产整合，与企业未来所面临的挑战和发展前景紧密相关。现代意义上的 CI 战略于 20 世纪 50 年代初发源于美国，是指通过一系列形象实践，将企业的经营理念、个性特征、行为规范和模式加以提升及整理组合，以视觉化、系统化、规格化传递给社会公众，使之产生一致的认同感和价值观。[②] 在德国企业 Allgemeine Elektricitäts-Gesellschaft 对 CI 战略初步应用的基础上，1956 年，美国国际商用机器（Inernational Business Machine，简称 IBM）公司首先整体导入 CI 战略，紧随其后的可口可乐公司将 CI 战略的应用推进高潮。CI 战略迅速在市场营销的理论和实践中获得了高度的重视，成为一种将企业或组织的基本价值和独特资产传递给不同利益相关者的重要方式。20 世纪 60 年代末期，日本企业乃至政府部门深刻意识到设计与管理两股力量的结合为欧美企业带来了无限财富，在这个阶段，SONY（索尼）等许多日本企业

① 黄艳秋、杨栋杰：《中国当代商业广告史》，河南大学出版社，2006，第 17～18 页。

② 陈兰生：《浅谈我国企业 CI 战略的导入》，《兰州工业高等专科学校学报》1997 年第 2 期。

积极引进 CI 战略，提高企业的全球品牌形象，推动了 CI 战略走向成熟。

随着 CI 战略进入中国市场，人们对 CI 战略也有了一个初步的、浅层次的认知。随着市场竞争的日趋激烈，在 80 年代末期广东太阳神集团有限公司导入 CI 战略后，CI 战略逐渐受到中国本土企业的广泛重视。太阳神集团公司的前身是一家规模较小的乡镇企业——“东莞黄冈保健饮料厂”，年总产值只有 520 万元，80 年代初，该厂开发出一种新型保健口服液，最初取名“万事达”，经过更名后仍然销量不佳。1988 年该厂委托广州新境界专业设计公司为其设计并导入 CI 战略，同年，太阳神集团有限公司成立。至 1990 年，太阳神集团公司年总产值增至 4000 万元，1991 年年总产值达到 8 亿多元，1992 年更是加速提高至 12 亿多元，业务范围也涉及多个领域。太阳神集团业绩的迅速提升、品牌形象的大幅提高，与 CI 战略的实施密不可分。“太阳神”的标识以红色和黑色为标准色，以英文“APOLLO”和中国书法“太阳神”为标准字，通过中英文标准字和对比鲜明的标准色的结合，形成了与众不同的“合成标识”，这个品牌标识形象、生动，寓意着企业未来的发展前景——像太阳一样冉冉升起，能够在瞬间形成强烈的视觉冲击效果，准确呈现了企业的品牌文化。

CI 企业形象识别由视觉、理念和行为三种识别要素构成。其中，品牌标识、形象等视觉文化以直观可感的符号形式向目标消费群体传递企业理念、品牌信息，最终形成消费者的品牌认知度和品牌联想，维系和提高消费者的品牌忠诚度；企业理念识别（MI）是企业、品牌文化的经典概括，其对内部员工提出明确要求的同时，也通过媒体向社会公众进行宣传，即主要通过能够体现企业理念的广告宣传口号，实现与消费者的心灵沟通，触动消费者的心弦，赢得他们的认同与共鸣；企业行为文化（BI）包括内部行为识别系统和外部行为识别系统，其外部行为识别系统则主要是通过公共关系活动、广告活动、促销活动等传播品牌文化和价值理念，提升品牌的形象与认知度。企业品牌的视觉识别（Visual Identity，VI）具有识别、辨别的含义，是企业树立品牌形象的重要方式，也是品牌的基本属性和特征。企业运用系统、统一的视觉形象符号展现自身的特征与品牌的文化内涵，有助于消费者对自身品牌个性与价值的认知。例如，企业将产品、历史、愿景、文化、服务等信息浓缩、凝聚在品牌标识之中集中传递给消费者，并保持信息传播的一致性，这样就使品牌形象生动、迅速而深刻地在消费者的心中占据一个有利的位置，也使其品牌形象清晰地区别于竞争对手。IBM 公司标识的设计者保罗·兰德认为：一个标识能够长期在商业市场牢固树立，必须要具有通用的、能够得到认同的、具有长久存在的特点的基本形式，其设计往往是简单基本的。①

随着国内社会生产力和科学技术的不断发展，视觉识别（VI）不断走向成熟，并在推向社会的过程中与企业深度融合。20 世纪 80 年代末，当企业的品牌意识普遍比较淡薄之时，太阳神集团就通过导入“企业形象识别系统”，将其崭新的品牌标识、形象呈现在改革开放初期的市场上，令人耳目一新，给社会公众留下深刻的印象，迅速获得市场和消费者的认同。

五　品牌文化传播方式的跨越式发展

进入 20 世纪 80 年代中期之后，随着产品由供不应求向供需平衡的过渡，越来越多的企业开始联系报纸、电台和电视台等媒体单位传播产品信息，少数具有竞争意识和营销意识的企业更尝试借助重大活动、体育赛事、新闻事件等进行品牌传播。

广东健力宝集团是国内率先引入“运动饮料”概念的企业，当时其厂长李经纬非常具有市场意识，对品牌进行了正确的市场定位，并成立了公关部，积极对健力宝产品和品牌进行宣传推广。1984 年 3 月，李经纬把眼光瞄准了当年 8 月即将在美国洛杉矶举办的第 23

① 郭振山、高山、门立众编著《视觉传达设计主干课程·视觉形象设计》，河北美术出版社，2009，第 93 页。

届奥运会，健力宝成为该届奥运会中国体育代表团指定饮料，这开创了国内体育营销的先河。在1984年8月7日的女排决赛上，中国女排姑娘势不可当，以三比零的绝对优势击败东道主美国队，实现了“三连冠”的宏图伟业，一时间举国沸腾。紧接着，记者有贺在1984年8月11日的《东京新闻》上发表了一篇新闻稿《靠“魔水”快速进击?》。他在报道中指出，女排运动员在比赛中一直在喝一种人们从未见过的饮料——健力宝，于是便由此推测她们连连夺得奥运金牌与饮用该饮料有极大的关系。《羊城晚报》等报纸转载该新闻之后，健力宝声名大振，一经推向市场便供不应求。与体育精神紧密联结在一起的健力宝始终专注于体育营销，也因此赢得了极高的知名度和美誉度，此后15年间，健力宝一直是“民族饮料第一品牌”。1987年，健力宝成为第六届全运会最大的赞助商。1990年，健力宝以600万元巨资买下第十一届亚运会运动饮料专用权，又以260万元买下火炬传递活动的专利权。在此期间，健力宝保持体育营销策略的系统化和连续性，提升了品牌的文化内涵，树立了品牌形象，实现了销量的不断扩大，1986年健力宝年销售额达到1.3亿元，1994年更是超过18亿元。

1983年开业的北京长城饭店，是一家中美合资宾馆。该宾馆的目标客户群体主要来自港、澳及海外，需要进行海外宣传。开业伊始，北京长城饭店曾经通过广告对宾馆的服务进行推广，但效果并不好。之后，北京长城饭店调整了营销策略，通过公关活动提高海外消费者的认知度。1984年4月，为了将品牌声扬海外，北京长城饭店的公关经理想方设法获得了招待美国里根总统访华随行团的机会。在美国总统的新闻代表团入住期间，北京长城饭店将富有中国园林特色的“艺亭苑”“凌霄阁”“露天花园”三大宾馆景点作为美国三大电视广播公司进行电视新闻播放的背景。之后，随着三大电视广播公司的播报，北京长城饭店的风姿被西方国家的观众尽收眼底，“北京长城饭店”的名字也随之传向世界。访华随行团回国后，里根总统的夫人南希·里根也给北京长城饭店写信表达了真诚的谢意。自此以后，北京长城饭店在美国及其他国家的知名度大大提高，业绩也得到飞速提升。

名人代言广告在当今社会已经是一件司空见惯的事情，但是在20世纪80年代中期之后，几起名人代言广告在社会上却引起了强烈的反响。1987年春天，由深圳南方制药厂生产的三九胃泰、壮骨关节丸和正天丸正式投入生产，当年，南方制药厂即告盈利1000万元。1988年，深圳南方制药厂的总经理赵新先说服著名表演艺术家李默然为"三九胃泰"做广告代言，开启了名人做广告的先例，"999"的标识以前所未有之势席卷全国。在这则电视广告中，表演艺术家李默然端端正正坐在高堂之上，并义正词严地谴责了制造假药的不道德行为，该广告没有过多的商业性内容，但是对国内的目标消费者进行了提示和教育，指导胃病患者购买正品真品，在某种角度上也树立了"999"正面的品牌形象。然而，也许因为这是国内第一个名人代言广告，人们对著名艺术家参与商业活动表示了不解和不满，李默然当时承受了巨大的压力。

几乎与此同时，上海霞飞化妆品厂的销售代表也找到著名演员潘虹，说他们来自一个残疾人占有相当比例的工厂，希望潘虹能为他们的产品做广告，由于当时的电视广告大多仅仅是在荧屏上打出字幕而已，所以潘虹没有理解对方的真实意图，并直接表达了自己的不解，建议对方去找电视台打广告、发布该厂及其产品的信息。但是随后，通过销售代表的解释，"用人物形象树立品牌形象，打造出中国化妆品名牌"的梦想打动了潘虹，于是1988年就有了著名演员潘虹代言的以"中国一号演员用霞飞中国一号"为主题的广告。

在此之后，中国的名人广告代言逐渐多了起来。内地歌唱家成方圆参与"江中草珊瑚含片"的广告代言；香港著名艺人汪明荃成为容声冰箱的品牌代言人，"容声容声，质量的保证"是在中国家电行业首次强调"质量至上"的广告语。进入90年代之后，随着观念的改变和品牌意识的复苏，名人代言广告逐渐为人们所接受，名人代言广告也为第一批敢于吃"螃蟹"的企业带来了巨大的收益。比如，到1988年底，深圳南方制药厂的产值就接近20亿元；1992年，三九企业集团在南方制药厂的基础上成立，成为当时国内知名度最高、营利性最好的综合性制药企业；“霞飞”也在名人效应的推动下迅速成为“中国十大驰名商标”。

在德国哲学家恩斯特·卡希尔那里，人被定义为“符号动物”,[①] 他认为符号化的思维和行为是人最具有代表性的特征,[②] 而品牌需要把丰富的品牌文化作为对外传播的价值支撑，才能引起消费者的注意和积极的品牌联想，唤起消费者的情感共鸣，进而获得消费者的品牌忠诚，所以名人代言广告有助于对品牌进行市场定位，树立产品的品牌形象，充实品牌的文化意义。

第三节　品牌审美消费文化的萌发

从20世纪80年代中期开始，中国审美文化由传统的一元化状态向多元化的现代形态转变，审美文化接受模式由个体性体验转向集体性狂欢。[③] 传统审美文化的边界、规则或一些禁忌开始或正在消解，逐渐融入世俗化的日常生活领域。消费的本质内涵是审美文化，品牌是当代审美消费文化的一部分，品牌文化是具有审美属性和审美价值的文化，消费者对品牌的消费最终与人类的审美活动、审美文化殊途同归。品牌消费审美文化传播是品牌文化价值形成的重要决定因素，广告作为品牌传播的主要形式，深深地影响着消费者的消费观念与审美心理。

一　品牌的形式美

人们认识客观事物一般是从感性认识开始，然后再用语言文字等感性的形式表达出来，然而从某种角度上讲，西方哲学的传统一

---

① 〔德〕恩斯特·卡西尔：《人论》，李荣译，上海文化出版社，2020，第84页。
② 〔德〕恩斯特·卡西尔：《人论》，李荣译，上海文化出版社，2020，第122～123页。
③ 杨健平：《论中国当代审美文化接受模式的转换》，《学术交流》2011年第5期。

直以逻各斯为中心，即以理性的语言思维为中心。无论是亚里士多德还是笛卡儿都将自我当作理性主体存在。德国哲学家黑格尔认为，理性认识是辩证的、联系的、发展的，是认识的高级阶段。与西方以理性为中心的文化不同，中国的传统文化艺术关注表现形式中的意象美，强调客观物象中所蕴含的精神意象与意境。比如，作为东方智慧的结晶，中国书法艺术就体现了“字中有画，画中有字”的意象结合表征。总的来说，20 世纪 80 年代初的广告虽然普遍缺乏创意，但其品牌所传播的审美价值初步萌发于产品的形式美之中，以产品设计的线条、色彩、风格引领消费者的审美趣味，并尝试以爱情、亲情、美丽等关键词为广告语，引导消费者对产品、品牌的差异化认知与记忆。

例如，作为驰名中国的老品牌，1973 年，“华生”牌电风扇推出了 FT35－1 型台式电风扇，也形成了简洁优美的新型设计风格，设计师在造型上放弃了之前的圆弧等流线形态，更多地从功能的角度出发，把满足消费者对电风扇的安全、性能、使用寿命的需求作为出发点，并将目光更多地转向了能给消费者带来美感的现代主义风格。这是“华生”牌电风扇外观风格的一大转变。除了产品的形式美，企业的商标设计也沿用了中国传统工艺美术的风格，不仅起到区别生产者或产品、便于消费者识别的作用，也以其优雅稳重的形态和简洁大方的色彩宣传产品、引导消费者，并影响消费者的审美观念。

除了运用传统绘画技术和表现语言对产品、商标进行设计，20 世纪 80 年代，一些先知先觉的企业主开始在电视、报纸、杂志上投放广告，商业广告开始登陆国内各种媒体，无数经典广告词因此存留在那一代人的记忆中。麦氏咖啡（1980 年）广告语：滴滴香浓，意犹未尽。飞跃电视（1981 年）广告语：“飞跃”目标——世界先进水平，“飞跃”精神——一切为用户着想。丰田汽车（1982 年）广告语：车到山前必有路，有路必有丰田车。燕舞收录机（1983 年）广告语：燕舞，燕舞，一曲歌来一片情。威力洗衣机（1984

年）广告语：威力洗衣机，献给母亲的爱。大宝 SOD 蜜（1985 年）广告语：大宝，天天见。万家乐电器（1986 年）广告语：万家乐，乐万家。太阳神集团（1987 年）广告语：当太阳升起的时候，我们的爱天长地久。亚细亚商场（1988 年）广告语：中原之行哪里去？郑州亚细亚。白丽美容香皂（1989 年）广告语：今年二十，明年十八。作为特殊的文学作品，这些代表性的广告语往往精练简洁、对称押韵、朗朗上口、易于传播，突出了产品的特点、作用，与广告中的图片和其他文字协作产生作用，而非哗众取宠的噱头，增加了广告效果，并以自身独特的艺术性吸引了消费者的注意力。

二　广告视觉文化元素助力品牌发展

改革开放初期，最先进入中国的国外企业采用先进的广告制作技术和设计理念，吸引了国内广大消费者的目光，也使中国企业耳目一新。同时，随着国内商品市场的发展与兴旺，整个社会对商业美术的需求急剧增长，国内企业对产品设计、包装、广告等领域艺术设计的需求日益突出，社会大众也开始注重审美需求。这一时期，由于计算机技术刚刚进入我国，商业广告尤其是户外广告仍然是手绘的形式，美术性很强，其创作技巧和创作理念基本上等同于绘画，体现了较高水平的审美情趣与价值，但是广告的商业性也因此受到影响，广告缺乏创意，而且广告诉求点不明确、针对性不强，因此不属于成功的广告。1984 年，针对商业广告增加、广告从业人员增多但专业性不足的情况，《中国广告》杂志为了满足社会需求，先后开设了与广告相关的营销类、设计类讲座。在此之后，随着中国国门的打开和思想的解放，西方的现代艺术观念逐渐被中国艺术家接受和采用，在不断地借鉴、吸收、批评和反思的过程中，“85 美术新潮”出现，新的艺术价值标准被确立，现代艺术家的创作观念开始从理想转向对现实、对自我价值的关注。新的艺术观念和创作方式的产生同样也推动了广告视觉符号的创新和转变，广告由创作自觉时的借鉴、模仿开始探索形成自己的风格。

改革开放之后，全国各地的广告公司如雨后春笋般地出现，广告投入迅速增加。根据相关统计，1979 年，国内的广告经营单位非常少，不到 20 户，且主要集中在北京、上海等大城市，但是到了 1981 年底，全国广告经营单位就已经达到 1160 户，营业额达到 1180 万元；至 1990 年，全国的广告经营单位和营业额则分别达到 11123 户和 250173 万元。① 1983 年，中国广告协会成立，广告业成为彼时我国发展最快的行业之一。虽然 20 世纪 80 年代初，由于生产和消费的地位不同，生产主宰消费，企业内部和外部的文化均以生产为导向，而当时的消费者消费水平较低，选择空间狭小，往往注重产品的功能需求，质优价廉是消费者购买商品时的第一选择，品牌的文化特色相应地也主要表现与产品有关的功能价值，但是随着生活用品广告的增加以及广告艺术性诉求的显著增强，广告作品艺术形式的地位被置于商品功能的表述之上。针对不同的产品类型和广告媒体类型，从事广告工作的美术设计师将视觉符号广泛应用于广告之中，既讲究意境又勇于标新立异，给人以丰富的审美感染力和较高的艺术价值。

20 世纪 80 年代，北京、上海等地大多数从事与广告、包装有关的美术设计师主要在国营单位工作，但此时的美术设计人员开始突破广告是绘画艺术的传统认识。1982 年 8 月 18 日至 29 日，由中国广告学会、中国工业美术协会、中国广告联合会总公司联合主办的“第一届全国广告装潢设计巡回展”在上海美术展览馆举行。在这次展览会上，陈琪芸、杜婉清、王祥坤等美术设计师设计的美加净银耳珍珠霜和“上海果汁”的包装及“鹅牌”运动服饰的包装代表了当时商业美术设计的风貌与精神；1981 年，“双菱”牌拉链请演员刘晓庆来做广告形象代言，这也是改革开放以后中国广告史上最早的名人广告之一；在 20 世纪 80 年代中期，中国广告界开始将“以

① 葛桂莲：《改革开放以来中国广告业的发展》，《兰州大学学报》（社会科学版）1999 年第 1 期。

消费者为中心”作为指导思想进行广告创意与设计，如北京市广告艺术公司创作的“双菱表”平面广告，开始尝试针对不同性别消费者的心理特征进行差异化的广告设计；1989 年，由湖南省包装进出口集团公司设计师李渔、孙新华和湖南益阳湘中印刷厂设计师郭湘黔设计的“名茶套装系列”包装，于 1989 年 11 月在意大利米兰被授予“89 年世界之星荣誉奖”，该包装将中国的红茶、绿茶、花茶等组合配套，并由三角形单体条盒组合而成，可以随意组成多种几何造型进行销售，给消费者带来了极大的便利。

20 世纪 80 年代中期，随着 1984 年美国洛杉矶奥运会的召开，欧美产品开始进入中国市场并在电视台大做广告，雀巢咖啡的广告语“味道好极了”、可口可乐的广告语“可口可乐添欢笑”等都是该时期脍炙人口的广告语，拉近了外商品牌与中国民众的距离。同时，自 20 世纪 80 年代开始，随着中国经济的发展和西方文化、生活方式的渗透，消费主义开始在我国出现并在现代大众媒介的推波助澜下初步对我国的经济、文化、生活方式等方面产生影响。80 年代后期，由于产品的日益丰富以及外商广告所呈现的消费主义价值观念对人们生活的影响，大众日趋关注生活上的物质享受与追求，广告中开始呈现奢华、享受的消费主义色彩与情调。2007 年，广告学者陈素白博士对 1979 ~ 2006 年 266 条中国流行的商业广告标语进行内容分析，结果发现，在商业广告中，鼓励消费、刺激消费欲望的消费主义文化最早出现在 1984 年，而且主要出现在外商广告中，比如，百事可乐、日本夏普电器、上海大众汽车等品牌的商业广告。[①] 而之后，正像学者郑红娥所认为的，整个 20 世纪 90 年代，在消费主义文化的影响下，我国进行了一场“消费革命”，主要表现在人们的消费观念转变为消费至上，通过消费获得享受，追求品牌商品的符号象征意义。[②]

---

① 陈素白：《1979—2006：中国城市居民广告意识变迁研究》，博士学位论文，中国传媒大学，2007。

② 郑红娥：《社会转型与消费革命——中国城市消费观念的变迁》，北京大学出版社，2006，第 130 页。

三 品牌文化表现形式的艺术化

20 世纪 80 年代初是中国广告的复苏阶段，人们逐渐意识到传统广告只是绘画作品，而现代广告则是营销学、艺术设计和消费者心理学等学科理论与实践的综合应用。

改革开放之后，电视、广播、报纸、杂志四大传统媒体广告得以恢复与发展。但是 20 世纪 80 年代初期，由于电视节目资源严重匮乏，广告引发了人们的好奇心，直至 80 年代末，中国本土企业有了一定的发展，同时也在广告宣传方面特别是电视广告上加大了投入，但整体而言，该时期的电视广告仍然是以传统的吆喝叫卖方式加上简单的广告画面为主，广告中频繁出现“省优、部优、国优，质量三包，权威机构、科学认证”等内容。例如，早期的威力洗衣机广告，画面选择的是一个大型运动会的开幕式，威力洗衣机组成了巨大的“威力”二字，反复变换。画外是洪亮的男声：“威力洗衣机，够威够力！……省优、部优、国优！”

改革开放初期，由于中国广告业刚刚复苏，国内的户外广告业务主要是由广告公司兼营，缺乏专业的从业人员和专门的经营机构，因此户外广告的数量并不多。国内外企业在广告媒体的选择上也是将报纸广告与户外广告并重，并且当时的突出现象是外商著名品牌例如瑞士雷达表，日本西铁城表、精工表、松下电器、雀巢咖啡等投放的户外广告比较多。同时，在媒体形式上，户外广告以路牌广告为主，大多数由铁皮制作，且一般使用油漆绘制的方式，也没有灯光照明，大都是平面作品的移植、四四方方的图形设计，只是用了更大字体的广告语和醒目的图片，以及更为明显的品牌标记。例如，1984 年日本品牌 SONY 的路牌广告，巨大的品牌标识结合产品图片的广告形式，只是起到广告信息传达的作用，缺乏广告创意。但是，即使缺乏技术支撑和内容上的创意，早期的户外媒体却奠定了整个中国户外广告的基础。

高科技制造材料的广泛应用，推动了我国户外媒体的持续性发展，极大地提高了我国户外媒体广告的传播效力。1984 年国庆期间，我国第一个大型微机控制翻转广告显示系统在南京鼓楼启用。1989 年，广州火车站流花宾馆安装了当时全国最大的海鸥手表霓虹灯广告。[①] 户外广告逐渐摆脱了单一手法、单一目标、单一形式的信息传达的传统，其独特的广告优势逐渐呈现。特别是三维电脑动画制作技术、彩色大屏幕显示系统的广泛应用，使户外广告更为形象化、艺术化。此外，招贴广告、霓虹灯广告、大屏幕显示屏广告、三面翻广告牌亦是这一时期主要的户外广告形式。

20 世纪 80 年代中期以后，随着经济形势的好转、中国商业广告的复苏与恢复，艺术形式单一、政治色彩浓厚、标语口号式的招贴画、宣传画和公益广告开始减少，抒情的、象征性的文化招贴和商品促销性的、满足消费者需求的商业广告开始增多。同时，20 世纪 80 年代中期，计算机图形设计软件在我国出现之后，电脑技术与设计艺术的结合引起了当时广告界的关注，并给 90 年代初的广告设计公司和机构注入了新的活力。计算机制图逐渐代替手工绘制，进一步促进了平面广告设计的发展。随着新媒体、新技术的迅猛发展及其在广告领域应用的不断深入，国内的广告形式愈趋丰富多彩，社会大众的审美取向开始发生变化，呈现西方化、同质化的趋势，大家争相追赶新潮流、新时尚，审美消费的盲目性、被动性较大，消费者往往容易从外在环境的刺激中获得短暂的感官上的快乐。由此，以青年群体为代表的消费者逐渐形成了相信广告权威和从众消费的审美心理，比如 1988 年的“抢购风潮”就是明显的表现。传统的艰苦朴素、粗茶淡饭的节俭型消费观念日趋淡化，而走在改革开放潮头的沿海地区消费者所追求的世俗化、时尚性超前消费逐渐渗入内地，并走向普遍化。

---

① 王伟明、胡明宇、赵丁丁：《再读广告史（三） 中国户外广告三十年综述》，《中国广告》2011 年第 3 期。

第四节　感性诉求：品牌文化的情感构建

随着经济的发展、社会的进步，社会消费结构、层次和意识的进化，在消费者的消费过程中，产品的功能价值满足呈逐渐递减的趋势，而心理与情感的需求则在不断增加，消费者越来越注重品牌所带来的心理与情感上的满足。品牌的精神文化价值是满足消费者心理需求的重要源泉，20 世纪 80 年代初期，中国的品牌推广以介绍商品特色、展示商品性能为内容，以质朴、直白的方式传达商品信息，达到促销的目的。1984 年之后，在市场竞争和产品的同质性开始增强的情况下，“感性诉求”的推销观念日益为广告主所重视，其以文化的融合和情感的沟通为手段，进行品牌推广。当产品充满情感，品牌具有文化意识之后，消费者就会在潜意识中认同并喜爱品牌的文化气质，对品牌文化产生心灵上的共鸣与交流，即由对产品功能、品质上的比较和选择转变为对品牌难舍难分的情感上的依赖与忠诚。

一　品牌物质文化层面的情感构筑

20 世纪 80 年代之后，在经济社会快速发展的推动下，我国居民的收入水平和社会购买力大幅度提高，居民的消费结构发生变化，消费者的需求层次提高，即产品的功能价值开始呈边际效用递减，心理和情感层次的消费开始增加，特别是在多种同等层次的购买决策中，消费者往往从心理上依据与品牌的亲疏远近做出最终的决策。所以，在同类同档次产品的竞争中，赢得消费者情感的共鸣和认同才是品牌制胜的关键，同时，初具品牌意识的企业通过产品的包装、色彩，品牌名称、标识、图标、广告语、广告文案、广告画面等赋予品牌以情感，使其具有人情味，从而加深消费者的品牌印象，提升品牌的形象和内涵。美国心理学教授 J. L. 弗里德曼（J. L. Freedman）等认为态度具有一种认识（思想）成分，一种表达感情的（感情）成分和一种行为的成分。[①] 产品的物质外观会影响消费者的态度，而态度又会进一步影响消费者的行为。

品牌物质文化是品牌精神文化的基础和外化，商品、商品包装、品牌名称、标识等物质形式均是品牌精神文化的反映。美国心理学家欧内斯特·迪士特（Ernest Dichter）认为，消费者首先是用眼睛来观察商品，然后在他的头脑中加深印象，[②] 最后才会影响他的消费审美判断和价值理念。这个过程被中国古典美学概括为“玄览”“观道”“畅神”“自得”，使得消费主体摆脱了视听感官的约束，获得精神上的愉悦。这属于人们购物时的审美无意识心理，也是一种由物质形式引发的情感、心理慰藉。现代商品基本上都是科技与美学相结合的产物，从产品设计开始，设计师就赋予了产品和物化劳动过程一定的美学风格与个性，这是企业物质文化层面的一种形式表现。因此，企业不仅仅是在制造产品，还是在创造一种新的生活方式、一种新的审美时尚以及一种新的价值理念。而消费者在企业的物质文化引导下，往往也会选择那些能够体现其地位和社会身份的产品、品牌，以满足其情感需求，实现个人的社会价值。

二　品牌理念文化层面的感性诉求

“感性诉求”方式是满足人们的情感心理需求的广告诉求方式，是从情感的角度介入，通过思想感情的交流，渲染情境、情绪、气氛，达到传递品牌的理念文化及其象征意义，诱发消费者购买动机的目的。相对于诉诸产品功能、作用的“硬推销”，“软推销”是一种动之以情的“感性诉求”，是针对目标受众的心理需求，以打动人心的广告语言、画面、情节，将产品信息传递给消费者，常常能够取得事半功倍的广告效果，并在潜移默化之中影响消费者的消费方式、价值观念。当科学技术日益发达，生活节奏不断加快，物质需

---

① 〔美〕J. L. 弗里德曼、D. O. 西尔斯、J. M. 卡尔史密斯：《社会心理学》，高地等译，黑龙江人民出版社，1997，第347页。

② 余明阳、戴世富：《品牌文化》，武汉大学出版社，2008，第208页。

求逐渐得到满足，寻求精神满足就成为人们心中的渴望。所以，当社会商品日益丰富、消费者购买能力提高，越来越渴望商品能够从更高的精神层次上满足他们的附加需求，如愉悦、品位、地位等时，“感性诉求”借助各种艺术表现手法，向消费者传达情感的、精神的、艺术的、文化的品牌内容与价值，满足消费者的情感体验与品位需求。实际上，品牌已经成为消费者内心情感的依托，而品牌文化是消费者内心情感、精神需求的外在体现，也是广告主与消费者的一种深度沟通。

亲情、爱情、友情等情感在人类精神生活中占据重要的地位，广告运用中国传统文化元素，以某种情感为主题进行传播，很容易唤起消费者的心理层面的情感共鸣，获得消费者对品牌所倡导的文化价值的认同感。满足消费者的情感需求正在于20世纪80年代日益增长而成为一种前景广阔的品牌广告的诉求方式。“威力洗衣机，献给母亲的爱！”——威力洗衣机的广告将亲情表现得淋漓尽致，充分表达了远方的儿女对乡土的思恋、对母亲深沉的爱。南方黑芝麻糊“怀旧篇”拍摄于1991年，其广告词——“黑芝麻糊哎——，小时候，一听见芝麻糊的叫卖声，我就再也坐不住了，一股浓香，一缕温暖，南方黑芝麻糊”——结合唯美、怀旧的广告场景，成为以情动人的广告典范，表达了南方黑芝麻糊的味道就像小时候的味道，绵远悠长；也像母亲亲手做出来的味道，香浓温暖。广告主如果想让广告受众接受广告话语，就必须使广告符合受众的生活经验、遵循受众的认知和理解，威力洗衣机和南方黑芝麻糊这两则广告充分挖掘了中国传统文化中的仁爱孝悌等观念，将产品和母亲、亲情、美好的儿时记忆联系在一起，贴合了上千年来华夏儿女对于“孝”的普遍认知，因此有助于消费者在他们的解释框架中链接至“孝”“爱”的概念，给品牌平添了人文情愫，以情感诉求打动消费者，并促使消费者将这种情感迅速移植至品牌之上；广告不再是裸露直白的功能告知，是把消费者视作富有感情的“人”而非应声即倒的靶子，这是企业迈向以顾客为中心进行品牌文化推广的第一步。感性诉求的广告策略使企业在日益激烈且同质化的品牌竞争中更胜一筹，以差异化的品牌形象与品牌理念加深了消费者的品牌印象。

品牌不再仅仅是借以辨认某个生产者或某个生产者的产品或服务，并使之与竞争对手的产品和服务区别开来的名称、标记。在更深的层次上，品牌越来越向人性化方向发展，逐渐成为消费者情感、态度表达的渠道与精神理念的寄托。人们对品牌的选择与使用，不仅仅是对品牌所标识的产品功能与品质属性的选择，也代表了人们的生活方式、生活风格和品位。因此，不同于产品功能、包装、品牌名称、品牌标识等品牌文化的外层部分，品牌的情感价值对消费者的消费行为和消费心理都会产生更大的影响，特别是在产品功能和效用日趋同质化的情况下，消费者往往依据情感做出购买决策。因此，通过感性诉求的广告方式将情感赋予品牌，将会满足消费者的情感需求，唤起消费者的品牌文化认同，引导消费者的价值观念，并且也有利于强化产品功能、质量等品牌的物质文化部分，进而优化品牌形象。

第三章　名牌战略下的品牌文化内涵

第一节　新时期的名牌战略

一　名牌战略兴起的社会背景

20世纪90年代，科学技术突飞猛进，经济全球化和区域经济集团化的趋势凸显，我国社会主义现代化建设进入关键时期。1992年春天，改革开放的总设计师邓小平同志动身视察南方。当时，由于长期以来的计划经济体制的影响，国内改革仍然遭到一些人的质疑，争论不断。对此，邓小平在视察南方途中指出，“计划多一点还是市场多一点，不是社会主义与资本主义的本质区别。计划经济不等于社会主义，资本主义也有计划；市场经济不等于资本主义，社会主义也有市场。计划和市场都是经济手段”①，深刻回答了长期束缚人的思想的许多重大认识问题。1992年，党的十四大召开，正式提出了我国经济体制改革的目标是建立社会主义市场经济体制，并提出建立中国特色的现代企业制度，以此为标志，改革开放的进程在1992年以后加快推进，取得了举世瞩目的成就。

1992年，我国国内生产总值达到23938亿元，比上年增长12.8%。工业改革向纵深发展，加上投资需求的迅速回升，集体、三资企业迅速发展，全年完成工业增加值10116亿元，比上年增长20.8%，是改革开放之后增长幅度最大的一年，同时，我国政府采

① 《邓小平文选》（第3卷），人民出版社，1993，第393页。

取出口导向战略、鼓励吸收外资，对外经济贸易空前活跃，全方位、大开放格局已经初步形成。1992 年，进口额增长到 806 亿美元，出口额达到 850 亿美元，比上年增长 18.2%，签订利用外资协议金额 685 亿美元，比上年增长 2.5 倍。其中外商直接投资协议金额 575 亿美元，实际投资 111.6 亿美元，分别增长 3.8 倍和 1.6 倍。① 也正是从这一年开始，国际奢侈品品牌嗅到了中国市场的新商机，开始陆续抢滩中国市场。国际一线品牌路易威登率先在北京王府饭店开设了专卖店，紧随其后，Gucci、Hermes、Armani 等国际品牌令人吃惊的价格标签，轮番冲击着大众的眼球。

在农村，随着交通运输和通信条件的改善，农民开始寻找发家致富的门路，乡镇企业异军突起，农民收入大幅度提高；在城市，企业摆脱了计划经济体制的束缚，真正成为市场经济活动的主体，企业的市场经济意识、品牌意识不断增强。电视、报纸等四大媒体增设了新频道、新栏目、新专题，推出各具特色的评选活动，媒介内容的可视性、可读性增强，媒体上的广告空间得到扩展，各类企业的新闻软文、公关活动频频出现在媒体上，广告媒体的网络化体系逐渐形成。除了生产资料型企业，服务、咨询、交通、电信等与大众日常生活紧密相关的企业也更多地借助广告宣传品牌，消费者开始自觉地运用广告指导自己的消费行为。

社会主义市场经济的发展，也促进了人们文化价值观念、审美观念的转变。随着市场的繁荣、物资的丰富，各类百货商场、展销会、娱乐场所锣鼓喧天，港台流行歌曲风靡全国，言情、武侠类的大众文学陆续登场，西方文艺思潮涌进国门，正像汤普森在其著作《文化帝国主义》中所述的："在现代社会中，生活日渐分裂成片断……"消费主义文化裹挟在跨国公司的商品、品牌、广告中渗透进中国社会，并在中国大众的日常生活中生根发芽，对广大民众的生活方式和观念产生了广泛而深刻的影响。20 世纪 90 年代以来，"审美"也

① 国家统计局编《中国统计工作年鉴 1993》，中国统计出版社，1993，第 82、85 页。

不同于康德所说的那样，“一个关于美的判断，只要夹杂着极少的利害感在里面，就会有所偏爱而不是纯粹的欣赏判断”[①]，而是与周宪对“中国审美文化正在向世俗化转变”[②] 的表述相一致，“中国文化正经历着从一个乌托邦的理想主义形态，转向实用主义，现世观念和消费社会的变化”[③]。在日渐成熟的市场经济体系下，当代审美文化已经全面渗透进普通大众的日常生活，同时，在媒体与商业利益的合谋与共同作用下，其审美因素与意蕴裹挟在大众文化、媒介文化、品牌文化等文化形式中并无时无刻不受到这类文化的影响和反映，在商业利益的驱动下呈现媚俗、浮躁化的趋势。随着新媒体、新技术的出现，以及广告创意和设计水平的提高，广大消费者在通过广告做出商品选择的同时，也逐渐从广告欣赏中得到艺术的陶冶和享受。

二　政府推动下的“名牌工程”

进入 20 世纪 90 年代，社会主义市场经济体制确立后，我国经济社会发展突飞猛进，“1994 年的商品零售价格指数达到 121.7，居民消费品价格指数也达到 124.1，是改革开放以来物价涨幅最高的一年”[④]。在经济发展的有力推动力下，各种所有制类型的企业纷纷成立，社会商品得到极大的丰富，消费者在市场上的地位也明显提高。与此同时，面对日益激烈的市场竞争，越来越多的企业也开始意识到品牌在市场竞争中的重要性，但是很多企业的知识产权保护意识仍然很淡薄，在创立名牌、保护名牌方面的知识不足，缺乏信心。这主要表现在：其一，在外商品牌的冲击下，很多企业对商标侵权假冒的危害性仍然认识不足，没有建立起严格的商标管理和商标自我保护制度，在自己的商标专用权受到侵害时难以积极主动维权；

---

① 〔德〕康德：《判断力批判》上卷，宗白华译，商务印书馆，1964，第 41 页。

② 周宪：《中国当代审美文化研究》，北京大学出版社，1997，第 301 页。

③ 周宪：《中国当代审美文化研究》，北京大学出版社，1997，第 301 ~ 302 页。

④ 金春明：《中华人民共和国简史（1949—2004）》，中共党史出版社，2007，第 311 页。

其二，一些拥有驰名商标的企业盲目与一些不具备相关资质的企业签订商标使用许可合同，被许可使用人又不根据合同约定履行相关义务，导致一些名牌因产品质量等问题而信誉受损，甚至销声匿迹。

1992 年，邓小平视察南方时指出："我们应该有自己的拳头产品，创出中国自己的名牌，否则就要受人欺负。"① 邓小平从战略高度提出创立中国名牌的重要性，也为民营经济的发展开拓了更加广阔的舞台；1996 年，国务院颁布实施《质量振兴纲要（1996 年—2010 年）》，明确提出"实施名牌发展战略，振兴民族工业"。1996 年 8 月 14 日，《驰名商标认定和管理暂行规定》正式发布，中国企业驰名商标得以有效认定与保护，更有利于中国民族品牌的建设与发展。

在国家领导人对实施名牌战略的关心和重视下，以及在国家相关政策、资金的激励和扶持下，20 世纪 90 年代，随着社会主义市场体制的确立，全国各地相继实施名牌战略，启动名牌工程，争创名牌的热潮在神州大地上风起云涌。在政府推动下，1992 年 6 月 26 日，我国第一个名牌企业自我保护组织"驰名商标保护组织"在北京成立，成为最早的行业协会品牌行动；1992 年，中国新闻界和国家主要部门首次联合评选出"海尔"等十大驰名商标，由此社会舆论开始关注和重视品牌现象。

第二节　名牌战略下的品牌空心化传播

一　品牌理念文化的缺失

品牌空心化传播指的是包括广告在内的品牌传播只关注产品、商标等表层现象，而忽视对品牌理念文化的追求，导致品牌成为缺

① 中共中央文献研究室编《邓小平思想年编（一九七五——一九九七）》，中央文献出版社，2011，第 708 页。

少核心文化价值的空壳。

在市场经济发展的大潮中，也不免泥沙俱下。20 世纪 90 年代，我国品牌市场不规范，社会上对商标特别是驰名商标的假冒侵权行为泛滥，而“驰名商标保护组织”的成立和首届中国十大驰名商标的评选都有利于在全国企业和消费者当中推广品牌意识和商标保护意识，自上而下地推动名牌战略工程，扶持我国企业进行品牌建设。但是，政府在政策制定和执行的过程中，并没有将品牌发展的基础——质量放到至关重要的位置，导致有的企业急功近利，单纯地追求品牌知名度而忽视产品的质量管理，把创名牌的希望全部寄托在广告的炒作上，期望“一夜成名”所带来的产品热销，结果广告投放得越多，产品销售得越多，品牌的美誉度和忠诚度反而越低。

例如，1992 年 9 月 1 日，《人民日报》刊登了《何阳卖点子赚了 40 万——好点子也是紧俏商品》的报道，引发了全国上下的关注与讨论，之后全国数百家新闻媒体争相转载、报道。但是，这一时期，以何阳为代表的所谓的“策划人”所做的从本质上讲是一种市场投机行为。同时，这一时期的“策划人热”也反映了当时的一部分企业缺少市场经验，具有为了摆脱企业经营困境急于寻觅“灵丹妙药”的心理，以及不少企业负责人对现代市场经济的特点和趋势缺乏深刻的认识的现实，因此，其观点和行为是违背市场经济发展的规律和现代化企业的运作方式的；名牌不是靠政府部门奖励出来的，不是靠某个组织评选出来的，也不是靠广告短期轰炸出来的，更不是仅仅靠品牌名称、商标宣传就可以完全形成的，而是靠市场竞争和顾客的口碑培育出来的，需要长期的品牌理念文化的建设和传播。但是，当时不少企业认为品牌就是产品的标识、一个符号而已，因而普遍忽视品牌文化的核心——理念文化的建设和传播，在广告中仍然只是对品牌名称、企业的获奖荣誉和称号、企业的名称和销售地点等进行吆喝宣传，致使该品牌在市场上无法形成差异化的品牌形象，最终成为一具缺乏核心价值的空壳。

品牌是建立在产品功能、质量基础上的具有独特理念文化导向的形象识别，没有产品品质保障，品牌就成了无源之水，而没有文化做内核，品牌就不能成为真正的品牌。20 世纪 90 年代，设计一个好的标识，通过竞争央视“标王”，利用广告和促销，企业就很可能取得成功。例如，1994 年，山东“孔府宴酒”以 3099 万元夺得中央电视台首届黄金时段的广告“标王”，在随后的一年里，伴随着“喝孔府宴酒，做天下文章”的广告语在央视的反复播放，山东“孔府宴酒”迅速成为家喻户晓的名牌，然而广告带来的暂时效益未能及时用在技术创新和产品结构调整上，而且还出现了品牌理念文化传播的接连失误。短短几年后，孔府宴酒陷入品牌危机。2003 年，熊猫手机以 1.08 亿元夺得央视“标王”，然而仅仅一年后，熊猫手机的市场占有率大幅下降，之后由于缺乏核心技术和文化内核，再加上巨额广告支出，最终“熊猫”宣布彻底退出手机市场。

几乎与此同时，中国家电企业为争夺市场份额，掀起了此起彼伏的“价格战”，其中彩电行业的“价格战”最为声势浩大。1999 年 3 月中旬，长虹率先在川渝市场第六次拉开“价格战”的大幕，并于 4 月上旬将“战火”引至全国，随即彩电巨头纷纷参战。6 月 26 日，南京熊猫电视机有限公司以史无前例的超低价位——2580 元推出了 29 英寸特价彩电，康佳、长虹、TCL、海信、厦华等企业立即应战，先后推出了同等价位的 29 英寸彩电。“价格战”固然标志着优胜劣汰、自由竞争的市场体系的形成，有助于扩大彩电的市场规模、提高规模经济效益，但是，国内企业单纯地运用价格杠杆进行竞争仍然是一种低层次的行为，由于没有上升至品牌文化的核心部分，没有针对消费者的心理进行品牌理念的建设，企业因利润降低减少技术研发、营销管理等方面的投入，而且较低的价格甚至破坏了企业的品牌形象，消费者容易对产品的质量产生怀疑。例如，1997 年，高路华电视机以超低价入市（低于市场上主要品牌 30% 的价格），这也促使其他彩电品牌跟随降价，但是，高路华电视的市场份额却极少突破 5%。由此可见，当时的企业并没有通过理性的方法进行品牌传播，品牌缺少文化积淀。

20 世纪 90 年代初，随着经济发展突飞猛进、人民生活水平的提高，消费者开始注重生活的品质，品牌意识空前加强，国内消费者的消费需求开始呈现多元化和个性化，而企业的品牌文化意识和营销理念已经严重滞后，普遍没有注意到对品牌理念的培育，从而直接影响了品牌的市场竞争力，降低了企业的经济效益。因此，在这种情况下，如果本土企业想获得更多的销售利润，从根本上提高品牌的美誉度和忠诚度，就需要高度重视品牌理念文化的建设，即以消费者为中心进行品牌定位，赋予品牌鲜明的个性特征，以技术、质量为基础，在产品的生产、销售等过程中充分挖掘品牌的精神内涵，并综合采用多元化的传播手段在消费者心目中塑造具有现代品质、审美价值的与众不同的品牌文化形象。

二　企业的品牌文化意识淡薄

改革开放之后，我国广告业一路高歌猛进，特别是党的十四大之后，国家对个体和私营企业放宽了政策，允许其参与到广告的经营当中，于是 1993 年，中国的广告业有了更为迅速和全面的发展，形成前所未有的“广告热”。由表 3 – 1 可见，截至 1993 年底，国内的广告营业额突破 100 亿元大关，达到 1340873. 6 万元，较 1992 年 678675. 4 万元增加近 1 倍，提高了 97. 6%，为 1983 年 23407. 4 万元的 57 倍多。其中，1993 年报纸广告营业额由 1992 年的 161832. 4 万元增长至 377109. 9 万元，在经过连续多年的高速发展之后，电视广告的发展在 1993 年趋于平稳，其营业额由 1992 年的 205470. 8 万元上升至 294390. 7 万元，广播广告营业额由 1992 年的 19920. 4 万元上升至 34944. 3 万元，杂志广告营业额虽然在 1993 年有所增长，但是幅度不大，由 1992 年的 17266. 6 万元上升为 18447 万元，全国广告经营单位突破 3 万大关，仅专业的广告公司就达到 11044 家,① 全国

① 中国广告年鉴编辑部编《中国广告年鉴 1992 ~ 1993》，新华出版社，1995，第 39 ~ 40 页。

广告从业人员也达到311967人次，是1991年的2倍多。

表3－1 1981～1993年我国广告业发展概况

年份	全国广告营业额（万元）	广告费占国民生产总值比重（%）	人均广告费（元）	全国广告经营单位（户）	全国广告从业人员（人）	广告从业人员人均营业额（元）
1981	11800. 0	0. 024	0. 117	1160	16160	7302
1982	15000. 0	0. 028	0. 147	1500	18000	8333
1983	23407. 4	0. 040	0. 227	2340	34853	6916
1984	36527. 8	0. 052	0. 350	4077	47259	7729
1985	60522. 5	0. 070	0. 571	6052	63819	9483
1986	84477. 7	0. 087	0. 786	6944	81130	10412
1987	111200. 3	0. 098	1. 017	8225	92279	12050
1988	149293. 9	0. 106	1. 345	10677	112139	13313
1989	199899. 8	0. 125	1. 774	11142	128203	15592
1990	250172. 6	0. 141	2. 188	11123	131970	18957
1991	350892. 6	0. 162	3. 030	11769	134506	26088
1992	678675. 4	0. 255	5. 792	16683	185428	36600
1993	1340873. 6	0. 392	11. 314	31770	311967	42981

资料来源：中国广告年鉴编辑部编《中国广告年鉴1992～1993》，新华出版社，1995，第15页。

20世纪80年代初期，由于社会物资匮乏，产品不愁卖，企业一般不具备品牌观念，很少打广告。但是随着90年代之后卖方市场向买方市场的转化，一方面，当时企业的品牌意识有所增强，但在国内经济增长趋热的大环境下，急功近利的心态使人们相信打造品牌可以令企业成功，因此许多企业盲目相信广告的威力，认为打广告就是“打造品牌”；另一方面，消费者对于品牌的认知仍处于初级阶段，大多还根据产品的价格和品牌的知名度来选择产品，品牌的名气越大，就越能得到消费者的认可。虽然一些企业沉迷于广告的效力，通过疯狂地打广告使品牌一夜走红，甚至获得了相当不错的市场业绩，但这些品牌并没有深入消费者的心中，而只是一个个商品名称、标记，缺乏内在的理念文化。当时一些企业一味追求短期市场效应，没有品牌理念意识，品牌的美誉度和忠诚度较低，一些20世纪90年代一夜爆红的品牌在后来消亡了。

这反映了当时一部分企业急于求成，企图通过市场投机行为快速获得利润，也反映了本土企业主和管理者对现代品牌传播和现代市场经济的特点和规律认识不够深刻，盲目依赖单一的广告策略推广品牌，夸大了广告的表现和传播对品牌构建的作用。品牌不是短期制造出来的，而是经过长期的品牌文化建设培育出来的，需要形成品牌的愿景、使命和价值观，并且需要获得目标消费群体的普遍价值认同。

1995年7月20日，广东中山爱多电器公司正式成立，胡志标担任总经理。胡志标把投放广告、打造品牌奉为金科玉律，认为快速建立强势品牌的捷径在于"找最有名的人拍广告，找最强势的媒体播出广告"；1996年，刚刚成立一年的爱多花费近450万元请著名演员成龙做广告，这几乎是爱多当年的全部利润，之后又以8200万元夺得中央电视台天气预报后的5秒标版。"爱多VCD，好功夫!"的广告片在央视播出后，很快在全国掀起了一阵"爱多旋风"；在1997年中央电视台第四届"标王"竞标会上，爱多以2.1亿元巨额资金，一举夺取中央电视台"标王"的荣誉称号。在广告的集中轰炸之下，爱多赚足了眼球，1997年，爱多年销售额由2亿元一下子跃升到16亿元，迅速成为家喻户晓的名牌。但由于对市场和利润没有进行仔细的分析，没有围绕品牌进行系统的调查和策划，忽视品牌核心理念的建设，过于迷信广告的效力，从而导致后期VCD市场萎缩之时，爱多实施品牌的多元化延伸并不成功，最终爱多公司资金链断裂，公司高层纷纷出走，爱多轰然倒下。

早在20世纪80年代中后期，以海尔、联想、长虹等为代表的中国知名企业就提出了"创办百年""办成百年老店"等口号，即使到今天，中国"百年企业"的理念基本上没有得到内涵上的脱胎换骨，很多企业家仍然认为，"利润最大化"才是企业的管理目标，没有认识到产品的质量与核心技术是品牌长寿的根基、品牌的核心理念是品牌发展的翅膀与灵魂。20 世纪 90 年代，在我国市场经济还不完善的情况下，巨人、爱多、三株等昙花一现的品牌，给同一时期和之后的本土企业家敲响了警钟，提醒他们：品牌的核心理念才是品牌忠诚度和美誉度的基础，没有文化内核、缺乏个性的品牌容易空壳化，所以要避免以片面追求产品的广告效应来树立品牌。之前的经验和教训，也使得同一时期和后来的企业在以广告为代表的品牌文化传播方式上越来越有计划和步骤，品牌的抗风险能力也在逐渐提高。同时，随着我国社会主义市场经济体制的不断完善，我国国民经济实现稳健、有序的发展，企业品牌传播的发展也不断走向成熟。

三　品牌文化的规范化传播

1992 年之后，在过热的经济形势下，许多企业迷信于广告的无边“法力”，完全依赖广告的热度进行品牌推广。而激烈的市场竞争也使得一些急功近利的广告公司和广告媒介制作、发布了大量不良广告。一时间，低俗、虚假广告和问题广告充斥在各类媒体上，遭到了广大群众的厌恶和抵制。这些不良广告既影响了我国本土品牌的健康发展、污染了社会文化环境。

为了维护人民群众的切身利益，针对我国企业品牌理念意识淡薄、广告投放与管理混乱的现象，我国政府先后出台了一系列相关政策法规进行治理整顿。例如，早在 1994 年《广告法》颁布之前，国家工商总局就持续对非法利用党和国家领导人的名义、形象、言论发布的广告进行整顿和清理。我国广告领域第一部基本法《广告法》也考虑到了这种现实需求；[①] 1993 年，《商标法》第一次得到修正，对随着第三产业发展起来的服务业的商标注册做出了规定，并

① 李明伟：《“红顶商业广告”的特点、危害与综合治理——对〈广告法〉第 7 条第 2 款第 2 项的研究》，《法治研究》2012 年第 8 期。

对假冒伪造注册商标标识、侵犯注册商标专用权等行为的相关条款进行了修改。

1994 年 10 月 27 日，第八届全国人民代表大会常务委员会第十次会议通过了《广告法》。《广告法》的颁布和实施，起到规范广告活动，促进广告业健康发展的作用，标志着在建设社会主义市场经济的过程中，中国广告业走上了法制化、专业化的轨道。《广告法》总则的第 3 条、第 4 条和第 5 条“广告应当真实、合法，符合社会主义精神文明建设的要求”，“广告不得含有虚假的内容，不得欺骗和误导消费者”，以及“广告主、广告经营者、广告发布者从事广告活动，应当遵守法律、行政法规，遵循公平、诚实信用的原则”，均从不同的角度对广告的内容做了基本的规范。《广告法》颁布后，国家工商行政管理局又会同卫生部、广电部等部门制定、发布了一系列与《广告法》配套的法规与规章，对药品、医疗器械、烟酒等虚假伪劣广告的高发区以及广告媒体、广告经营单位等相继做出了管理规定。例如，针对药品、保健品广告泛滥，一些厂家在广告中虚构患者和专家形象进行宣传、夸大药品的性能和作用等乱象，1995 年，国家工商行政管理局联合卫生部相继发布了《医疗器械广告审查标准》、《医疗器械广告审查办法》、《药品广告审查办法》、《兽药广告审查标准》和《药品广告审查标准》等法规，以规范医疗广告市场秩序，加强医疗广告管理；为了加强对烟酒广告的管控，国家工商行政管理局颁布了《酒类广告管理办法》《烟草广告管理暂行办法》；1997 年发布了《广告经营资格检查办法》《广告活动道德规范》；等等。

这些广告法规与规章的制定与颁布标志着广告管理法规的进一步健全和完善，推动中国企业的广告活动朝着健康、有序和科学化的方向发展。

与此同时，1994 年 9 月，中华商标协会成立，随后全国各地纷纷成立地方性商标协会；1994 年 12 月 6 日至 8 日，中国广告协会第四次会员代表大会在北京举行；1996 年 11 月 1 日，广州市广告协会综合性广告代理公司委员会（广州 4A）成立；从 1995 年开始，北京名牌资产评估有限公司开始发布中国最有价值品牌年度研究报告。这些行业自律组织和行业组织自律化的行为与相关的法律法规一并推动了广告的专业化，规范了企业的品牌经营和管理行为，促进中国本土品牌朝着现代化、科学化和富有精神内涵的方向发展。

第三节　本土品牌文化变迁进入理性阶段

20 世纪 90 年代，大量的民营企业如雨后春笋般涌现，企业之间的竞争日益激烈，市场上的品牌数量呈现井喷式增长，随着国内品牌的广告创意与策划水平的不断提高，企业与消费者共有的理念文化、价值观念越来越多地通过广告中的视觉化内容，形象化地呈现出来，[①] 以广告为代表的本土品牌文化传播进入科学、理性的阶段。以下依据 YanBing Zhang 和 Jake Harwood 2004 年发表的研究成果中对产品的分类方式，[②] 结合 20 世纪 90 年代的市场情况，将广告产品分为食品饮料类、美容与个人护理用品类、家用电器类、交通用品类、药品及保健类和企业形象类六大类，并基于这六种产品类别，对所选择的 1992 年全国第三届广告作品展获奖作品，从广告语、广告文案和广告画面（图片）三个方面进行分析，研究这些广告中所初步呈现的品牌理念文化。

1992 年，全国第三届广告作品展在中国江西省的省会南昌举行，在此之后，全国广告作品展每三年举行一次。在此次广告展上，“南方黑芝麻糊”“琴岛—利勃海尔（即后来的海尔）”“北京吉普”“息斯敏”“广东太阳神”等获奖。

① 何辉：《从分析作品开始学做广告》，中国传媒大学出版社，2007，第 325 ~ 326 页。

② YanBing Zhang and Jake Harwood, “Modernization and Tradition in an Age of Globalization: Cultural Values in Chinese Television Commercials,” *Journal of Communication*, Vol. 54, 2004, pp. 156 – 172.

一　传承民族文化——食品饮料类广告

1978 年改革开放后，中国经济开始迅速发展、综合国力不断增强，企业经营的自主性开始增长，企业的广告营销意识和品牌意识开始复苏，广播广告、电视广告、报纸广告等媒体广告纷纷恢复并得以初步发展。但 20 世纪 80 年代初，绝大多数广告还是“简单的信息告白 + 艺术装饰”，尽管当时广告水平低下，但广告人也在为提高广告水平做着各种探索。

在广告中对中国“传统”元素的运用，是改革开放初期广告创意的一个亮点。例如，1980 年中国土畜产进出口公司发布了中国乌龙茶、茉莉花茶等平面媒体广告，这些平面广告的广告画面运用了非常有中国传统文化气息的竹帘和盆景艺术作为背景，下方配以产品的简介，整个画面优美、流畅。但是，广告中还是缺少广告表现的核心要素——广告语，这也体现了虽然当时的中国广告还处于发展的初级阶段，但已经开始注意以中国元素提高产品的审美价值，呈现中国的传统文化理念。

20 世纪 80 年代末到 20 世纪 90 年代初，感性诉求广告在中国的广东等地非常盛行。因为与广东毗邻的港澳台地区的广告注重生活化和人情味，特别是“家”的理念备受推崇。内地广告人受来自港澳台的感性广告理念的影响，很快将这种表现手法消化、吸收和掌握，并运用人们的各种情感和中国的传统文化，创作出了众多的以感性诉求为表现主题的广告作品。

例如，1991 年的南方黑芝麻糊“怀旧篇”电视广告。该广告获得 1992 年“全国第三届广告作品展”一等奖。该广告运用感性诉求的手法，以时光倒流的镜头把观众带回到清末民初的江南小巷内，橘灯摇晃……随着一声“黑芝麻糊哎——”的叫卖声，广告旁白：“小时候，一听见芝麻糊的叫卖声，我就再也坐不住了。”一个身穿棉布马褂的少年跑出门外，不停地搓手呵气，眼神中充满期待，慈祥的大婶把一勺浓稠的黑芝麻糊盛到碗中，少年迫不及待地接过大婶递过来的黑芝麻糊，大口大口地吃起来，最后还把碗边和碗底舔了又舔，引得旁边碾黑芝麻的小女孩禁不住笑出声来，大婶怜爱地多给了他一勺，少年吃完，心满意足地抹了抹嘴角。在这个广告作品中，广告创意者用自然平易的电影手法将产品与怀旧之情、良善之情以及记忆中相关的温馨淳朴的生活方式联系起来，唤起人们对黑芝麻糊产品的记忆，从而突出“黑芝麻糊”的情感文化价值，以及该品牌所弘扬的中国传统文化理念，引发消费者的情感共鸣。整个广告的色调和布景令人如临其境，广告中人物表情、动作的特写镜头给南方牌黑芝麻糊平添了一份生趣和人情味，特别是广告最后更注意用特写镜头凸显该产品的包装、设计、色彩、品牌名称等，体现了该品牌的物质文化。整个广告传达了品牌的情感和理念，继承了传统民族文化的精髓，这也是该广告片获得成功的关键所在。

二　传播现代品牌理念——美容与个人护理用品类广告

1979 年 3 月 15 日，上海人民广播电台播出了全国最早的广播广告——上海家化的“春蕾药性发乳”广告。原上海家化工作人员回忆了当年这条广告的创作情境：过去发乳的生产多注重头发的美观，上海家化是全国首家将发乳向药物性发展的厂家之一，增加了去屑止痒功能，而且外观包装也采用当时先进的复塑管，当时瓶装的发乳已有一定销路，商业部门便和厂家产生了分歧，不肯进货，厂家无奈之下，只好派供销人员搞销售，然而几个月过去了，销售状况并不理想。“这时厂家开始动脑筋做广告，找到了我，”制作这条广告的“广告皇后”唐可爱生前回忆道，“我了解到家化厂的技术实力、产值、产量均在同行业中属佼佼者，且有良好信誉，于是决定运用评弹、演唱、配乐等多种艺术形式，通过四个频率，连续播出一个月的春蕾广告，两周后，市场上该产品全部脱销，上海电台覆盖的安徽、江苏、浙江等地也有许多来信。”“春蕾药性发乳”突破性地使用了复塑管包装，突出药物性功能，加强了品牌的物质文化形式；同时，上海家化主要通过促销、广告等品牌行为进行传播推广；最后，该品牌广告以评弹、演唱、配乐等多种艺术形式，通过四个频率反复传播该品牌强调质量、信誉等功能性利益，而广告也利用评弹等中国传统戏曲艺术加以表现，体现了中国传统文化的魅力。

20 世纪 80 年代初最为成功、影响最大的广告活动是上海“露美”广告。当时，中国人对化妆品消费需求很低，国内的化妆品整体档次也比较低。1980 年，上海日用化学工业公司接到了上级部门下达的新产品试制任务。而上海市日用化学工业公司经过市场分析后，认识到：改革开放后国内化妆品的数量在不断增长，但总体水平不高、质量低下，随着当时人们对保养容颜、美化生活的需求日趋强烈，化妆品生产和发展有了良好的市场环境和契机。因此，为了确定新颖化妆品的发展方向，上海轻工业局日化工业公司技术科的邵隆图与同事开始对国内外市场上的化妆品进行艰苦的调研和分析，在对新产品进行了成千上万次的试制和开发后，经过上海轻工业局 66 个单位的通力协作，全套 17 件精美的露美产品诞生了，这在刚刚挣脱了“左”倾枷锁的中国是破天荒的。露美产品的产品定位、品牌设计、目标受众和广告策略如下。

产品定位：

（1）产品档位：露美属于高端产品，且一套化妆品的价格控制在 60 ~ 70 元，高于市场同类产品。

（2）品牌：中文名称“露美”，英文名称“RUBY”，具有“似露滋润，美而娇容”的品牌内涵，与产品的特性和作用相吻合。

（3）产品组成：基础化妆品 5 种，美容化妆品 11 种。

（4）内在质量：采用营养丰富的水解蛋白和国际流行的素心兰香型。

品牌设计：

在众多的包装设计方案中，上海轻工业局日化工业公司依据CI系统理论，选择以白底、红带、金线、灰字的色形基调强化整套17件产品的品牌形象，坚持整套产品在设计上的基调和风格的统一，给人以格调高雅而又不乏热烈、不失细腻的感觉。同时，为了进一步强化这种品牌印象，露美化妆品所有的广告媒体，包括橱窗陈列、路牌广告、灯箱以及百货商店的货架、拎包、说明书、礼盒等几乎都无一例外地贯彻了红白基调。因此，由于基调统一，当17件产品集体整齐地摆放在商场货架上时，场面壮观，形成一种特有的气势，给消费者留下了深刻的印象，取得了特殊的效果。

目标受众：

根据露美化妆品的特点功能，明确目标消费群为：年轻人，将其用作结婚和亲友相互馈赠的礼品，满足时尚和社交的需求；生活安定、经济富裕的中老年妇女，她们选购时多数着眼于营养性基础化妆品，满足生理和安全需求；追逐时髦、爱好修饰打扮的女性，她们多数选购新颖而有特殊功效的美容品，满足自尊和社交需求；文艺团体、美容厅，以满足其演出工作和营业需求；出口贸易、特供及生产单位，将其用作技术参考样品。

广告策略：

（1）广告指导思想：广告文案为“焕然一新的露美将使您的容貌焕然一新”，主要突出“国内第一套成套化妆品系列及其与众不同的使用效果”。于是，广告的区域慢慢由上海向全国展开。

第一阶段：进入上海、北京、广州三大中心城市。

第二阶段：进入东北地区主要城市，这些地区的妇女很久以来就有使用化妆品的习惯。

第三阶段：进入杭州、武汉、重庆等省会级中型城市，扩大产品的宣传和影响。

（2）广告对象：根据商品属性，该套化妆品的主销对象是大、中城市中具有支付能力的高消费层次的青年妇女，所以广告对象也应当集中于此目标。

（3）广告区域：根据主销对象，共分三个阶段，有计划、分步骤地进入不同的市场。第一阶段，进入北上广三个中心城市，因为这些大城市的生活水平较高、人口众多，消费者的文化水平较高，具有使用化妆品的环境和能力；第二阶段，进入东北地区的主要大城市，这些地区的消费者对化妆品产品的接受度较高；第三阶段，进入省会级中型城市，进一步加大产品的覆盖面和宣传范围。这种分阶段进入不同地区的方针，符合人们对美容化妆品的认知规律，也符合美容化妆品的流行路线，同时照顾到了工厂组织生产和实际经营能力，包括广告费用支付的实际能力。外销市场鉴于商标注册、委托代理等原因待国内市场情况（明晰后）再议。

（4）广告方法及宣传媒介：因为该套化妆品在国内是第一套比较完整的妇女美容化妆品，具有一定的新闻价值，所以产品一上市，可采用新闻报道的形式，迅速扩大影响、造成声势，做到“声先其身”。然后根据广告区域动用各种媒介，开展短期而集中的广告活动。

样本：编写商品使用说明书，介绍商品品质、特点、使用方法、功能和效果，先印刷单页，后印刷附有图片的样本。

灯箱：制作设计一批与包装色彩基调统一的灯箱，每个灯箱上有产品的照片，将灯箱悬挂于陈列厅销售点，以吸引顾客。

橱窗：选择南京路、淮海中路等繁华街道上的大型商场和专业商店的橱窗，设计制作橱窗道具，以扩大影响力、促进销售。

电视广告：经过一段时间的广告宣传之后，拍摄一段格调高雅、富有情趣的电视广告，投放于黄金播放时段进行宣传。

组合板式广告：设计一组由文字、产品照片、顾客使用产品的照片、顾客使用前后对比照片组成的板式广告道具，并在展览、展销场地分别组合成平面、回形、S形、悬挂或落地陈列，用比较形象的方法指导消费。

展览、展销活动：生产计划落实后，选择适宜季节、适当场地举办展览、展销活动，现场举办美容表演、咨询服务。

应用服务：联系一家至两家地段繁华、档次较高的理发店，以优惠价格进行产品特供，并结合理发店的服务项目，向消费者提供营业性的服务，指导露美化妆品的使用。

这次广告策划获得了巨大的成功。据悉，1985年，露美化妆品生产量较1984年增长26%左右。日本NHK电视台、美国PBS电视台、瑞士国家电视台，以及法国、荷兰、联邦德国等一些国家和地区的报刊、电视纷纷报道“中国上海的露美化妆品种类繁多，美容厅门庭若市”，惊呼“中国妇女生活方式的变化”。这些海外媒体敏锐地感受到中国女性自信、时尚的脉动。

由露美化妆品掀起的国内第一次美容热潮很快波及全国，这次广告运作亦从整体上体现出了策划者的品牌意识，凸显了现代性、时尚、年轻的品牌理念文化和品牌定位的思想，已经具有明显的品牌形象策划和女性时尚、自信、自爱等品牌理念文化传播痕迹。

从20世纪80年代中期开始，名人广告、广告歌和简单的广告语是当时广告界主要运用的创意表现手法。20世纪80年代末，“白丽香皂：今天二十，明年十八”（1989年）的广告更是轰动一时。上海白丽香皂广告针对女性消费者爱美的心理特征，使用虽然高度夸张却富有诗意的浪漫情调赢得了广大女性消费者的关注，“今年二十，明年十八”也成为中国当代广告史上的经典广告语之一。

三　以情感文化定位——家用电器类广告

20世纪80年代中后期至20世纪90年代前期，是我国家电业蓬勃发展的时期，在巨额利润的推动下，几乎所有的家电企业都迅速扩大了产销规模。但是由于当时我国农村的经济发展水平远远落后于城市，在农民收入水平低、购买力不足的情况下，家电企业只能聚焦于竞争已非常激烈的城市市场。至 20 世纪 90 年代后期，城市市场主要家电产品的容量普遍接近饱和，家电市场竞争日趋白热化，最终导致家电行业价格大战愈演愈烈，概念炒作、囤积居奇等行为屡见不鲜，整个行业甚至开始出现萎缩现象，但仍有一部分企业实现了持续性发展，海尔、美的等家电企业便是其中的代表。

1985 年，在研究了国外先进企业的冰箱生产技术之后，海尔最终选择了德国利勃海尔（Liebherr）公司，决定引进它的冰箱生产技术和生产线。最初，根据双方签订的合约，海尔将“琴岛—利勃海尔”作为企业识别的名称和标识。“海尔”就这样顺其自然地利用了德方“利勃海尔”已有的品牌名气，又创造了属于自己的知识产权——新商标。当时，海尔还设计了企业的吉祥物“海尔兄弟”，“海尔兄弟”的图形与品牌名称一起成为海尔企业的标识，该吉祥物由一名黑头发的中国男孩和一名黄头发的外国男孩组成，象征着中德双方友好的合作和企业美好的发展前景。

随着海尔冰箱在国内销售量以及出口量的不断增加，其品牌影响力也在持续提升，但企业名称“青岛电冰箱总厂”与产品商标“琴岛—利勃海尔”不统一，不仅影响了国际市场的开拓，也导致了消费者对品牌识别的模糊。因此，海尔在 1991 年将企业名称和品牌名称都改为“琴岛海尔”，并应用 CI 战略对品牌标识进行了重新设计，新标识由中英文标准字和“海尔蓝”标准色组成。之后，随着海尔企业的国际化、多元化发展，海尔在 1991 年底，再次将企业名称和品牌名称统一改为“海尔”，并将英文的“Haier”作为企业品牌的文字标识。经过此番调整，海尔的品牌名称和标识简洁清晰，更具时代感，也更加符合企业的品牌定位，能够更准确地体现企业的品牌理念。从“琴岛—利勃海尔”到“海尔”，海尔商标的演进历程体现了海尔品牌形象的升级、品牌文化的成熟，也透露出了海尔品牌国际化延伸的战略和雄心。

2004 年 12 月 26 日，众所周知的海尔中英文标识再次改换新颜，新的标识象征了海尔20余年品牌文化的积累和沉淀；同时，新的标识也注入了时代血液。海尔新的标识体现了海尔一切为了用户、为用户创造更高价值的信念，反映了海尔对用户价值的高度关注。该标识的标准色再次回归到“海尔蓝”，体现了海尔向创新科技形象的转变。

设计和策划CI形象，只是品牌塑造的第一步，接下来必须赋予形象深刻的品牌价值观和精神内涵。海尔“真诚到永远”的提出，体现了海尔品牌的诉求点由单一的产品功能向全方位服务的转变。“真诚到永远”的品牌理念突出了海尔的体贴感和亲和力，体现了海尔以情定位、巧妙地唤起消费者的情感共鸣，进而引出海尔人的奉献精神，赋予海尔品牌以人格，使“真诚到永远”成为海尔集团与社会沟通的心灵之约。从1984年创业至今，海尔依靠其多元化产品组合、国际化营销思路和完善的售后服务体系在激烈的市场竞争中赢得优势，并以其完整、差异化的品牌定位与品牌理念文化在众多的家电品牌中脱颖而出，逐步发展成为一个国际化知名品牌。

四　突出品牌物质文化——交通品类广告

改革开放初期，广州等一些大城市为了接待外宾，首先从国外引进了少量轿车，当时，每个人拥有一辆汽车还是遥不可及的梦想。直到20世纪90年代，改革开放富裕起来的第一批人才敢萌发“如果有车多好”的念头，以私营企业主和个体老板为代表的先富群体对汽车的需求逐渐增长。

1978年，邓小平同志批示“合资经营可以办”，1979年7月第五届全国人民代表大会第二次会议通过了《中外合资经营企业法》，由此推动了中外合资企业的发展，促进了我国企业参与国际经济合作和技术交流。1985年3月，上海大众公司建成，作为我国首个轿车合资企业，标志着我国现代化轿车工业起步。上海大众桑塔纳汽车的“出色表现”，不仅提升了国有汽车在我国国内汽车市场的占有率，而且推动了我国红旗、夏利等国产品牌汽车的发展。我国国产汽车广告在 1985 年上海首届汽车工业博览会上闪亮登场，当时露天举办的中国工业展展出了上海大众桑塔纳等汽车。1985 年 10 月 1 日，第一批北京吉普（切诺基牌）投放市场，北京吉普厂家在当时的报刊上及时推出告知性广告，简单明了，主要强调汽车是便利的交通工具，不仅大大加强了该品牌在当时市场上的推广，而且北京吉普的报纸广告还获得 1992 年“全国第三届广告作品展”二等奖。1985 年，由于《解放日报》的权威性和影响力，各大汽车企业相继在该报纸上投放国产汽车广告。这一时期，红极一时的广告语“拥有桑塔纳，走遍天下都不怕”成为经典，不仅突出桑塔纳的优良性能，也彰显了品牌的自信和气魄。

在 20 世纪 80 年代末汽车产品的推销启动时期，我国国产汽车广告每年大约发布 50～60 条，汽车广告数量总体来说还比较少，而国外汽车广告，尤其是日本汽车品牌（丰田、三菱和本田）在该时期的汽车广告总量中占有绝对的数量优势，此外，德国奔驰品牌的广告数量也占有一定比例。从广告媒介来看，受社会经济条件的制约，传媒网络也存在局限性，电视还未普及，杂志也不普遍，主要是报纸和广告牌两种途径，形式单一。这一时期的广告主要表现为粗糙单一的大字报风格，没有上升到品牌定位、品牌理念文化传播的高度，本土品牌广告色彩十分单一，基本无创意可言，以流行的碳素笔素描汽车的外形轮廓为主要表现风格，“抖威风”、喊口号是这一时期国产汽车广告语最大的特点。

由于该阶段还处于汽车概念普及期，国产汽车广告偏理性诉求，一般主要是单纯地介绍汽车功能特点，以突出品牌的表层文化——物质文化为主。而且，该时期国产汽车广告重点突出汽车是便捷的，是交通方式的一次革新，并没有深入地挖掘汽车产品的特点。与此同时，区别于中外合资品牌的中国本土汽车品牌，面对当时中国汽车市场上外来品牌的冲击，其广告诉求的重点是“强调国产”。例如：这一时期，红旗汽车最为经典的广告语是“坐红旗车，走中国路”，尽管浓厚的政治色彩很难与汽车的商业性挂钩，但该广告语其展示出红旗汽车是中华民族自主创新的结晶，突出的是民族精神文化。

五　以理性文化诉求实现差异化——药品及保健品类广告

广告的理性诉求指的是广告借助科学、客观的语言，真实、准确、公正地介绍产品或服务的功能、功效，传达企业的实际情况，推动受众经过概念、判断、推理等思维过程，最终对产品做出判断和选择。20 世纪 90 年代，上海广告公司和中国广告联合总公司为西安杨森制药有限公司做的一系列广告均采用的是理性诉求的策略。西安杨森制药有限公司是 1985 年由美国强生公司所属比利时杨森制药有限公司与中国公司合资建立的现代化企业，也是彼时中国最大的合资制药企业。西安杨森公司秉承“忠实于科学，献身于健康”的企业理念，坚持科学化、理性化、规范化的严格运作。1990 年，杨森公司推出了新药息斯敏。息斯敏是杨森公司的拳头产品，杨森公司非常重视，所以在对广告公司进行为期六个月的严格筛选之后，杨森公司才决定把息斯敏广告宣传策划工作交给中国广告联合总公司。

过去的抗过敏药主要是吃了犯困的氯苯那敏（扑尔敏），而阿司咪唑（息斯敏）则是一种新型的抗过敏药。中国广告联合总公司的项目负责人路盛章抓住了息斯敏的两大特点：一是息斯敏因为不含扑尔敏因而具有服后不令人犯困的最大的产品特点；二是扑尔敏一天要吃三次，息斯敏一天只需吃一次。项目负责人认为，在广告创意中如何突出息斯敏这两个优点是广告创意的首要任务，只有将这两个优点与人们习惯服用的扑尔敏的缺点进行对比，广告创意才会成功。于是，路盛章等人构思了主人公服用过扑尔敏犯困，在公共电话亭打完电话后误将电话挂在另一部电话机上，突然切断别人通话的情节。[①] 这一广告创意表现准确而不失幽默，最重要的是巧妙

① 黄艳秋、杨栋杰：《中国当代商业广告史》，河南大学出版社，2006，第 46～47 页。

地把产品融入消费者的日常生活之中，不仅向目标消费群体精准地传达了商品的功能和效果，而且以广告画面的情境设置引发观众自然而然的联想，使观众会心一笑的同时增强了对品牌的记忆。该广告获得了1992年“全国第三届广告作品展”电视广告类二等奖。

六 传导新型企业文化理念——企业形象类广告

企业形象广告本质上是一种企业自身的理念表达以及实现与消费者心灵沟通的传播活动，相对于以功能、质量为诉求的产品销售广告，企业形象广告通过传播企业的价值观念和精神理念，满足人类的精神需求，明晰消费者心中的企业形象，最终建立起他们对于企业及其品牌明确而坚定的信心。

20世纪80年代，广东太阳神集团打破了当时一般的广告只宣传产品功能和质量的模式，推出了以“当太阳升起的时候，我们的爱天长地久”为广告语的企业形象广告，该电视广告中那头威风凛凛的雄狮、一声霸气的狮吼，构成了一副震撼人心的画面，深深地刻在了那个年代所有人的心中。20世纪80年代的太阳神企业形象广告片积极、向上，传递了无限的正能量，缩短了观众和企业的距离，昭示着改革开放后民族企业的强势崛起，使观众能够与广告营造的氛围产生精神共鸣。正是在这种精神的互动交流中，太阳神企业跟随时代的步伐而一同被大众铭记。太阳神企业形象广告以简单的画面和广告语表达了其企业理念，在消费者心目中树立了鲜明的企业形象。太阳神企业是最先导入CI战略的民族企业，其红色和黑色标准色构成的太阳神标识、早期打造的系列广告片在今天看来仍具有很强的感染力。该形象广告传导着现代企业新型的文化内涵与精神面貌，体现了超前的品牌意识，荣获了1992年“全国第三届广告作品展”电视广告类二等奖。

第四章　市场经济下的品牌附加价值文化

从1992年10月党的十四大到2003年10月党的十六届三中全会，我国改革开放和现代化建设事业进入了一个新的阶段。1995年，江泽民同志提出“科教兴国”战略，并作出了加速科学技术进步的战略部署，“没有强大科技实力，就没有社会主义现代化”①，1996年，中国制定刺激消费、启动内需的政策，城市居民个性意识、消费意识、品牌意识彰显，品牌与广告之间的联系已然建构。国内买方市场的形成，为企业品牌的塑造和发展注入了前所未有的动力。中国品牌迎来大发展的局面，全国性制造商品牌数量迅猛增长，国内市场上的品牌竞争开始加剧。

在这个过程中，企业开始正视品牌的发展，企业主和广告商逐渐将品牌塑造成产品功能性价值的“附属物”，品牌的附加价值文化形成，并向品牌文化资产建设、品牌文化多元化过渡，品牌文化定位实现品牌的差异化，广告所传播的品牌审美文化价值业已呈现。但与此同时，由于企业主对实现“利润最大化”的功利性目标的片面追求，我国广告的审美表现也呈现窄化与扭曲的一面。

第一节　市场经济环境下的品牌文化变迁

一　消费者品牌文化意识增强

1992年，市场经济正式成为社会主义的内在组成部分，我国

① 江泽民：《江泽民文选》（第一卷），人民出版社，2006，第428页。

国民经济增长进入快车道。1993 年，按照国务院相关精神，粮食关系松绑、国家粮油市场放开。随着城镇居民消费品供应走向市场化，城乡劳动者的积极性得到极大的增长，城乡消费者收入来源出现了市场化和多样化的趋势，财富积累的“马太效应”逐步显现。1990 年，中国的国内生产总值只有 18547.9 亿元，国民生产总值是 18598.4 亿元，而到了 1999 年，这两组数据分别为 81910.9 亿元和 80422.8 亿元，都比 1990 年增长了 3 倍多，年平均增长速度更是达到 10%①，国内居民消费水平也由 1990 年的 803 元增长至 1999 年的 3143 元。②

在市场经济大潮中崛起的新富阶层的带动和示范下，我国居民的消费结构发生了巨大的变化。由表 4－1 可见，在农村居民家庭平均每人生活消费支出构成中，食品和衣着的消费支出由 1990 年的 58.80% 和 7.77% 分别降至 2000 年的 49.13% 和 5.75%，而医疗保健的消费支出则从 1990 年的 3.25% 升至 2000 年的 5.24%，交通通信的消费支出由 1990 年的 1.44% 提升至 2000 年的 5.58%，文教娱乐用品及服务的消费支出也由 1990 年的 5.37% 跃升至 2000 年的 11.18%。由表 4－2 可见，在城镇居民家庭平均每人生活消费支出构成中，食品的消费支出由 1990 年的 54.25% 降至 2000 年的 39.18%，衣着的消费支出由 1990 年的 13.36% 降至 2000 年的 10.01%，而从 1990 年到 2000 年，医疗保健、交通通信和文教娱乐用品及服务的消费支出均有所增长，分别由 1.20% 升至 7.90%、由 11.12% 升至 12.56%，以及由 6.98% 升至 10.01%。城镇居民家庭的恩格尔系数则由 1991 年的 53.8% 降至 2000 年的 39.4%，农村居民家庭的恩格尔系数也由 1992 年的 57.6% 降至 2000 年的 49.1%。③ 这表明，城

① 国家统计局编《中国统计年鉴—2000》，中国统计出版社，2000，第 53 页。

② 国家统计局编《中国统计年鉴—2000》，中国统计出版社，2000，第 70 页。

③《城乡居民生活从贫困向全面小康迈进——改革开放 30 年我国经济社会发展成就系列报告之五》，国家统计局，http://www.starts.gov.cn/zt_18555/ztfx/jnggkf30n/202303/t20230301_1920464.html，最后访问日期：2023 年 4 月 27 日。

乡居民收入中用于满足生存基本需要的部分在减少，而用于发展、享受型消费品的部分在增长，越来越多城镇居民有一半以上的收入可以用于食品以外的发展和享受型消费。

表 4－1　农村居民家庭平均每人生活消费支出构成

单位：%

指标	1985 年	1990 年	1995 年	1999 年	2000 年
生活消费总支出构成	100. 00	100. 00	100. 00	100. 00	100. 00
食品	57. 79	58. 80	58. 62	52. 56	49. 13
衣着	9. 69	7. 77	6. 85	5. 83	5. 75
居住	18. 23	17. 34	13. 91	14. 75	15. 47
家庭设备用品及服务	5. 10	5. 29	5. 23	5. 22	4. 52
医疗保健	2. 42	3. 25	3. 24	4. 44	5. 24
交通通信	1. 76	1. 44	2. 58	4. 36	5. 58
文教娱乐用品及服务	3. 89	5. 37	7. 81	10. 67	11. 18
其他商品及服务	1. 12	0. 74	1. 76	2. 18	3. 14

资料来源：中华人民共和国国家统计局编《中国统计年鉴—2001》，中国统计出版社，2001，第 326 页。

表 4－2　城镇居民家庭平均每人生活消费支出构成

单位：%

指标	1985 年	1990 年	1995 年	1999 年	2000 年
生活消费总支出构成	100. 00	100. 00	100. 00	100. 00	100. 00
食品	52. 25	54. 25	49. 92	41. 86	39. 18
衣着	14. 56	13. 36	13. 55	10. 45	10. 01
居住	8. 60	10. 14	8. 39	8. 57	8. 79
家庭设备用品及服务	2. 48	2. 01	3. 11	5. 32	6. 36
医疗保健	2. 14	1. 20	4. 83	6. 73	7. 90
交通通信	8. 17	11. 12	8. 84	12. 28	12. 56
文教娱乐用品及服务	4. 79	6. 98	7. 07	9. 84	10. 01
其他商品及服务	7. 01	0. 94	4. 28	4. 96	5. 17

资料来源：中华人民共和国国家统计局编《中国统计年鉴—2001》，中国统计出版社，2001，第 306 页。

但是，从1992年下半年开始，我国经济增长速度过快，经济运行中出现了过热的现象，党中央、国务院采取了紧缩性政策，加强宏观调控，有效地抑制了通货膨胀。但在此期间，过度投资和重复建设致使资金紧缩，而长期以来以出口为主要动力拉动经济增长的发展方式受到了冲击，从而导致了物价低迷、消费需求萎缩。

同时，1997年，亚洲金融危机爆发，世界经济呈现明显的过剩与紧缩特征，为了应对亚洲金融危机的冲击和国内有效需求的不足，我国政府调整了宏观调控的方向，由“适度从紧”“稳中求进”全面转向“扩大内需”，并出台了一系列鼓励消费的经济刺激政策，如调整税收政策，适当增加城镇中低收入阶层的收入，积极开拓农村消费市场等。这一时期，国家借助市场经济意识形态对个人消费观念加以引导，个人消费观念逐渐与市场经济相适应，社会大众的品牌意识也得以强化并逐步清晰地体现。特别是2001年底中国加入世界贸易组织之后，中国与世界其他各国的联系更加紧密。在经济合作与发展的过程中，一方面，一些先进的科技与经济发展模式进入我国；另一方面，在消费领域，随着西方资本主义国家的品牌传播，消费主义文化在我国社会全方位渗透。由此，在全球经济一体化的背景下，消费主义文化逐渐以西方现代化的科技和商品为载体渗入国内并蔓延开来，对中国人的消费观念造成了潜移默化的影响。

消费主义是以商品文化为核心的价值观念，在西方发达国家产生和发展并继而在全球范围内流行开来，有其经济、政策、市场和文化意识等方面的因素。首先，第二次世界大战后，资本主义国家生产力迅速提高，社会物质积累大大增加。于是，任意占有、消耗和浪费产品与资源的消费主义思想油然而生并得到普遍认同。改革开放以来，“一部分人先富起来”客观上推动了经济社会的整体发展，中国社会迅速产生了一批富翁，消费主义逐渐流行。其次，凯恩斯主义提出的干预生产和刺激消费的主张，成为资本主义国家制定经济政策的指导思想，在西方国家刺激消费、拉动内需的政策推动下，消费迅速成为人们社会生活的中心。在改革开放以后，特别是20世纪90年代之后，我国政府也相继出台了一些拉动内需、刺激消费的政策，比如，提高城镇中低收入居民的收入水平、完善社会保障体制、推动城镇化建设。最后，随着西方国家迅速发展的经济创造了大量的社会财富，新教伦理宣扬的禁欲主义受到享乐主义的冲击，消费至上、及时享乐的风气在社会中盛行，西方资本主义国家由此进入消费社会。而在消费主义文化的渗透和影响下，中国城市文化的市场化、世俗化进程加快，人们消费、休闲和娱乐的途径日渐增多，在消费上更加崇尚与众不同和对自身个性、身份的展现。

1997年，“中国出现了生产能力过剩、绝大部分产品供过于求的状况”①。国内市场上商品短缺的现象基本消失，供大于求的买方市场形成，消费者在市场上由被动变为主动。但是，由于企业的生产技术和产品质量在不断提高并产生趋同效应，而消费者面对海量的产品，又受限于所接收的产品信息和自身能力或精力，不可能对各类产品进行全方位的研究和判断，所以只能借助品牌进行判断决策。同时，在消费主义文化的助推下，消费者的品牌意识空前加强，国内消费者的消费需求开始呈现多元化和个性化，他们在购买商品时，更为看中该商品品牌为自己带来的附加文化价值；与此相应，品牌也在国内企业那里得到前所未有的重视，越来越多的企业主认为实现企业目标的关键在于，依据目标消费群体的欲望和需求，正确确定品牌的市场定位，并且比竞争者更有效地传送目标消费群体所期望的物品或服务，比竞争者更有效地满足目标消费群体的需要和欲望。

因而，企业开始通过广告、促销、公关等各种方式在产品的有形价值之上附加无形的价值，产品与品牌开始分离，品牌实现了质的升华，由单纯的产品识别符号升级为消费者附加价值。这些基于产品功能属性的附加价值在很大程度上来源于品牌独特而又深刻的

---

① 李强主编《中国社会变迁30年（1978～2008）》，社会科学文献出版社，2008，第227页。

文化，使品牌具有了情感或精神的满足功能。

二 品牌附加价值文化的“攻心战”

广告专家约翰·菲利普·琼斯（John Philip Jones）认为，所有的品牌皆是产品，因为它们都具有市场销售的功利性目的，但是，并非所有产品都是品牌。[①] 产品为消费者提供功能性效用，而品牌还能为消费者提供商品功能价值以外的附加价值——精神文化价值，对消费者而言，品牌所创造的抽象的文化价值能够帮助他找到属于某一群体的归属感，品牌所独有的文化个性与气质能够带给他优越感、成就感，帮助他追求名誉、自尊、地位等，乃至实现他的自我价值。所以，一个品牌比具体的产品具有更多的价值，在某些商品（例如奢侈品）上，为了获取更多的附加价值，消费者甚至愿意牺牲一部分功能性价值或者付出更多的费用。

尤其是在产品质量不确定和不可知的情况下，消费者往往根据品牌做出购买决策，特别是知名品牌往往会激发消费者的购买热情与主动性，进一步刺激和推动消费者的心理消费需求。1992 年之后，中国的企业竞争日益激烈，企业的规模也迅速扩大，国内创造出不少品牌，而企业品牌的导入方式主要是运用 CI 战略来提升企业品牌的认知度，产品与品牌分离，品牌成为消费者做出购买决策的重要依据。同时，一些企业开始尝试运用品牌文化定位的方法，借助各种传播手段，使产品或品牌在消费者心中占据一个有利的位置。在消费需求不断升级的背景下，品牌营销已升级为“攻心战”，品牌由消费者识别商品的标记上升到消费者的“心理烙印”，即在品牌产品满足了消费者的功能需求以后，品牌还能够满足消费者的某些情感和心理需求。此外，品牌能够反映该商品的质量，进一步强化产品功能，降低消费者的购买风险。所以，越来越多的企业通过打造知

---

① 〔美〕约翰·菲利普·琼斯：《广告与品牌策划》，孙连勇、李树荣等译，机械工业出版社，1999，第 35 页。

名品牌，提高消费者对商品的满意度，促进消费者对品牌文化的高度认同，实现消费者品牌忠诚。

品牌之所以能给企业带来附加价值，根本原因在于品牌能够给消费者带来附加价值①，一旦某个品牌由于其产生的附加价值而得到消费者的认可，消费者就会对这个品牌形成偏爱，以购买和使用这个品牌为生活习惯，这个品牌就会成为消费者的一种生活方式，而该品牌所倡导的文化和价值观念会被消费者热爱和推崇，并借助该品牌的价值理念表达自己的价值取向与信仰。因此，企业在塑造品牌文化的过程中，需要把品牌人格化，洞察和了解消费者的心态，并满足他们的精神需求。

丽珠得乐是由珠海丽珠制药厂生产的用来治疗胃病的药品，经过市场调查发现，在胃病患者中，男性的比例高于女性，男性胃病患者往往从事高强度的劳动，生活和工作的压力比较大，而当时市面上的胃药广告通常以成功人士、美女为主角，普通男士形象极少出现在广告中，与现实的胃药使用者有较大差距。针对这种情况，丽珠得乐推出胃药广告“男子汉系列”，以“男人更需要关怀”为主题，怀着平常心、写平常人、说平常事，将人文关怀的理念自然地融入广告情节，成功塑造了“以人为本”的品牌文化形象，在20世纪90年代的社会上产生了强烈的反响。男子汉系列平面广告由“演员篇”、“养路工篇”、“摄影师篇”、“教师篇”、“建筑工人篇”和“货车司机篇”六个篇章组成，生动地表现了平凡人的平凡人生。

> “演员篇”：他是一个演员，虽然总演一些小角色，但他依然痴心不改，苦苦求索。一颗颗新星不断从他身边升起，而他依旧是个小角色，个中的酸甜苦辣……
>
> “教师篇”：他是一个教师，他的影集好厚好沉，他如数家

① 温韬：《顾客体验对服务品牌权益的影响机理——基于百货商场的实证研究》，《管理评论》2007年第11期。

珍地讲述着关于每一个身影的故事，这给了他最大的满足。然而随着这些故事的继续，他的青春渐渐耗尽，负重的身躯不再挺拔……

“货车司机篇”：他是一个货车司机，白天、黑夜、风里、雨里，他已记不清跨过了多少条河，翻过了多少座山，日复一日，年复一年，青春就在这漫长的道路上悄悄地消逝……

…………

最后，在暖人至深的文化关怀之中，该系列的广告文案均铿锵有力地得出结论：“在许多人看来，似乎是男人，就应该活得轰轰烈烈，所以在许多场合里，平凡的他常常被忽视……据医学专家研究，生活压力大、身心过度疲劳的人易患胃病，而在众多的胃病患者中，男人占大多数。”紧接着，自然而然地引入产品，达到品牌传播的目的。

丽珠得乐的“男子汉系列”广告寓理于情、情景交融，为品牌赋予了一种人文精神，树立了鲜明而又温情的品牌形象，获得了很好的市场效果。

20 世纪 90 年代，演员王姬担当主演的“孔府家酒·回家篇”广告，呼应了当时在全国热播的电视剧《北京人在纽约》。该剧的主演王姬在剧中将漂泊与回家的情感演绎得淋漓尽致，而“孔府家酒·回家篇”一经推出也获得了与该电视剧一样轰动的效应，不仅获得了“全国第四届广告作品展金奖”等殊荣，更为其产品生产厂家山东曲阜酒厂带来了巨大的经济效益。这个广告片将当时的社会热点——电视剧的热播，以及名人——演员王姬和中国传统的“家文化”恰当地结合在一起，并恰如其分地将《北京人在纽约》的主题曲融入广告情节，歌词“千万里，千万里，我一定要回到我的家”深深触动了中国人内心深处最柔软的部分；这则电视广告的广告语“孔府家酒，叫人想家”，表达了出门在外的游子对故土的依恋、对家人的思念，从而孔府家酒以情感诉求的方式，形象地诠释了中国传统的家文化、“和”文化，与消费者进行心灵上的沟通，成功地赋予了产品思念、团圆的美好寓意，其品牌文化隐喻了中国人的全部情感和精神寄托，唤醒了广大受众的文化自觉意识和文化认同感，并恰如其分将现代化气息融入中国传统的酒文化之中，成功塑造了个性化、差异化的品牌文化形象。

第二节　品牌文化中的消费主义色彩

一　消费主义文化的品牌传播

与欧美等西方发达国家不同，在中国，消费者在改革开放后短短几十年的经济转型期内建立了对品牌化产品的广泛认知。在这个过程中，大量涌入的西方跨国公司及其品牌发挥了自身的优势，填补了中国本土品牌发育和成长的不足所带来的认知缺位，同时也将包括消费主义在内的西方文化带进中国民众的日常生活之中。在包括西方消费主义、中国的消费语境以及由大众传播媒体共同建构的消费文化语境下，许多人心目中的“英雄偶像”不再是 20 世纪五六十年代的董存瑞、黄继光、邱少云，不再是 70 年代的反潮流代表，也不再是 80 年代的陈景润、张海迪，而是香港的“四大天王”、东方丽人巩俐、喜剧天才葛优，是好莱坞演员汤姆·克鲁斯、戴米·摩尔，是一代足球天骄贝克汉姆。[①] 在这种情况下，品牌成为一种生活方式，用以彰显消费者的身份与地位，体现消费者的消费价值观念。

“消费文化唤起了社会各阶层中大多数普通人内心对于平等的渴望，满足了人们合理的、愉悦的、民主的需求。”[②] 因此，在某种程度上，消费文化的大众化削减了政治文化对大众的影响和控制。但

---

① 尹鸿：《霸权与多元：新世纪电视文化随想》，《电视研究》2000 年第 1 期。

② 〔英〕迈克·费瑟斯通：《消费文化与后现代主义》，刘精明译，译林出版社，2000，第 29 页。

是，消费文化对大众的世俗欲望给予肯定，加剧了大众对于物质的热烈追求，容易造成大众理性精神的缺失。消费文化和品牌、商品一起成为大众喜悦、痛苦、荣誉的来源和麻醉剂，而大众也需要消费文化作为情绪的宣泄。[①] 在这种情况下，作为私有物的消费性的商品界定与区分了消费者的社会关系与地位，体现了消费者的个性化与差异化。例如，收入较低的人群大多局限于购买基本生活用品，但是经济资本高的消费阶层则在文化与象征资本的投入上倾注了大量精力，以求与经济资本低的群体形成社会区隔。因此，在“国际示范效应下”，中国大众购买商品不再只是为了满足基本的生活需求，而是更关注商品为自己带来的感性附加价值，更在意消费行为本身的文化内涵，希望通过消费彰显自己的品位与格调。

王宁认为，无形消费是对商品的使用价值以外的其他三种属性的消费，这三种属性即制度属性、美感属性和符号属性。制度属性指的是某种商品与一定的制度相联系并成为制度的载体；美感属性指的是商品的外观、风格、氛围等美感特征；符号属性则主要指的是商品的品牌。[②] 随着国际品牌加速布局中国市场，以及新兴品牌的不断加入，市场竞争日趋激烈，为了提高品牌的市场占有率，迎合消费者的物欲化需求，突出品牌的差异性，越来越多的企业主、广告营销商开始将物质享受、时尚流行的消费主义观念融入品牌文化之中，并借助有效的广告、公关、新闻、人际传播等品牌传播手段对消费主义文化加以生动演绎与广泛扩散，推动品牌由单纯的产品识别标记上升至对消费者情感和精神需求的满足，越来越多的本土品牌开始具有无形的附加价值。特别是在广告的推波助澜之下，商品的符号属性和价值被放大，消费主义文化得到有力的扩散，正如当代法国思想家居伊·德波（Guy Debord）所述的，第二次世界大

---

① 〔英〕多米尼克·斯特里纳蒂：《通俗文化理论导论》，阎嘉译，商务印书馆，2001，第 20 页。

② 王宁：《消费的欲望：中国城市消费文化的社会学解读》，南方日报出版社，2005，第 85 ~ 87 页。

战后，电子媒介蓬勃发展起来，致使广告充斥于社会各个领域，广告引导人们追随物质消费，形成消费主义文化景观。[①]

正是通过无所不在的媒体，广告深刻影响了自20世纪90年代至今中国社会大众的意识形态和价值取向，改变了人们的生活习惯。广告主为了向消费者推销更多的商品、获取更多的利润，逐渐通过在品牌广告中融入“我买故我在”“我消费，我快乐”等消费主义观念，赋予品牌以符号性的象征意义，强调商品符号、品牌文化对建构人们的身份认同、提高人们的社会地位的重要性，从而刺激人们的消费欲望。而消费者则在购买某种商品、使用某种商品时，希望自己或过上该商品广告中展现的美好生活，或踏上广告中所描绘的成功之路，或拥有广告中代言人的美丽外貌特征或者气质。

北京恒基伟业电子有限公司推出的广告“商务通——成功的足迹篇”就是宣扬消费主义意识形态的典型文本。20世纪90年代末，国内市场上的掌上电脑（PDA）产品价格比较高，而且被人们定位为礼品。恒基伟业的总裁张征宇等人跳出传统的思维定式，把恒基伟业的掌上电脑命名为“商务通”，将它的目标消费群体界定为商务人士，而商务通就是这个人群随身携带的信息处理工具。在经历了初期的产品功能推广之后，商务通声名鹊起。1999年12月，恒基伟业推出了由濮存昕担当主演的3分钟广告“商务通——成功的足迹篇”，在中央电视台连续播放了三个月，成功树立起了商务通全国性的品牌形象。

镜头一 身着白衬衫的濮存昕刚刚辛苦地挤上公共汽车，突然间腰间的寻呼机响了，他不得不逆着上车的人流又挤下车去找公用电话。

镜头二 濮存昕开着小面包车来到建筑工地，他拿着手机指挥工地上的工人干活。

① 〔法〕居伊·德波：《景观社会》，王昭凤译，南京大学出版社，2006，第78页。

镜头三　在宽敞明亮的办公室中，濮存昕正在轻松地使用恒基伟业的商务通，美丽的女秘书为他送来一杯咖啡，两人相视而笑。

镜头四　濮存昕正开着奔驰回家，他在回家的路上用商务通与妻子互致电话，回到自己的别墅，妻子出门迎接，濮存昕一手拿着商务通，一手拥妻子入怀，人生的欢乐与幸福不言而喻，此时荧屏上呈现广告语："呼机，手机，商务通，一个都不能少。"

该广告使商务通的销量飞升，1999 年的销售额就达到 7 亿多元，市场占有率超过 60%，"商务通神话"由此诞生。但是，该广告以有房有车、美女相伴的成功中年男士的发迹史为蓝本，将成功、享乐与商品简单而粗暴地画上了等号。广告男主角的成功不是精神上的成功，而是物质上的胜利。他成功的标配是车、房、商务通乃至美女，女性在这里再次被物化，成为象征广告男主角社会身份、地位的商品化标志。寻呼机、手机、商务通这类科技产品也被用来表明：科技的发展，不仅帮助人们走向成功，更推动着人们物质享受、身份地位的不断升级。

二　品牌中的消费主义文化对社会价值观的影响

消费观念是时代所主导的社会意识形态的反映，会随着时代的发展而产生变化。进入 20 世纪 90 年代后，受到西方消费主义文化和外商品牌广告传播的影响，中国本土品牌广告借助报纸、电视等大众传媒和网络媒体，以高密度、高强度的传播方式推动消费主义文化广泛而深入地渗透进人们的日常生活，不仅影响了该时期人们的消费观念和消费行为，而且也对传统价值进行解构，带来了诸多社会价值观方面的负面影响。[①] 进入 90 年代以后，商品的消费已经

① 贾雪丽：《消费主义思潮及对社会价值观的影响》，《齐鲁学刊》2016 年第 1 期。

逐渐成为人们生活态度、价值取向和社会地位的表征。人们越来越不在意商品的使用价值，倾向于追求消费的个性化、异质化和符号化。

（一）企业追逐品牌中的消费主义文化

广告主制作广告的目的是传递商品信息、推销品牌与商品，但同时也应该兼顾社会效益。但在市场经济和竞争机制的作用下，企业逐渐意识到只有不断制造和刺激消费者的消费欲望，才能销售更多的商品。因此，为了吸引消费者的注意力、销售更多的商品，国内出现一些企业把体现拜金主义、享乐主义的文化融入广告之中，以唤起消费者的消费欲望和攀比虚荣心理，从而实现现实中大量的购买行为。甚至，从 20 世纪 90 年代开始，一些企业将人的身体"物化"进行消费，将人生目标、人生价值的实现也纳入物质消费，并融入品牌文化进行大肆宣传，导致了品牌传播的低俗化。例如，"德高"牌家具在广告中将家具与女人、孩子并列为三宝，把女人降低到物的水平，和商品画上等号，并公然宣称："现代家庭有三宝：娇妻、美子和德高。"值得注意的是，其广告中的主角是一名男性，在家庭中居于主导和统治地位，是家庭中的权威，而娇妻、美子被异化为物品，像"德高"品牌的家具一样，都要受他的支配和操纵。

（二）人们注重品牌的符号性象征意义

在广告的引导下，人们越来越注重品牌所蕴含的符号性象征意义，追求穿戴名牌带来的高品位的生活、高贵的身份，就像 2008 年明台产物保险电视广告"车子篇"中所表明的：物，不只是物，是你人生的一部分。[①] 在此，消费水平的高低、消费品牌的层次甚至成为衡量一个人成功与否的重要标准。一些国内品牌广告中所传递的消费主义文化强调追求名牌、追逐时尚和物质享受，强调只有消费才能获得成就感、实现理想，使人们在过度的攀比、炫耀性消费与物质享乐中迷失了自我，放弃了远大的精神追求和应有的拼搏精神。

---

① 刘立宾等主编《IAI 中国广告作品年鉴 2009》，中国传媒大学出版社，2009，第 77 页。

结果，商品的符号性想象被广告无限扩大，人生的价值目标和价值体验逐渐被品牌、商品具有象征意义的符号所淹没，趋于短视化、感性化与功利化，人们过分地看重商品、品牌所能带来的符号价值，追求崇洋型、炫耀型、攀比型的生活方式，在追求超前、奢侈性消费的过程中甚至丧失了应有的道德信仰，并导致“消费至上”“享乐主义”的风气在社会中蔓延，本能的、虚假的需求成为人生的理想和追求。例如，20 世纪 90 年代上海精品大厦的广告语“叩开名流之门，共度锦绣人生”，就是在鼓励消费者进行奢侈性的符号消费，即强调通过消费高端商品、名牌，消费者才能叩开名流之门，踏上众人注目的锦绣人生，实现人生的价值和意义。

（三）追逐名牌的奢靡之风给社会带来负面影响

中国自古以来就有提倡勤俭节约的传统。节俭属于一种理性的价值观和消费观，例如，《易传・否》的“君子以俭德辟难，不可荣以禄”、《左传・庄公二十四年》的“俭，德之共也；侈，恶之大也”，对于物欲横流的当代社会具有极为重要的价值和意义。但是，随着崇俭黜奢、量入为出的传统消费观念逐渐为品牌传播中所倡导的消费主义文化观念所取代，进入 20 世纪 90 年代之后，消费主义文化逐渐蔓延，“享乐主义”的生活方式、及时行乐的生活态度满足了人们的感官欲望。人们开始把购买、使用名牌商品看作品位、地位和身份的象征，并在品牌广告的符号性引导下大量甚至无度消费，消费时缺乏批判意识、消费后更加空虚迷茫，这种无法满足的消费欲望、不健康消费心理给社会带来了诸多负面影响。

首先，广告中所传递的消费主义文化往往强调消费才是人生的终极目标，使人们在疲于奔命的消费中忽视了亲情、友情、爱情等多维人际关系与情感，从而导致现代社会中的人际关系渐趋冷漠、疏离；其次，改革开放后，相当一部分低收入家庭在品牌广告的消费性符号刺激下，不考虑自身的实际消费需求和经济条件，也加入非理性、攀比性消费的行列，由此带来支付能力的不足，极易产生失落感和自卑感，质疑自己的人生定位和人生价值，导致他们对社会的不满和仇富心理，从而为社会持续发展埋下不稳定因素；最后，企业为提高产量、消费量，肆意排泄污染物，消费者的挥霍性消费行为也产生了源源不断的废弃物，大量的生产、消费与浪费加剧了各类资源的消耗，破坏了生态平衡，最终将造成全社会的生存危机与畸形发展。例如，20 世纪 80 年代，我国辽宁省本溪市因为过度的资源开发使生态遭到破坏，在卫星拍摄的图片上是一片被浓厚烟尘笼罩的地方，因此，曾经一度被称为“卫星上看不到的城市”。[①]

第三节　品牌文化定位实现品牌差异化

20 世纪 70 年代，中国经历了十年“文革”，开始进入现代化建设新时期。与此同时，以美国为代表的西方发达国家的买方市场进一步发展，消费者商品挑选的余地越来越大，对商品的要求也愈加苛刻，同时，由于品牌竞争日益加剧、产品同质化日趋明显、信息超载愈加严重，原有的独特销售主张（USP）和品牌形象理论已经很难达到有效的沟通效果。定位理论的提出，突破了原有的推销产品与服务的狭隘思维，拓宽了品牌营销的视野和范围，推动了企业满足消费者更高层次的心理和精神需求。

一　从“心”出发的品牌文化定位

1969 年，杰克·特劳特和艾·里斯在美国营销杂志《广告行销杂志》（*Industrial Marketing Magazine*）上发表的《定位是人们在今日模仿主义市场所玩的竞赛》中首次提出“定位”理念，宣告定位时代的到来。其后，他们在《广告时代》《工业营销》杂志上发表了一系列有关定位理论的文章，引发了当时的广告界对“定位”一词的大辩论。经过十余年的验证和完善，1979 年，杰克·特劳特和

① 冯雷：《本溪：“卫星看不见的城市”变身森林城》，《新华每日电讯》2010 年 5 月 5 日，第 002 版。

艾·里斯推出《广告攻心战略——品牌定位》一书，在美国企业界再次引起巨大的轰动。当时的西方营销学理论尚处于推销观念向营销观念转变的关头，杰克·特劳特和艾·里斯提出定位理论，抨击了当时的营销方案认为产品互相孤立、彼此无关的现状，他们认为真正为产品定位的是消费者，而不是广告主和代理商。因此，广告主必须从消费者的需求出发，抢占消费者心中的最佳位置，并通过各种方式对这个有利位置加以巩固和维护，使他的品牌成为在某个产品品类中消费者优先选购的对象，这样才能凸显该品牌的优势和竞争力，企业也才能持久发展。1991 年，《广告攻心战略——品牌定位》一书经我国台湾地区学者刘毅志翻译成中文后进入中国大陆，并最早出现在中国大陆广告学者唐忠朴主编的《现代广告学经典丛书》中。但遗憾的是，在之后的几年里，定位理论在中国并没有得到业界足够的重视。

1995 年，同在一个本土广告公司工作的邓德隆、陈奇峰查阅到《广告攻心战略——品牌定位》一书，马上被深深吸引，感觉定位理论对中国企业的品牌建设非常有价值和意义，中国企业特别需要这个理论指导实践，于是，两人决定潜心钻研定位理论并在国内大力介绍推广。当时，中国彩电市场的价格战已经开始，导致彩电行业的利润率普遍下滑，这是一种缺乏品牌文化支撑的低层次竞争行为，表明了当时本土企业在产品同质化的情况下，并没有意识到从消费者角度出发，对品牌进行核心价值的规划与传播，最后只能导致品牌在消费者心中的认知模糊，品牌的美誉度和忠诚度也极其低下。而同一时期，国外知名品牌却在国际市场上反复地传播它们的品牌核心价值，耐克的品牌理念是“超越”、宝马的品牌理念是“驾驶的乐趣”、沃尔沃的品牌核心价值是“安全”，而这些品牌核心价值的形成与定位理论的运用关系紧密。1998 年，经过他们在国内的巡回演讲、传播，定位理论逐渐为人所熟知，并引发了中国企业界的一场思想与实践革命。

20 世纪 90 年代以来，随着人们物质生活水平的极大改善，社会商品日益丰富且同质性越来越高，人们在商品的海洋中做出选择越来越不容易，于是，人们开始将品牌作为选择产品的依据，而且更为偏爱那些与众不同、能够体现自己地位和身份的品牌，以满足自己的心理需求。这时，企业只有尽量创造文化差异、追求与众不同，才能获得消费者的品牌认可与精神共鸣，进而在消费者的心中占有一席之地。作为实现差异化最有效的方法，品牌定位理论在中国的实践与发展，能够推动中国本土企业转换品牌营销思维、规划品牌的核心价值，抢占消费者的心智资源，使品牌成为某一层次特定消费者文化品位的象征。品牌文化定位是攻心战略，指的是企业在市场定位和产品定位的基础上，对特定的品牌在文化取向及个性差异上的商业性决策，[①] 因此，定位的内容是品牌的核心价值，定位的目标是消费者，定位的对象是品牌，品牌文化定位的最终结果就是让品牌在消费者心中占据无法取代的位置。并且，企业通过前后一致、长期的品牌文化传播把品牌形象深深烙在消费者的心中，使品牌成为消费者的一种生活方式，代表着他们的生活态度和价值观念。

二　品牌文化定位的价值诉求

品牌的核心价值停留在企业内部，没有得到消费者的认知和认同，是没有任何价值和意义的。品牌定位是任何企业启动品牌创设活动的前提和基础，企业只有通过品牌文化的建设和传播，将品牌的核心价值扎根于消费者的心中，并得到他们的充分理解和认同，才能在激烈的市场竞争中脱颖而出。作为市场定位的核心和集中表现，品牌定位被视为品牌实施的关键、有效的工具，它是建立与目标消费群体有关的兼具品牌外在形象和内在文化的过程和结果。品牌定位的网络性质包含了内容的结构（品牌和它们的定位属性）和呈现在消费者头脑中的关系（品牌和它们的定位属性之间的联系）。

① 蒋璟萍：《新经济时代的品牌理论：基于本体论视角的品牌竞争力研究》，中国社会科学出版社，2009，第107页。

从本质上讲，品牌定位的概念是差异化理论的一个分支，许多研究者都在尝试通过一些方法、站在企业管理者和消费者角度探讨品牌定位的实施所带来的差异化程度。但是不论如何操作，品牌定位都要准确地反映品牌的核心价值。品牌的核心价值既可以体现为品牌给消费者带来的物质层面的功能性利益，如潘婷洗发水的品牌定位是“柔韧亮泽”、舒肤佳香皂的品牌定位是“祛除细菌”，也可以体现为精神层面的情感性利益和自我表现性利益，而这些也是品牌的文化价值部分，如奔驰汽车所代表的“成功、财富与地位”，能够满足消费者的情感体验，体现消费者的身份地位与价值观。随着企业科技创新能力的提升和市场竞争的加剧，同类产品之间的差异逐渐缩小，品牌精神层面的情感性利益和自我表现性利益成为消费者认同品牌的主要驱动力，也是形成品牌差异化的主要来源，如孔府家酒关于家文化的情感诉求、海尔“真诚到永远”的核心价值、七匹狼服饰“挑战人生，永不回头”的品牌精神无不体现了品牌的情感型和自我表现型利益，但是这些仍然以品牌卓越的功能性利益为坚实的基础和支撑。

情感和自我表现型等品牌的文化价值部分是品牌差异化的基础，也是企业品牌形成市场区隔的核心，因此，品牌差异化的建立要从品牌文化切入，并将其贯穿于品牌传播活动的每一个环节。

作为品牌传播的主要手段，广告服从和服务于品牌文化定位，广告的感性（情感）诉求能够体现品牌的文化内涵、唤起消费者的心理共鸣，实现品牌形象的差异化。例如，1999 年初，雕牌在退出市场半年之后，又以全新的形象再次进入洗衣粉市场。再度进入市场后，雕牌不再强调产品功能，而是谋求品牌情感定位的差异化。雕牌推出的电视广告“下岗篇”，借助当时引起广泛关注的“下岗”问题，通过情感诉求，对“雕牌”进行了深入人心的传播，引发了广大受众强烈的情感共鸣。

从优美婉转的音乐切入镜头，出现一个依偎在母亲怀抱中的孩子，然后画外音出现孩子的心理自述："最近，妈妈总是唉声叹气，我要给妈妈一个惊喜，妈妈说雕牌洗衣粉只要一点点就能洗好多好多的衣服，可省钱了，看我洗得多干净。"同时画面出现：一边是母亲不断地寻找工作，一边是孩子在家使用雕牌洗衣粉洗衣服，然后一个人坐在沙发上等着妈妈回来。最后画面切换到妈妈回来后看到孩子已经入睡，旁边放置着一个小纸条，上面写着："妈妈，我能帮你干活了。"广告以母亲看完纸条后泪流满面而结束。

结尾部分的广告画面中，妈妈轻轻伏在熟睡的孩子身上，同时呈现广告语"只买对的，不选贵的"和品牌名称、产品包装，延续了广告主体部分所表达的品牌理念文化，将雕牌洗衣粉所呈现的浓浓的母子亲情融于消费者的内心深处。这是一个关于普通下岗家庭的故事，其贴近生活的广告情节体现了当时社会公众普遍关注的问题，突出了坚强、努力、不放弃但又充满温情的品牌形象，给受众留下了深刻的印象。

随着 1994 年中国接入国际互联网，1997 年中国化工信息网正式在互联网上提供服务，以及 1997 年中国第一个网络商业广告诞生，中国互联网行业进入"跑马圈地"时代。中国正在逐步迈入信息化社会，市场竞争也进入同质化时代，各种消息、资料、新闻、广告铺天盖地，品牌名称、标识、图形和产品特征如潮水一般争相涌入消费者的记忆网络中，但人们对同种事物的记忆是有限度的，并且排斥与其消费习惯不相同的事物。此时，独特的品牌文化成为产品与消费者连接的桥梁，企业需要针对目标消费者的需求，通过各种网络互动媒体引导消费者参与品牌体验和品牌传播，从而强化品牌的定位，与消费者一起构建他们需要的品牌文化，并对品牌文化进行艺术化的包装和传播，以利于潜在顾客的正向认知。

例如，乔布斯为苹果电脑制定的品牌主张："去装备那些有创造力的、满是激情的人们，给他们想要的，让他们去改变世界。”① 通过品牌定位，苹果公司强化了它的产品和服务所能够带给消费者的可感知的独特价值。这无不体现了国外知名企业很早就认识到以消费者为中心、满足消费者心理需求在品牌文化及个性上进行差异化定位的重要性。

第四节　品牌审美文化表现的窄化与扭曲

英国社会学家迈克·费瑟斯通将消费文化明确定位为“产生于现代性内部，但亦呈现了后现代性的多种特征”②，它以片段式的重复性方式干扰了艺术作品的距离化欣赏，推动了艺术与商业、高雅与世俗、精英与大众间沟壑的消解。消费审美化是消费的高级阶段，指以发展、享受为目的的消费形态，更具有美学化的意味。改革开放以来，随着中国由计划经济向市场经济转型，作为社会消费观念和消费文化形成的主要因素，品牌文化传播的主要方式——广告通过对商品的审美化处理与呈现，将实用性和艺术性融为一体，在一定程度上丰富了中国消费者的审美体验，唤起消费者对商品的兴趣和购买欲望，引导、激励消费者在实际消费中追求审美的情感体验和身份认同，进而把对美的追求化为自身生存的象征符号。但是，广告中往往也掺杂着某些满足人们瞬间的、身体快感的文化元素，使品牌及其符号的消费反而成为满足欲望的主要源泉。这将导致不断产生的消费现实与审美理想的差距，以及消费者精神文化的空虚与危机。③

① 谭靖漪、陈建和：《以客户为中心的设计管理是企业下一个利润增长点》，新浪科技，https://tech.sina.com.cn/it/2005-12-20/1100797058.shtml，最后访问日期：2023 年 7 月 10 日。

② 〔英〕迈克·费瑟斯通：《消费文化与后现代主义》，刘精明译，译林出版社，2000，第 164 页。

③ 阴雅婷：《广告审美消费的数字化协同再生产研究》，《广告大观》（理论版）2016 年第 3 期。

一　广告审美表现的“双重扭曲”

在第一次世界大战和20世纪20年代，出现了达达主义、历史先锋派及超现实主义运动。这些流派的作品及其鲜活的生活事件，无不体现了人们的追求：消解艺术与日常生活间的界限。20世纪50年代之后，随着数字技术和消费主义文化的加速融合与发展，冰冷而精深的高雅艺术逐步走下神坛，艺术与生活、艺术与商品的界限日趋模糊，日常生活实践趋向审美化。20世纪90年代，随着消费主义文化逐渐在国内蔓延并成为主流文化，美的生产和消费逐渐为大众所主导，大众的日常生活开始充满艺术气息，商品、广告艺术化成为一种趋势，大众在高效便利的审美文化消费中获得了文化的自由，享受着商品文化符号所带来的快感。

但是，自20世纪80年代末至90年代以来，随着品牌的文化、艺术属性在广告营造的消费氛围中淋漓尽致的演绎，广告的审美表现也暴露出不少问题。广告甚至成为一面“双重扭曲镜”，即商家往往从利润获取、品牌提升等功利性目标出发，在广告中融入那些能够促进市场效益最大化的西方价值观念，以迎合消费者的需求、刺激消费者的欲望，而对那些并“不讨喜”“不够市场化”的文化价值元素置之不论。英国语言学家费尔克劳夫把广告受众对广告话语的理解方式分为一致型和抵抗型：“一致型”就是广告受众对广告话语的理解与广告主的意图、预期目标相一致；与广告主的预期目标不一致甚至相反的解读方式则被称为“抵抗型”，即广告主或广告创作者在利用互文性对广告话语进行生产的过程中，没有充分考虑广告受众的认知结构和知识背景，导致广告受众对广告文本的某种偏离甚至抵制性解读。

例如，20世纪90年代初，广为传播的“金日牌”洋参丸电视广告，其广告画面和广告创意表现为生意场上尔虞我诈的情境，挑战了社会的道德原则，在某种程度上违背了中国受众的传统价值观念。尤其是一些刚刚登陆国内市场的国外品牌，由于缺乏对中国民族文化的了解与重视，对中国受众的文化观念也缺乏调查分析，采用极具西方文化特色的广告画面与风格大肆渲染品牌个性，或在广告传播过程中无视甚至践踏中国消费者的民族情感与文化心理，使广告在本质上成为传播某种畸形消费文化及价值观念的载体，引起了中国消费者的反感和普遍的抵制。比如，2003 年刊登在《汽车之友》第 12 期杂志上的丰田“霸道”广告：一辆日本丰田“霸道”汽车停在两只石狮子之前，一只石狮子抬起右爪作敬礼状，另一只石狮子向下俯首，背景为高楼大厦，配图广告语为“霸道，你不得不尊敬”，该广告明显地违背了中华民族的传统文化，严重伤害了中国消费者的民族情感，遭到了国内民众的一致抵制。这从某个角度也反映了随着国内消费者在市场中拥有更多的主动权和话语权，广告传播过程中话语权的博弈日益明显。

二　品牌文化传播的民族精神与平民意识

在普遍文化价值观方面，一方面，20 世纪 80 年代的广告形式大多简单粗暴，而且出现了不少内容夸张甚至虚假的广告，使很多受众开始质疑、排斥甚至厌恶广告。另一方面，20 世纪 90 年代，外商、外资纷纷涌入中国市场，并利用各地政府为了吸引外资而提供的优惠政策，通过合资、并购的方式与当地的优秀品牌进行合作，但在这之后，外方往往通过“雪藏、错位、透支”等方式，将刚刚发展起来的中国本土品牌消灭于无形。例如，1990 年，上海家化与美国庄臣合资后，“美加净”商标被搁置，销售量更是跌至谷底。直至 1994 年，上海家化出资 5 亿元收回“美加净”商标，但已失去了宝贵的发展时机；“熊猫”原本是国内一个知名的洗衣粉品牌，1994 年在与美国宝洁合资生产之后，“熊猫”品牌彻底消失；1996 年，在与德国美洁时公司合资后，“活力 28”品牌渐渐消失；2003 年，“南孚”电池被吉列控股后，立即退出海外市场；2003 年，“小护士”被法国欧莱雅收购后，在市场上也几乎销声匿迹；与此同时，“青岛崂山”“重庆天府可乐”等知名的中国饮料品牌被来自欧美国家的国际饮料品牌收购，这些中国的“老字号”也纷纷遭到实力雄厚的跨国公司“雪藏”，直至停产。

20世纪90年代，一些民族品牌在广告中举起“国货当自强”的大旗，强调为国家奉献的精神和社会责任意识，广告创意与画面中充满民族精神与英雄情结。例如，当时长虹电视的广告口号就是“以产业报国，以弘扬民族精神为己任”，简洁有力地体现了企业的经营宗旨和社会责任感，提升了企业形象和品牌形象，也赢得了广泛的品牌美誉度。

进入21世纪之后，随着中国外资立法和审批制度的完善、企业品牌保护意识的提升，以及消费者的消费观念和品牌文化意识的显著提高，人们越来越注重自我价值的实现和现实生活的享乐，对广告所推崇的消费主义意识形态也有了更多的包容与接纳。由此，受到20世纪90年代以后出现的消费主义文化、大众文化所带来的平民意识的挑战，20世纪90年代广告中的英雄情结逐渐为广告中以个人价值和梦想的实现、对快乐和名利的追逐为主的文化价值观所替代，广告的内容和形式体现了更多的个体化的现世生活哲学，注重现世人生的幸福和价值实现。

同时，随着20世纪90年代之后消费主义文化价值观在我国的逐渐确立，企业主纷纷在广告中介绍西方发达国家的休闲娱乐、饮食着装等消费方式、消费文化，竭力塑造新时代的消费偶像和推广西方消费主义的价值观，“煽动”着嗅觉敏锐的新一代青年消费群体接纳享乐主义、个人主义的价值观。而受到各种媒体广告的刺激，人们从“量入为出”消费向过度消费甚至奢侈性消费发展，逐渐将西方消费主义文化作为个人的生活态度与人生处世哲学，充分追求感性利益的满足。因此，人们逐渐放逐了心灵对生活的关怀，并深深沉浸于艺术的娱乐性之中，满足于消费所带来的身体快感；物质主义、享乐主义被很多人奉为人生哲学，而缺乏对人的生命意义和终极价值的深度、理性思考。

2000年，成都金雁房地产公司推出“领秀别墅”电视广告“尊贵篇”[1]，其创意以塑造领秀别墅“高尚、尊贵、雍容”的整体形象为目的，广告画面是来自四面八方、拥有巨大财富、地位显赫的人士聚集于豪华殿堂，翘首以盼领秀别墅的出现，从而把想象空间留给广告受众。该广告虽然在传播物质主义、享乐主义和拜金主义的哲学，但是并没有赤裸裸地“吆喝”出来，而是采用了避实就虚的表达手法，广告文案（旁白、字幕）也比较含蓄：“等待，只因尊贵。领秀别墅，在高尚的宁静中生活。”整个广告将领秀别墅所包含的无限尊贵和内涵视觉化、形象化，给受众带来了巨大的冲击力和感染力。同时，该广告也潜在地将领秀别墅的目标消费群体锁定在非富即贵的人士，其优雅雍容的广告画面使得目的性、功利性的消费更具有美学化意味，而广告受众强烈的享受欲望和占有欲望也在这华美的氛围中被激发出来。

2001 年，“荣事达”彩 e 冰箱电视广告“油漆篇”[2] 呈现了现代人追求轻松享受、丰富多彩的时尚生活的现象和心理。广告声音与字幕——

旁白：想要新鲜生活，何须如此麻烦？

字幕：智能控温，彩 e 双全。

旁白：美丽与新鲜同步，“荣事达”彩 e 冰箱。好生活，更轻松！“荣事达”。

该广告画面凸显了色彩这一在现代生活中越来越重要的元素，选取了一对在生活中追求时尚的年轻夫妇，充分表现了他们看似怪异但实际上想让生活充满色彩、更美丽的行为。这体现了该广告的诉求：购买“荣事达”品牌的冰箱，可以让生活更加快乐、美好，

① 刘立宾等主编《IAI 中国广告作品年鉴 2001》，中国传媒大学出版社，2001，第 97 页。

② 刘立宾等主编《IAI 中国广告作品年鉴 2002》，中国传媒大学出版社，2002，第 155 页。

这也是该品牌内在的文化与灵魂。

三　广告生产的身体文化符号

随着现代消费社会的到来，人们的身体得到了解放，也得到了史无前例的关注，人们把现实的身体作为一种能指，表征社会意义和文化意义。[①] 而身体也成为广告、促销和公共关系等品牌传播的核心，身体的符号价值、审美价值获得越来越重要的意义，其观赏价值已经远远高于实用价值。在这里，身体已经成为消费对象，而且能够负荷源源不断的消费欲望。特别是一些当代女性，她们的自信和自卑往往来自身体的视觉效果。为了满足人们对身体的审美化需求，进而满足人们由“身体的好看”带来的美丽、吸引力、自信、财富乃至幸福，企业越来越多地通过减肥药品、塑形产品以及产品广告，将瘦削苗条设立为身体外观美的标准，并将苗条所带来的附加价值——成功、自由、品位、魅力这一类文化价值元素的内涵进行窄化、置换或扭曲，以呈现和反映有利于品牌定位的价值观。

例如，2002 年的曲美减肥胶囊广告的广告语“美丽人生，从曲美开始”，将美好的人生幻化为每天服用曲美减肥胶囊、保持美好形体，将女性的美丽也定义为身材瘦削、苗条曼妙，塑造了“以瘦为美”的价值观。与此同时，曲美请明星巩俐、关琦等做代言人，由此激发了新一代女性消费者对该品牌及品牌所代表的美丽文化的追求。在这里，作为符号的身体和物品在理论上的等同造成了事实上的奇妙等同：“购买吧——您会在您的皮囊里感觉良好。”[②] 人们通过反复的商品购买填充着空虚的皮囊，希望美化自己的身体外观，尤其是女性消费者，常常按照广告中的代言人形

① 丁建新、刘向东：《身体的言说——身体作为社会符号》，《天津外国语大学学报》2015 年第 22 卷第 6 期。

② 〔法〕让·鲍德里亚：《消费社会》，刘成富、全志钢译，南京大学出版社，2000，第 147 页。

象和广告所呈现的价值观完善自己的身体外形、增加身体资本，甚至期望通过简单易行的商品消费来获得审美趣味、学识风度、修养品位等文化资本，并渴望以此为捷径进一步获得经济资本，实现自我的价值。

人们的欲望是无止境的，人们的“虚假需求”是有待挖掘和创造的，除了贩卖身材焦虑，一些广告主还通过广告将“年轻”的概念高度抽象之后附加在产品上。对于很多女性来说，衰老是其最害怕面对的问题。“太太口服液”1997 年起用新的广告语，以“做女人真好”号召广大女性做回自己，加入追求青春美丽的行列，实现美好人生。太太口服液的品牌广告赋予了该品牌永葆青春和爱情幸福的符号性象征意义，不断提示广大女性：美丽和光彩才是女性的财富，诱导女性消费者通过购买该品牌产品永葆青春光彩、获得家庭幸福，从而促使该品牌成为渴望青春、美丽与丈夫呵护的女性的精神寄托。

近年来，胶原蛋白开始风靡全球，成为现代女性美丽的新宠儿。这股美肌风潮也刮到了中国，开始影响人们的美容观念。美国社会学家库利在他的《社会组织》一书当中，提出了“镜中我”的概念，并指出“人们彼此都是一面镜子，映照着对方”。通过广告代言人这面光彩夺目的镜子，众多女性受众看到了自己“松弛的皮肤、灰暗的面色”。于是，在延缓衰老、留驻青春的梦想的推动下，众多女性消费者纷纷购买胶原蛋白产品，希望及时拯救自己的皮肤、永葆青春，以使自己看起来时尚、美丽、幸福。这甚至变得比拯救自己的灵魂更为迫切和重要，成为一个现代女性的基本修养乃至社会地位的体现，最终，“表面上解放了的女性混同于表面上解放了的身体”[①]。在一则一名女演员代言的 Ti－27 电视广告“心声篇”中，导演通过一个长镜头动态表现了不一样的林心如，之后更

① 〔法〕让·鲍德里亚：《消费社会》，刘成富、全志钢译，南京大学出版社，2000，第 151 页。

是从各个角度向观众展示了她年轻的好肤色及其性感、妩媚的气质，直接向广大女性消费者传达了该品牌胶原蛋白粉的核心诉求点——“喝过就年轻”。同时，林心如在该广告中骄傲而优雅地道出（声音和字幕）——

> 30，40，有什么了不起？年轻不只20岁。胶原蛋白喝Ti－27。

这一广告再次证明了该品牌产品的效果：不仅可以使你年轻，更可以给你带来优雅、傲娇的气质和社会资本。

第五章　经济全球化下的品牌文化资产建设

从20世纪90年代末开始，随着中国经济总量的迅速提升和国际化开放步伐的加快，中国企业开始以自主品牌方式走向国际市场。特别是在2001年中国加入世界贸易组织之后，中国企业为了打造更高品质的自主品牌，更为重视品牌文化的建设和传播。进入21世纪以后，经过品牌附加价值文化的长期积累与拓展，企业逐渐进入品牌文化资产建设的阶段，品牌成为连接企业、消费者的纽带以及企业资产的重要组成部分。

第一节　品牌文化资产的建构

2000年，我国城镇居民的食品支出比重下降至39.18%，进入了富裕阶段，而农村居民的食品支出比重也下降至49.13%，达到小康水平的下限。2001年，我国基本实现了由“温饱型”向“小康型”的转变，我国人均国内生产总值也由1978年的381元增长到2001年的8622元，再增长到2007年的18934元。[①] 根据国际经验，一个国家人均国内生产总值超过2000美元，消费将进入快速增长期，人们的消费需求逐步升级换代。2007年之后，我国经济社会进入发展的黄金期。至2019年，我国城镇居民年消费水平达到35625元，农村居民年消费水平也达到15163元，[②] 我国居民的娱乐教育文

---

① 中华人民共和国国家统计局编《中国统计年鉴2008》，中国统计出版社，2008，第37页。

② 中华人民共和国国家统计局编《中国统计年鉴2020》，中国统计出版社，2020，第76页。

化服务、医疗保健、交通通信等发展、享受性的消费在人均消费支出中所占的比例已有大幅提高，消费结构升级带来的多元化消费需求已经成为经济增长的重要动力，而经济的飞速发展则推动了越来越多的企业“走出去”，试水海外市场。

一　顾客资产驱动品牌资产

现代品牌理论认为，品牌是一个“以消费者为中心”的概念，没有消费者的品牌是不存在的。品牌的持有者在营销方面对品牌的长期而有力的投资，会生产和强化消费者对品牌的忠诚度。品牌资产价值来自消费者对品牌的认可。对于一个成功的品牌而言，消费者的忠诚度已经成为品牌资产价值和品牌策略的核心，而品牌资产价值反映了消费者根据自身需要对某一品牌的主观认知、态度和忠诚程度，Keller 首先提出“基于消费者的品牌资产”（Customer-Based Brand Equity）的观点，其基本思想是从消费者与品牌关系的角度认知品牌的附加价值，“基于消费者的品牌资产”是消费者受到某一品牌营销推广的刺激而反应于品牌知识的差异，具体体现在对品牌营销的感知、偏好、行为上。[①] 这一观点表明：知名品牌企业擅长“以消费者为中心”进行品牌推广，而且它通过品牌传播与消费者构建了长久而稳固的关系，在与消费者的持续互动中满足了消费者的精神文化需求。Winters 将品牌资产与价值增值相关联，并且认为品牌资产与由于消费者对特定品牌名称的联想和思考而带来的价值增值相关。[②]

由此可见，基于消费者的品牌资产价值概念关注的是消费者对品牌的心理反应，在这里，品牌已经上升至消费者的精神领域，成为具有多种文化价值的复合体。品牌资产价值的核心要素——品牌

① Kevin Lane Keller, “Conceptualizing, Measuring, and Managing Customer-Based Brand Equity,” *Journal of Marketing*, Vol. 6, 1993, pp. 1 – 10.

② Lewis C. Winters, “Brand Equity Measures: Some Recent Advances,” *Marketing Research*, Vol. 4, 1991, pp. 70 – 73.

忠诚度，与品牌知名度、品质认知度和品牌联想等方面共同构成了完整的品牌资产价值。而在具体的品牌战略实施的过程中，品牌经营者需要通过多种管理、营销途径长期不断地维系、协调，确保品牌核心文化价值得到认可，并将品牌核心文化精神融入产品设计、生产、销售、服务等每一个环节，得到消费者的拥护、信任、参与和支持，才能够实现消费者的品牌好感与忠诚，并最终提升品牌资产价值。

二　由浅入深的品牌文化资产建构

品牌是企业所拥有的最为重要的资产之一。品牌文化资产代表了消费者对品牌的情感、忠诚和自我象征方面的利益，是品牌能为企业带来价值的无形资产，体现了品牌资产更深层次的财富：品牌认知度、品牌知名度、品牌忠诚度、品牌美誉度、品牌联想和品牌溢价能力。其中，品牌认知度和品牌知名度属于品牌资产中的浅层次阶段，而品牌忠诚度、品牌美誉度、品牌联想和品牌溢价能力属于品牌资产的深层次阶段。品牌联想能够为品牌带来差异化的竞争优势，主要表现在产品的特殊功能、品牌的文化价值取向及其独特的个性；品牌忠诚度和品牌溢价能力则能为品牌带来更大的市场占有率和更高的销售利润。

进入 21 世纪之后，随着世界经济一体化、区域经济集团化持续向纵深发展，中国企业海外投资规模不断壮大、自身优势不断提升。中国企业开始意识到品牌绝不仅仅是产品名称、标识，也不仅仅代表着产品或服务，品牌更多地代表着信任、承诺和一系列明确的期望值，强势品牌能够带动产品价值、企业收入和利润率的全方位提升，而拥有强势品牌的关键之一就是要建设和传递能够强化品牌承诺的文化，持续对品牌进行投资和管理，最终使消费者能够准确地表达该品牌代表什么，以及该品牌在他们心中的价值。于是，越来越多的企业开始重视品牌文化资产的培育、建设与积累。但是，相较于国际知名品牌鲜明的个性、高度的顾客忠诚和超强的品牌溢价能力，中国品牌则大多数处在品牌资产的浅层次阶段。因此，中国本土企业想成功地“走出去”，就要打造具有深层品牌资产的自主品牌。特别是在数字化媒体环境下，国内企业需要从企业价值和消费者价值双向出发，以文化的融合和情感的沟通为手段，整合线上线下各种广告营销方式，与消费者协同共建共同的品牌理念文化，使消费者获得最大化的品牌效用满足，最终在文化表现和品牌理念等方面获得国内外消费者的认知和认可，实现顾客的品牌忠诚与信仰，从而提高品牌的国际竞争力、实现品牌资产的持续增值。

总之，通过品牌文化资产的培育与管理，品牌符号将逐渐演化成蕴含多种文化要素的企业资产表现，而从品牌符号文化的孕育到品牌文化资产的建设、品牌文化多元化发展的过程也体现了我国企业从改革开放初期追求规模经济效应的产品生产，到关注产品质量，再到推销产品、关注品牌知名度，直至聚焦消费者、关注品牌附加价值文化，最后在企业并购重组的过程中创设和传播能够增强品牌承诺的文化，从而给予品牌资产以源源不断的管理支持与维护。

第二节　品牌文化资产的提升

随着经济的持续发展、市场的日益繁荣，企业的并购重组成为我国市场经济中一个越来越突出的亮点。在中国企业纷纷“走出去”的过程中，越来越多的企业开始关注品牌资产问题，并逐步意识到品牌文化这一无形资产在企业资产中的重要地位。

一　品牌文化资产价值的强化

20 世纪 70 年代末我国实行了对外开放的政策，推动了我国内部生产力的发展，为我国经济提供了更广阔的发展空间。在我国实行对外开放的初期阶段，中国企业主要通过来料加工及出口贸易的方式进入国际市场。比如 1990 年，海尔集团将其产品出口到国外，并以品质赢得了德国消费者对海尔品牌的认可。品牌文化是品牌的核心竞争力，是品牌资产价值的保证。从 20 世纪 90 年代末开始，随着中国经济总量的迅速提升和国际化开放步伐的加快，中国企业开始以自主品牌方式走向国际市场。特别是在 2001 年中国加入世界贸易组织之后，中国企业为了打造更高品质的自主品牌，更加重视品牌文化的建设和传播，关注品牌文化的传播对品牌核心文化价值的演绎，进而围绕品牌的核心文化价值开展品牌营销活动，不断丰富和强化品牌资产价值。

首先，我国民族自主品牌通过在国外开展广告投放与体育赞助等品牌营销活动，增加中国品牌在国际市场上的曝光率。早在 1995 年 5 月 1 日，第一个中国企业的广告牌——“999 三九药业”的广告就走进了美国的纽约时报广场。2000 年之后，越来越多的中国企业走出国门，想方设法在海外打响品牌。2003 年 8 月，海尔将自己的广告牌竖立在日本东京银座，这是中国企业在东京银座竖起的第一块广告牌。[①] 并且，从 2006 年开始，海尔成为美国男子职业篮球联赛（NBA）官方高清平板电视的独家合作伙伴，通过与 NBA 的合作提升了海尔品牌的国际知名度。2007 年初，联想集团宣布与 AT&T 威廉姆斯车队签订协议，正式成为该车队在 F1 世锦赛中的顶级赞助商。伊利成为 2008 年奥运会乳制品赞助商。美的集团成为国际泳联官方合作伙伴和 2015 年游泳世锦赛的顶级赞助商。海信赞助澳网公开赛和 F1 赛事。华为高调签署多项体育赛事赞助协议，踏上品牌的海外扩张之路。2011 年，新华通讯社标识及其英文译名 Xinhua News Agency，也出现在美国纽约时报广场位置最显赫的一块 LED 广告牌上。2011 年 8 月，五粮液的形象宣传片在纽约亮相。2013 年，TCL 赞助全球热门电影《钢铁侠 3》，向全球消费者展示了其创新科技力量和国际化的品牌魅力。这些海外品牌宣传活动有助于提升中国品牌的知名度，也体现了中国企业注重品牌的建设与传

① 仇靖晗：《海尔的世界之路》，《中国特产报》2005 年 5 月 23 日，第 1 版。

播，并推动中国制造摆脱质低价廉的负面标签，从而更好地参与国际大循环。

跨国并购是中国品牌参与国际市场的另一种重要方式。自20世纪90年代末以来，中国本土企业并购交易额以每年70%的速度增长，中国已成为亚太地区并购交易的亮点。仅仅于2000年一年内，中国企业就发起了17宗海外收购事件，总交易额达到15亿美元。2001年12月11日，我国正式加入世界贸易组织，把我国对外开放推进到一个制度性开放的新阶段。由表5-1可见，在中国加入世贸组织的十年间，中国的进口总额由2001年的20164.2亿元增长至2011年的113161.4亿元，出口总额由2001年的22029.1亿元增长至2011年的123240.6亿元，对外经济贸易呈顺差且差额大幅增长。但是在这一阶段，由于我国对外贸易依存度较高，自主创新能力明显滞后，国内高新技术产品90%以上由外资企业出口，缺乏真正有影响力的国际知名品牌。

表5-1　2001年、2011年我国货物进出口总额及比较

单位：亿元

年份	进口总额	出口总额	进出口差额
2001	20164.2	22029.1	1864.9
2011	113161.4	123240.6	10079.2

资料来源：中华人民共和国国家统计局编《中国统计年鉴—2002》，中国统计出版社，2002，第611页；中华人民共和国国家统计局编《中国统计年鉴—2012》，中国统计出版社，2012，第233页。

2002年，党的十六大报告宣布实施“走出去”的战略，推动国内的各种所有制企业参与国际市场的竞争与合作。鼓励和支持国内企业“走出去”有利于我国企业参与国际经济技术合作与竞争。之后，在国家发展和改革委员会发布的《境外投资项目核准暂行管理办法》等相关经济政策和服务的推动、支持下，越来越多有实力的中国企业加快了融入世界的进程，走上了海外并购的道路。2013年9月，国家主席习近平在出访中亚国家期间，首次提出共同建设

“丝绸之路经济带”；同年 10 月，他又提出共同建设“21 世纪海上丝绸之路”，二者共同构成了“一带一路”的重大倡议：2015 年《推动共建丝绸之路经济带和 21 世纪海上丝绸之路的愿景与行动》的发布以及“一带一路”倡议的实施，更为中国国有企业、民营企业出境并购提供了难得的机遇，有助于中国企业在多元开放的进程中建设品牌文化，迅速提升品牌知名度和美誉度。

中国企业的海外并购始于 20 世纪 80 年代。1984 年，中银集团与华润集团合力收购了香港康力投资有限公司，自此之后中国企业海外并购拉开序幕。2000 年之前，中国的海外并购整体呈现规模小、数量少的特征；到了 2000 年，我国企业的海外并购总额也仅仅达到 9.73 亿美元；2000～2008 年，我国企业的海外并购数量迅速增长，海外并购总额突飞猛进，海外并购规模不断扩大，所涉行业和领域也日益多元化；2009 年，中国对外直接投资流量达到 565 亿美元，位列全球第五。[①] 在实施“走出去”的战略之后，中国民营企业凭借“所有制优势”开启了大规模的海外并购。2001 年 8 月，浙江万向集团斥资 280 万美元一举收购了于 1994 年底在美国纳斯达克股票交易所上市的 UAI 公司，开创了中国民营企业收购海外上市公司的先河。然而，国内企业的对外并购之行并非一帆风顺，而是充满变数，遭遇重重障碍。这一时期，作为出征海外市场的典型代表——TCL 的并购案例值得我们深入总结与思考。

自收购法国彩电企业汤姆逊公司、德国彩电企业施耐德公司之后，2004 年 4 月，TCL 通讯科技控股有限公司（以下简称“TCL 通讯”）宣布与法国阿尔卡特公司共同组建合资公司。在收购了法国阿尔卡特的手机业务之后，TCL 通讯采取“国际化 + 本土化”的出海模式，并凭借此次收购获得的大量海外专利，大大增强了产品的创新和研发能力。同时，借助阿尔卡特的品牌和原有的销售网络，TCL

---

① 《商务部：2009 年中国对外直接投资流量名列全球第五》，新浪财经，http://finance.sina.com.cn/roll/20101101/10168878305.shtml，最后访问日期：2017 年 6 月 19 日。

通讯在海外的品牌影响力获得大幅提升，但是，由于欠缺后续整合与管理能力，TCL 通讯欧美业务持续亏损，风光无限的 TCL 通讯在 2006 年最终决定对海外公司进行重组。

由此可见，虽然我国企业通过海外并购能够获得国外较为先进的核心技术和生产工艺，迅速提高自身的品牌形象，扩大品牌的市场份额和影响力，但是我国企业普遍规模较小、实力较弱，缺乏国际性强势品牌，并欠缺足够的海外并购经验和后期整合能力，难以与国外大企业相抗衡，对外并购往往呈现“蛇吞象”式的特征，导致这些尝试和探索大部分并没有实现预期的商业价值。但是，也有一些知名品牌企业在“走出去”的过程中，一方面保持品牌核心文化价值的连贯性和一致性，另一方面以趋于本土化的营销战略传播品牌文化，逐渐在文化表现和品牌理念等方面获得国外消费者的理解和认同，从而逐步摆脱我国品牌形象不高、产品质低价廉的负面标签，持续提高品牌的国际竞争力，实现品牌资产的持续增值。

比如，华为、海尔等一些知名品牌企业在开展品牌国际化传播活动的过程中，就注意到分公司所在国家或地区市场的特殊性。它们在保持母公司产品、服务基本内涵以及品牌核心文化价值不变的基础上，通过产品设计生产、品牌经营方式等方面的适当本土化，营造出一种与所在国家和地区自然、人文环境相适应的氛围，从而使自身内在的品牌文化得到当地人民的理解、认可和支持，并在品牌传播过程中与当地人民建立长久稳固的关系和情感联系。

二　品牌文化资产的复合式扩张

消费者与企业在长期的沟通和互动中形成的情感会附着在企业内部各要素和资源之中，附着于情感的各要素就是企业的品牌文化资产。因此，为了有效地创造品牌资产，就有必要了解目标市场的文化。品牌资产维度——品牌形象、感知质量、品牌忠诚度均受到来自目标市场的文化影响。美国耶鲁大学文学教授弗雷德里克·杰姆逊说：“文化已从过去那种特定的文化圈层中扩张出来，进入了人们的日常生活，成为消费品。”① 品牌文化是多种文化的集合体，充分挖掘、运用和积累品牌的文化资产是提高品牌竞争力和影响力的关键。只有深刻领会品牌文化资产的价值与意义，企业才能更好地呈现品牌文化精神，并与消费者共同构建价值观。

（一）传统哲学思想

每个民族都有自己独特的对社会发展的认识和表达，这些认识经过总结之后逐步形成一个民族的基本哲学思想。历史地看，凡是强盛的民族、国家都将某种哲学观念作为社会发展的思想推动。② 例如，古希腊人通过对自然事物的抽象概括来解释世界，最终形成古希腊文明的最高代表——古希腊哲学，这种哲学成为现代西方哲学的源头，同时也是现代西方理性主义文化的源泉；中国传统哲学思想是中华传统文化的核心，中国传统的儒家思想在中国封建统治阶级的推动下，形塑了中华民族的哲学思想。传统儒家思想是中华民族原始的哲学思想，致力于探求人与世界的关系以及人生的终极意义，在它的深刻影响下，中国文化集中表现为“以尊卑等级的仁为核心”，包括孝、悌、忠、恕、礼、知、勇、恭、宽、信、敏、惠等内容，强调“修身、齐家、治国、平天下”“和谐中道”“自强不息”以及个人对于民族和国家的责任。中国的年节习俗、礼仪、节日食物等均体现了儒家的哲学思想和文化价值观。

古人云，“孝为德之本，百善孝为先”；孔子曰，“父母之所爱亦爱之，父母之所敬亦敬之”，“孝为天之经也，地之义也，人之行也”；孟子曰，“孝子之至，莫大乎尊亲”；《弟子规》中更是详述了如何孝敬父母。我国也有不少企业将孝顺这一传统儒家哲学融入广告中，从而赋予品牌传统文化色彩，提升品牌的文化内涵与形象。例如，2008 年，海南养生堂保健品有限公司的龟鳖丸产品电视广告

① 《后现代主义与文化理论——杰姆逊教授讲演录》，唐小兵译，陕西师范大学出版社，1987，第 147 ~ 148 页。

② 江怡：《哲学是时代的先导》，《青岛日报》2013 年 4 月 5 日，第 4 版。

“父子篇”①，不仅在广告创意表现中体现了孝敬父母的传统文化，而且将父亲尚年轻的时候和年老之后的生活状态进行了对比，并将视角放在了关注老年人退休后落寞的心理层面，反映了这个时代被忽视的老年群体的生活现实，鼓励老年人活出自己的天地。

广告中的“儿子”：爸，您没老，在我心里您永远是我的依靠。

最后的广告旁白、字幕：养育之恩，无以为报。养生堂龟鳖丸。

儿子对父亲的真诚告白是在新的时代下对“养育之恩，无以为报”做出的新的阐释，既延续了龟鳖丸一贯注重的父子情，又在民族传统哲学观念的基础上演绎出新意。中国传统的儒家思想主张先公后私、先国后家。汉朝贾谊的“国而忘家，公而忘私”、范仲淹的“先天下之忧而忧，后天下之乐而乐”等集体主义和爱国主义精神被中华儿女传颂至今。2012 年先声药业的广告“夫妻医生篇”② 以医生舍小家为大家的崇高精神，引出“为了患者，先声和您在一起”的核心概念，广告以一位老人和她的儿子、儿媳为主角，展现了做医生的儿子和儿媳为了医治患者，工作繁忙顾不上自己小家，老人在理解之余又非常心疼自己的孩子的广告情节。

老人：我儿子是做医生的，专门治癌症。忙得很呀！有的时候，一天要做十几个小时的手术。

护士：张医生，外边有个病人的情况不太好，主任喊你看一下。

---

① 刘立宾等主编《IAI 中国广告作品年鉴 2009》，中国传媒大学出版社，2009，第 258 页。

② 刘立宾等主编《IAI 中国广告作品年鉴 2013》，中国传媒大学出版社，2013，第 229 页。

男医生：哦，好的，赶紧去。

老人：忙起来吧，饭都顾不得吃，真担心他身体撑不住。儿媳和儿子在同一家医院，是做急诊的。哎呀！那才忙呢！有的时候，一天要接诊 20 多次。

男医生：妈，都怪我们平时太忙，我们……

女医生：妈……

老人：我心疼他们。

字幕：为了患者，先声和您在一起。

该广告整体的基调以温情为主，语言真诚、朴实，既契合先声药业的品牌基调，又在当下医患关系紧张的情况下，表达了对广大医护工作者的理解和感谢之情，充分表现了先声药业公而忘私、无私奉献的品牌文化精神，促进了品牌美誉度的进一步提升。

（二）中国文化习俗

文化习俗是民族哲学观念在人民生活中的外在体现，指的是一个地区或国家的社会文化中长期形成的风尚、礼节、习惯以及禁忌等表现的总和。中华民族有很多优秀的传统文化习俗值得传承，优秀的传统文化习俗具有培育民族文化认同意识和巨大而潜在的教育功能。

我国存在许多传统的年节习俗。例如，春节、元宵节、端午节、中秋节等，具有浓厚的传统文化气息，还有由这些年节而来的传统应时食物，如春节期间北方人吃的饺子、鱼，南方人喜欢吃的线面、年糕。为了迎接春节，家家户户还要剪窗花、贴年画、贴春联，许多地方的街市上还有庙会、耍龙灯、舞狮子、扭秧歌等民间节庆活动。除此之外，全国各地还有元宵节的元宵、汤圆，以及端午节的粽子和中秋节的月饼等年节食品。以上这些是汉族传统文化的表象符号，中国的少数民族也有自己的节日和风俗习惯。比如，在除夕之夜，藏族人会举行盛大的“跳神会”，人们戴上假面具载歌载舞，以示除旧迎新、祛邪降福；而壮族的家家户户则会在吃过丰盛的年夜饭之后，在火塘上燃起大火，终夜不熄，名曰“迎新火”，同时，壮族人还要组织丰富多彩的民族文体活动庆祝新年，例如：唱“采茶歌”、舞狮龙、跳打扁担舞、闹锣、打陀螺、赛球、演地方戏，等等。

2011 年，中国银行的电视广告“世界看见篇”[①] 就是结合中国银行支持“中国少数民族文化发展与保护亲善行动”拍摄而成的。在该广告片中，“天下美传广告”运用美妙的镜头语言和高超的剪辑手法，在 30 秒的时间内展现了侗族的民间歌舞及文化。

> “古远文明，千载传承，支持中国多元民族文化走向世界。”然后，荧屏上显示字幕：朱哲琴，联合国开发计划署中国亲善大使；呼麦，蒙古草原的喉音艺术；刀郎木卡姆，刀郎地区歌舞套曲表演；侗族大歌，东方复调式多声部合唱；格萨尔，流传在青藏高原的吟唱史诗。最后，广告旁白再次出现“中国之美，世界看见。中国银行”。

在整个广告中，音乐、风景相得益彰，既展示、传播了中国多彩多姿的民族文化习俗，又彰显了中国银行不凡的品位，也使得中国银行在国内众多的金融品牌中形象突出，体现出深厚而独特的品牌文化内涵。

2012 年，中国工商银行浙江省分行营业部的系列平面广告“开门红篇”以中国的春节红包和春节年画中的送福童子为主要元素，主体以传统、吉祥的广告色调和风格将广告主的服务特色“安享、乐购、生财和省钱”鲜明地表现出来。该系列广告一方面给广大受众送去了新年祝福，另一方面展示了企业的业务特色、优势和内在的品牌文化特征，也为企业品牌增添了传统文化色彩。[②]

---

① 刘立宾等主编《IAI 中国广告作品年鉴 2012》，中国传媒大学出版社，2012，第 48 页。

② 刘立宾等主编《IAI 中国广告作品年鉴 2013》，中国传媒大学出版社，2013，第 68 页。

（三）西方现代文化

“现代性”一词早在1627年版的《牛津英语词典》中就已经出现，意为“现时代”，至18世纪欧洲启蒙运动时期，“现代性”的内涵已经有所改变，指的是启蒙运动，主要关注人的平等和自由。西方现代文化是“伴随着现代性的扩张，通过西方启蒙运动以来的哲学话语中确定下来的”。[①] 其间，西方现代文化经历了漫长的建构过程：历经希伯来人的宗教信仰与希腊人的理性思维的融合、东方世俗技艺的刺激和日耳曼精神的滋养孕育，最后在西方科技革命和思想启蒙运动的共同作用下逐步建立起来。并且，在19世纪末期之后，随着西方现代文化在全球范围内的扩张，其内在的普遍性逻辑也得以确立，即一些西方发达国家往往以其文化、外交政策为载体，向世界宣扬和推行其价值观。[②] 西方现代文化以人的解放为目的，肯定人的根本价值，尊重人的主体性，鼓励人们追求个体的幸福和自由。比如，在今天，西方现代文化更多地体现为个人主义、年轻、现代性、高科技、享受、流行这些价值观念。

2012年，广州越界服饰公司的KONZEN男装电视广告“击剑篇”[③] 诉求骑士文化。在这则广告创意中，代言人化身多种形象，身着不同款式的服装出现在广告中，但是都挥舞着代表骑士文化的佩剑。通过简约优雅的广告画面，该品牌的产品特点和品牌文化和谐统一在一起：该品牌的另一则电视广告“穿越篇”同样诉求骑士文化，男主角在广告中挥舞佩剑，并穿越到现代都市秀场。骑士文化最早存在于意大利和德国，表现为勇敢和“英勇行为”，以忠诚和正直等价值为本，该品牌的这两则广告将这种正直、勇敢的精神赋予男装品牌KONZEN，并以更为时尚、现代的手法表现出来，把富

① 张旭东：《全球化时代的文化认同：西方普遍主义话语的历史批判》，北京大学出版社，2006，第11页。

② 张峰：《如何应对西方价值体系的冲击?》，《前进论坛》2011年第8期。

③ 刘立宾等主编《IAI中国广告作品年鉴2013》，中国传媒大学出版社，2013，第251页。

有西方骑士精神的品牌文化很好地传递给了广告受众。

20 世纪二三十年代，消费主义文化产生于西方发达国家并迅速发展扩张，以美国为代表的西方资本主义国家先后进入消费社会，消费取代了一切意识形态，人们的消费欲望被源源不断地创造出来，商品的象征性符码意义也被大量生产出来。20 世纪 80 年代之后，随着我国经济对外开放的深入，包括消费主义在内的西方文化迅速进入中国民众的生活。特别是迈入 21 世纪之后，各种物资、商品和服务在中国市场上达到前所未有的丰盛，人们沉浸在商品的海洋，"'消费'控制着整个生活的境地"，[①] 人们的消费欲望也不断膨胀，并服从于闪耀在商品周围的神圣光芒。而鳞次栉比的商场、百货商店，琳琅满目的食品、服装、日用品等则持续创造着各种物质的、符号性的诱惑。

中国首家自营高端生活百货店"Hi 百货"，2012 年 9 月由正佳集团副董事长谢萌创立。该百货店容纳了各种具有文化艺术气息的商品，集结了来自世界各地的生活方式，力图给大众的日常生活增添一处赏心悦目的休憩地。从地板、书柜、桌椅到雕刻的艺术品，原木色的装饰随处可见，散发着大自然的气息，灯光也采用柔和的橘黄色调，整个空间非常舒适又不失摩登之感，人们徜徉在 Hi 百货，也沉浸在物的堆积和丰盛所表征的美好生活与希望之中，在这里，Hi 百货甚至已经变成了一座城市。Hi 百货完全吻合了法国社会学家鲍德里亚对"消费地点"所下的定义：它就是日常生活。[②]

2014 年 Hi 百货的平面广告诠释并宣扬了其品牌理念："我因物生·物因我活。""我因物生"这一主题及其中一幅广告画面——婴儿的身体里充斥着现代化生活物品——体现了其所强调的西方后现

① 〔法〕让·鲍德里亚：《消费社会》，刘成富，全志钢译，南京大学出版社，2000，第 6 页。

② 〔法〕让·鲍德里亚：《消费社会》，刘成富、全志钢译，南京大学出版社，2000，第 13 页。

代社会中的物质主义、享乐主义的价值观念，而“物因我活”这一主题和另一幅广告画面——身体里充满自然生物的女性——则强调了 Hi 百货对作为个体的人的高度重视，同样也是对西方现代文化的自我认识和表达。

在加入世界贸易组织之后，中国向世界敞开了大门，各种文化涌入中国并在不同程度上获得了发展，新的文化也层出不穷。在这种情境下，中国传统文化受到一定的冲击，特别是西方现代文化的强势进入，使得民族传统文化遭遇严峻挑战。因此，中国广告不仅仅包含中华民族哲学观念、传统文化习俗和西方现代文化这三种文化及其形式，而在实际上，中国广告已成为融合多种文化的熔炉，同时也是一面双面扭曲的镜子，[①] 反映了独特的中国当代社会现实的商业性本质。在未来的发展过程中，以广告为主要的表征和传播方式，中国的品牌文化传播将越来越现代化、多元化和碎片化，体现出更多的圆融性和复合性，并扩张、渗透进中国社会日常生活的方方面面，成为中国社会公众的一种生活方式。

第三节　广告传播推动品牌文化价值增长

强大的品牌不仅仅是对品牌符号的展示以及对产品功能的理性诉求，更是对品牌理念的感性诉求。品牌通过广告传播潜移默化地影响消费者的价值观、审美观等，推动社会文化观念的迁移，同时，隐含在广告中的文化意义因市场结构、社会价值观和文化信仰的变化而变化。[②] 广告不断传播并体现着品牌的物质文化和理念文化，不断建设、提升品牌的文化资产，进而推动品牌文化价值的多元化增长。

---

① Hong Cheng and John C. Schweitzer, “Cultural Values Reflected in Chinese and US. Television Commercials,” *Journal of Advertising Research*, Vol. 36, 1996, pp. 27 – 45.

② Grant McCracken, “Culture and Consumption: A Theoretical Account of the Structure and Movement of the Cultural Meaning of Consumer Goods,” *Journal of Consumer Research*, Vol. 13, 1986, pp. 71 – 84.

一 广告价值诉求体现品牌理念

步入21世纪之后，随着全球经济一体化进程的加快，中国的对外开放政策已经由“引进来”为主向“引进来”和“走出去”相结合转变，中国逐步建立起全球领先的消费市场，中国经济向着国际化、市场化方向加速迈进。在不断“走出去”的过程中，中国企业的品牌文化意识逐步提高，一些知名企业开始采取文化定位的广告策略，通过传播文化价值观念，提高其品牌文化内涵与价值，树立鲜明的品牌形象。在过去的二十余年间，国内外也出现了不少有关中国广告中所呈现的文化价值观的研究，包括国内外企业如何使用不同的广告符号和广告价值诉求体现不同的品牌形象与品牌理念。

文化价值观是关于文化价值取向的系统观念，是特定社会“指导思维和行动的主要观念和准则”。[①] 文化价值观通过家庭、学校、族群等社会团体和组织传承下来。同时，在大众媒体中，作为主要的途径，广告构成并传播了文化价值观。每一个民族的人民都在运用他们自己的语言符号、文化价值观、伦理规则，乃至企业品牌名称、标识等，界定他们的生活方式。其中，文化价值观定义了消费者的自我和个性。

广告被普遍认为是反映社会状况的一种文化产品，是文化价值观的载体。[②] 与品牌和广告文化高度相关的荷兰学者吉尔特·霍夫斯塔德（Geert Hofstede）提出的文化五维度模型，[③] 从五个维度对世界上的各种文化进行区分：个人主义/集体主义、权力距离、不确定性

① S. Srikandath, "Cultural Values Depicted in Indian Television Advertising," *Journal of Promotion Management*, Vol. 48, 2013, pp. 265 – 281; Kevin Lane Keller, "Conceptualizing, Measuring, and Managing Customer-Based Brand Equity," *Journal of Marketing*, Vol. 6, 1993, pp. 1 – 10.

② Hong Cheng, "Toward an Understanding of Cultural Values Manifest in Advertising: A Content Analysis of Chinese Television Commercials in 1990 and 1995," *Journalism & Mass Communication*, Vol. 74, 1997, pp. 773 – 796.

③ Geert H. Hofstede, *Culture's Consequences: International Differences in Work-Related Values*, Beverly Hills, CA: Sage Publications, 1980, pp. 132 – 135.

规避、男性主义/女性主义、长期导向/短期导向。之后，吉尔特·霍夫斯塔德又增添了第六种文化维度——放纵/约束。爱德华·T. 霍尔（Edward T. Hall）的文化语境概念认为文化具有语境性，并将语境分为高语境（High Context，HC）和低语境（Low Context，LC）。霍尔认为：任何事物均可被赋予高、中、低语境的特征。[①] 高语境文化和低语境文化中的时间观念是显著不同的。时间观念是反映文化的一面镜子，根据霍尔的文化从高到低的连续性分类，中国在几千年来儒家文化影响下逐渐形成了典型的高语境文化，而美国则属于低语境文化。缪勒（Mueller）概述了在广告中所体现的10种传统文化价值诉求：集体共识诉求、个人与独立诉求、软推销诉求、硬推销诉求（soft-sell/hard-sell，也可以表述为情感诉求/信息诉求）、尊敬老人与传统性诉求、青年与现代性诉求、身份地位诉求、产品优点诉求、天人合一的诉求和时间定向诉求。[②]

二 西方品牌广告传播影响中国文化价值观

由于数字媒体等当代传播技术的发展、世界经济一体化和竞争的加剧，跨国企业通过软新闻、公关品牌传播将娱乐内容、宣扬消费主义的内容等传播到国内，影响中国本土品牌文化以及消费者的文化价值观念。至20世纪末，中国新一代的消费者开始以更积极的态度看待广告，消费方式更为自主，体现出更多元化的品位并且越来越多地认同西方的生活方式。[③] Hong Cheng 和 Padmini Patwardhan 通过对中国和印度电视商业广告的内容分析，证实了其体现的主要文化价值观：相较于传统性，这两个国家的商业广告均把现代性作

---

① Edward T. Hall, *Beyond Culture*, Garden City, NY: Doubleday & Company, Inc., 1976, pp. 81 – 83.

② Barbara Mueller, "Reflections of Culture: An Analysis of Japanese and American Advertising Appeals," *Journal of Advertising Research*, Vol. 27, 1987, pp. 51 – 59.

③ Bryce T. McIntyre & Ran Wei, "Value Changes in Chinese Advertisements from 1979 to 1995: A Longitudinal Study," *Asian Journal of Communication*, Vol. 8, 1998, pp. 18 – 40.

为主要的价值观念。[①] 同时，中国的消费者越多接触或观看西方化的内容媒体，就越有可能接受个人主义文化价值观念，并越不认可传统的儒家文化价值观念。[②] 范红、黄瑞熙从跨文化传播视角对处于不同文化语境下的当代中西方广告进行比较研究，结果发现：中西方广告中体现的价值观念在基本保持各自传统的同时，由于国家之间的文化交流日益密切而出现了新的特征，中国广告业也逐渐趋于国际化。[③]

这些相关的研究都表明，随着中国经济体制改革的不断深入、中国消费市场的兴起以及西方现代文化的冲击，中国消费者消费主义的价值观和态度在不断滋长，而且诸如家庭室内布局、时尚、快餐消费和休闲活动等购物行为与偏好也在不断增长，他们正在表现出日趋成熟的个性化喜好和对西方发达国家生活方式的模仿。与此相应，西方国家企业也通过产品功能、售后服务、广告传播源源不断地输出品牌文化，引导中国消费者认同西方品牌的文化价值观，并潜移默化地改变中国消费者的生活习惯和审美判断。

三　中西方品牌广告中所呈现的文化价值观比较

均质化理论预测，随着世界经济一体化的发展，世界将变得越来越同质化和扁平化，比如，Ritzer 认为麦当劳品牌的发展就证明了这种现象和趋势。[④] 随着麦当劳、可口可乐、迪士尼等代表的美国消费文化在中国的快速渗透，中国消费者特别是新一代消费者倾向于接受西方文化价值和主题。Chang 通过对中国台湾地区杂志广告的分

---

① Hong Cheng & Padmini Patwardhan, "One Region, Two Worlds? Cultural Values in Chinese and Indian TV Commecials," *Asian Journal of Communication*, Vol. 20, 2010, pp. 69 – 89.

② Zhongdang Pan et al., *To See Ourselves: Comparing Traditional Chinese and American Cultural Values*, Boulder, Colorado: Westview Press, 1994, p. 24.

③ 范红、黄瑞熙：《中西方广告中的文化价值观——符号、语篇与文化价值取向》，《当代传播》2005 年第 6 期。

④ G. Ritzer, *The McDonaldization of Society*, Thousand Oaks, CA: Pine Forge Press, 1983, p. 1.

析，发现其中47%的广告以西方文化模式为特征，54%的广告以英文名称命名。[①] 由于中国消费者认同代表或象征着地位、都市化、激情、现代化、科技和美丽的文化价值，因此他们更为关注全球化的广告价值诉求，[②] 而这种全球化的广告价值诉求主要来自已经在内在价值属性上合法化并在全球得以普遍化的西方现代文化。

2001年12月11日，中国正式成为世界贸易组织的成员，加入世界贸易组织有助于中国更好更快地融入国际经济社会。本部分以2002年和2007年的《IAI中国广告作品年鉴》[③] 为例，对中国加入世界贸易组织之前和之后的电视广告进行内容分析、广告话语分析，探析本土品牌和外商品牌如何借助广告形成品牌形象差异化，传播西方化或东方化（本土化）的品牌文化。2002年《IAI中国广告作品年鉴》中的商业广告产品类别包括信息及关联品类、通讯及关联品类等15种；2007年《IAI中国广告作品年鉴》中的商业广告产品类别包括信息、通讯服务类，信息、数码用品类等15种。其中，选取的2001年产品广告样本中排除了企业形象类和公共事务、服务及其他类，选取的2006年广告样本中排除了企业形象类，这两者与商业广告的文化价值诉求基本上没有关联。最后，本部分选取了《IAI中国广告作品年鉴》中2001年的376则商业广告和2006年的409则商业广告，运用内容分析和话语分析相结合的方法对其进行研究。

通过分析中国本土品牌和外商品牌，以及其中所运用的广告模特（亚洲人或非亚洲人）、广告语言（广告中出现中文、英文或二者的混合），结果发现：2001年，信息及关联品类、饮料类和通讯

① Ching Ching Chang, "The Effectiveness of Using a Global Look in an Asian Market," *Journal of Advertising Research*, Vol. 48, 2008, pp. 199－214.

② Nan Zhou & Russell W. Belk, "Chinese Consumer Readings of Global and Local Advertising Appeals," *Journal of Advertising*, Vol. 3, 2004, pp. 63－74.

③ 由于《IAI中国广告作品年鉴》是对上一年的总结，因此本章选取2002年和2007年的广告年鉴部分，实质上是对2001年和2006年的《IAI中国广告作品年鉴》中广告的分析。

及关联品类占据了所有产品类别的主导位置；2006 年，信息、通讯服务类和房地产及关联品类占据了所有产品类别的主导位置，尽管外商品牌数量在 2006 年有所增长，但中国本土品牌在 2001 年和 2006 年的广告品牌类别中均占据主导位置，时尚和汽车品类在外资和中外合资企业品牌广告中均占据了相当高的比例，同时，食品类、饮料类和金融类在 2006 年外商广告中的比例有所提高。最后，由表 5－2可见，虽然“集体主义”、“自然”等中国传统价值观在本土品牌中所占比例较高，且仍然占有主导地位，但是，“享乐”、“社会地位”、“年轻”等西方现代文化价值观，在中国加入世界贸易组织之后，在本土品牌广告中呈现的比例大幅提高。

表 5－2　广告中的文化价值观诉求及其操作性定义

文化价值观诉求	定义	来源
集体主义	强调个体与他人特别是与相关群体的关系。即个体被描述为群体中不可分割的一部分，并强调个体的家庭生活和家庭成员的身份	Mueller（1987）①；Cheng & Schweitzer（1996）②；Lin（2001）③
个人主义	强调个体的自给自足，并强调个体与他人的区别	Mueller（1987）；Cheng & Schweitzer（1996）；Lin（2001）
享乐	其暗示了由于某种产品的使用带给人的舒适和轻松感	Pollay（1983）④；Cheng & Schweitzer（1996）
现代性	这个概念强调了新颖、现代化、时尚与前卫	Pollay（1983）；Cheng & Schweitzer（1996）；Lin（2001）
自然	这种文化价值观暗示了人与自然中的万事万物和睦相处	Cheng & Schweitzer（1996）；Lin（2001）
社会地位	消费者感知到产品使用过程所带来的声望、个性和荣誉，从而提高了他们的地位或身份	Pollay（1983）；Cheng & Schweitzer（1996）；Lin（2001）
传统	尊重过去的经验、风俗习惯以及社会公约，包括先辈的智慧结晶。该文化价值观具有历史悠久的传奇的品质	Mueller（1987）；Cheng & Schweitzer（1996）；Lin（2001）
财富	在使用广告产品的过程中而产生的充裕、富有的想法	Cheng & Schweitzer（1996）

续表

文化价值观诉求	定义	来源
年轻	通过对年轻模特的描述表现了对年轻一代的推崇，而给产品注入青春活力能够对消费者产生刺激作用，例如，“回到年轻活力状态”	Pollay (1983)； Cheng & Schweitzer (1996)； Lin (2001)

注：①Barbara Mueller, “Reflections of Culture: An Analysis of Japanese and American Advertising Appeals,” *Journal of Advertising Research*, Vol. 27 (6/7), 1987, pp. 51 – 58.

②Hong Cheng & John C. Schweitzer, “Cultural Values Reflected in Chinese and U. S. Television Commercials,” *Journal of Advertising Research*, Vol. 36, 1996, pp. 27 – 45.

③Carolyn A. Lin, “Cultural Values Reflected in Chinese and American Television Advertising,” *Journal of Advertising*, Vol. XXX (4), 2001, pp. 83 – 94.

④Richard W. Pollay, “Measuring the Cultural Values Manifest in Advertising,” *Current Issues and Research in Advertising*, Vol. 6 (1), 1983, pp. 71 – 92.

资料来源：笔者根据表格中文献整理而成。

（一）品牌来源地对广告价值诉求的影响

经过对2002年与2007年《IAI中国广告作品年鉴》卡方分析，并对照表5－2，本书发现：2001年与2006年，外商品牌比中国本土品牌在广告中运用更多的西方文字和模特，主要表现在以下几方面。

第一，外商品牌在电视广告中使用较多的英文语言文字和其他语言文字。中国本土品牌使用中文文字的比例为98.3%，外商品牌使用中文文字的比例为89.5%；而外商使用英文文字和其他语言文字的比例分别为31.6%和2.6%，中国本土品牌使用比例则分别为9.4%和0.9%，均远远低于外商品牌。

第二，相较于在本土品牌广告中仅占8.5%的非亚洲人模特，外商品牌使用更多的（29.0%）非亚洲人作为品牌广告模特，以表明其品牌来源地。

第三，相较于本土品牌广告体现了较多的“传统”“集体主义”这类传统的文化价值观，外商品牌体现了更多的诸如“享乐”“社会地位”等现代性文化价值观。

例如，通过比较2007年《IAI中国广告作品年鉴》中的汇丰晋信基金管理有限公司[①]和顺德信用社[②]两则广告，可以看出外商品牌和本土品牌广告中所呈现的文化价值观的差异。虽然二者都属于金融、保险类，但是汇丰晋信基金管理公司“让投资更简单”的广告正文包括“梦想，是一个开始”“承载您的梦想，从这里出发”等内容，强调创新、梦想等西方文化价值观；而顺德信用社的“奏响新春篇”广告则充分运用愿望、祝福、乡音等中国传统文化元素，广告画面也以新春喜庆的各种场景为背景，展现各种不同身份的人使用着各种不同的乐器，演奏了一个欢乐氛围下的恢宏乐章，演绎了亲情、爱情与友情的永恒主题，因而体现了传统与集体主义的中国传统文化价值观。

（二）入世前后的广告所呈现的文化价值观差异

通过进一步观察分析2002年和2007年《IAI中国广告作品年鉴》中的广告文化价值诉求，考察相较于2001年，中国品牌广告在中国加入世界贸易组织之后是否呈现更多的西方文化价值观，结果如下。

第一，《IAI中国广告作品年鉴》收录的2006年的广告中所使用的中文语言文字比例比2001年略有提升，仅仅提高了1.2%，但所使用的英文语言文字的比例则明显提升，由2001年的8.2%提高至2006年的17.6%，其他语言文字的使用比例则有下降，从1.4%降至0.7%。说明在中国加入世界贸易组织后，外商品牌纷纷涌入中国市场，外商品牌数量在2006年有所增长。其中，一些外商品牌以广告中的英文文字凸显品牌来源地，而另有一些外商品牌为了实现广告传播策略的本土化，则在广告中使用中文语言文字。比如，历史悠久的世界百强企业美国纽约人寿极为重视华裔市场的开拓，在纽

① 刘立宾等主编《IAI中国广告作品年鉴2007》，中国传媒大学出版社，2007，第63页。

② 刘立宾等主编《IAI中国广告作品年鉴2007》，中国传媒大学出版社，2007，第61页。

约人寿 2006 年“水墨篇”[①] 的广告创意中，该品牌就采用中华传统书画艺术为表现形式，从而拉近与华裔人群的距离，同时，应用了长城、松、印等中国文化元素，从安全保护、福寿长年、权威实用等角度说明人寿保险的意义；而中国本土品牌为了与世界接轨，体现品牌及品牌文化的国际化、现代化定位，也开始越来越多地在广告中使用英文语言文字。

第二，相较于 2001 年，更多的非亚洲人广告模特出现在 2006 年的广告中，2001 年这一比例是 6.9%，而 2006 年这一比例则达到 18.9%。这体现了在中国加入世界贸易组织后，品牌文化及其广告风格以更为开放、多元化的姿态呈现。

虽然在 2001 年和 2006 年，“传统”“自然”“集体主义”这类传统的文化价值观仍然在中国本土品牌广告中占据主导地位，而且集体主义这类文化价值观的增长尤其体现了中国传统价值观对消费者行为的影响力；但相较于 2001 年，在 2006 年的本土品牌广告中，“个人主义”“享乐”“年轻”等典型的西方现代性文化价值观要素的体现呈增长的趋势。

从 2001 年到 2006 年，对西方语言文字和广告模特的使用的变化体现在这两个年份的广告中。在 2001 年，邦迪创可贴和天能中年宝都将亚洲人作为广告模特，并且该广告实现了与现实文本的互文，现实文本就是真实发生的事件或人物，这些事件或人物可能由于政治、经济或文化等因素而受到人们的关注和追逐，成为媒体追踪报道的热点。

邦迪广告“朝韩峰会篇”将朝韩峰会韩朝两国领导人的第一次会晤作为广告画面，强调“邦迪坚信，没有愈合不了的伤口”，借助现实文本的热度和时效性吸引了人们的眼球，提升了广告文本的意义。邦迪创可贴之前的广告主要侧重于功能诉求，例如“真正的弹

---

① 刘立宾等主编《IAI 中国广告作品年鉴 2007》，中国传媒大学出版社，2007，第 69 页。

性创可贴”等，而“邦迪坚信，没有愈合不了的伤口”这句广告语拓展了广告的发展空间，提高了品牌的文化形象，在广大的消费者中引发共鸣并至今一直被人们津津乐道。2000年夏季，朝韩峰会引发了全球广泛关注。半个世纪的朝韩对峙终于有了突破，两国领导人的手首次握在了一起。邦迪敏感地抓住了这一时机，借用朝韩峰会金大中和金正日历史性握手这一事件，抓住了“伤口”一词的双关性和自己产品愈合伤口的特点，巧妙地将肉体的创伤和历史、精神的创伤结合起来，表明即使再深、再久的伤口也能愈合，表现了人们对和平的共同期盼，同时也将“愈合伤口”的概念自然地过渡给了品牌。此次邦迪将历史热点事件、产品功能和品牌文化理念完美地融合在一起，从而获得了国际广告大奖，令人印象深刻。而在天能中年宝的广告[①]中，广告画面则以一个中国中年女性为广告主角，将中国传统文化中五行调和、阴阳平衡、和谐圆满的理想境界作为绝妙喻体，再次印证了中国传统文化的博大精深。

相较之下，2006年的广告则从语言文字、广告模特等方面更多地体现了西方文化价值观。例如，本土品牌星河地产的“感悟篇”[②]广告中就将西方的一个男性和一个女性作为广告模特，其广告正文由中英文两种语言文字共同组成，传达了星河地产带给受众世间的所有感悟：爱情、热情……该广告呈现明显的西方文化价值特征。摩托罗拉则在其“洞悉篇”[③]广告中以大写加粗且位于画面中央的英文“logo”（标识）凸显其品牌来源地，并采用同时身着正装和休闲服装的西方时尚男性和女性作为广告模特。广告正文：“明了世间万象，皆因视界独到，明白变化真谛，来自非常观点。明察、明辨、明智——‘明’尚品PDA。”外商品牌广告常常打破中文语言文字

① 刘立宾等主编《IAI中国广告作品年鉴2002》，中国传媒大学出版社，2002，第292页。

② 刘立宾等主编《IAI中国广告作品年鉴2007》，中国传媒大学出版社，2007，第116页。

③ 刘立宾等主编《IAI中国广告作品年鉴2007》，中国传媒大学出版社，2007，第57页。

使用的常规，利用谐音并结合商品特征对广告语言文字进行重新加工组合，以形成该品牌的独特文化内涵，构建该品牌的独特定位，配合以黑白红为主色调的广告画面，在受众中形成了与众不同的、时尚前卫的品牌形象，尤其迎合了青年消费群体的心理需求。具体到该摩托罗拉广告中，“视界独到”“非常观点”“尚品”为广告主题，突出该系列手机适合年轻群体工作和休闲的两面生活，不仅能够彰显“新新人类”特立独行的品位，还能给他们带来不寻常的乐趣与感受，极具西方个人主义特色。

四　中国本土品牌文化价值观日趋多元化

总的来说，通过比较分析《IAI 中国广告作品年鉴》2001 年和 2006 年的商业广告，可以发现：广告中的英文语言文字、其他语言文字、非亚洲人广告模特较多地被外商品牌使用，中国本土品牌虽然主要使用中文语言文字和亚洲人广告模特，但也有少量使用了英文和其他语言文字，且在中国加入世界贸易组织后，广告中呈现更多的英文、其他语言文字和非亚洲人广告模特，由此可见，除了外商品牌数量增加以外，本土品牌为了体现品牌的国际化定位和发展目标，也为了迎合消费者，特别是中国年轻一代消费者对西方文化价值观的偏好，逐渐在广告中增加西方文化元素。同时，虽然 2001 年和 2006 年，“传统”“自然”“集体主义”这类传统的文化价值观仍然在中国本土品牌广告中占据主导地位，但在中国加入世界贸易组织后，“个人主义”“享乐”“年轻”等典型的西方文化价值观在本土品牌广告中呈现增长的趋势。这说明中国本土品牌正在越来越多地尝试以更加国际化、现代化、多元化的广告创意表现形式，向消费者传播具有多重价值的品牌文化。

作为企业资产的重要组成部分，品牌的无形资产及其文化的传播能够在满足消费者心理需求的基础上，不断提高品牌的市场份额和品牌给企业带来的利润空间，品牌文化价值观的出现也是对消费者心理需求多元化的反映和发展。

第六章　数字时代下的品牌文化多元化发展

自20世纪90年代末以来，品牌竞争进入“一切以消费者为中心”的品牌文化竞争阶段，品牌文化的构建开始充分体现顾客与企业的双向互动与沟通，越来越多的企业借助网络媒体、数字媒体，通过品牌事件导入、品牌体验构建品牌文化，通过病毒式营销传播品牌文化，并通过整合品牌传播（IBC）实现品牌价值的最大化，从而提升消费者的品牌认知度，实现消费者的品牌联想和品牌忠诚，品牌文化已成为企业文化和消费者文化的结晶。同时，随着消费者品牌意识的不断提高与完善，消费者的品牌需求也从最初的产品功能性价值过渡至品牌符号文化所带来的自我表达和自身差异化的实现，以及品牌理念文化所带来的社会身份、地位等附加价值突出，直至上升至自身社会价值实现的阶段，这就是在数字媒体环境下从媒体价值向消费者价值的彻底转变。

第一节　数字媒体环境下品牌文化多元化呈现

1994年4月20日，中国正式接入国际互联网。1997年，“易贸通”推出Tradeeasy. com B2B（商家对商家）的入门级贸易网站。1997年3月，Chirm Byte网站上出现了第一个商业性网络广告，广告表现形式为468×60像素的动画旗帜广告。之后越来越多的企业开始投放网络广告。2006年3月24日，“BENQ明基”在3G门户发布无线互联网上第一个商业手机广告；同年7月13日，全球最大的中文搜索服务提供商百度公司推出全新的“百度精准广告”。

在数字媒体环境下，随着生产与消费的边界日渐模糊、线下与线上的融合以及消费内容的长尾化和细分化，国内企业品牌营销的重点已经由产品销售转向“以顾客为中心”的顾客关系管理，品牌已经成为维系企业和用户关系的纽带，消费者和企业成为合作者，顾客和品牌的关系升级为一种文化价值的关系。在这种情境下，一些具有远见卓识的中国企业开始放弃短视的、功利性的品牌营销思维与活动，愈加注重借助网络媒体、数字媒体等塑造和传播品牌的文化内涵，不断进行品牌传播的营销创新，强化顾客对品牌传播活动的参与、体验，并与活泼、敏感、感情充沛的迷狂消费群体创建共同的品牌文化。与此同时，不仅消费者的精神需求越来越强，而且他们在市场中拥有更多的主动权和话语权，逐渐借助网络互动媒体对自己喜爱的品牌文化表现形式进行广泛的转发与传播，并在与企业的品牌互动中创新品牌文化，品牌文化成为消费者和企业协作融合的新型市场价值。

一　品牌事件导入品牌认知

品牌价值的形成离不开消费者对品牌的认知与认可。在数字化媒体环境下，企业只有通过设置各种话题与消费者保持互动沟通，才能让消费者对品牌有充分的认知。在品牌营销的过程中，企业往往先行导入与品牌有关的事件，借助事件之“势”吸引目标消费者的注意力，然后再在该事件良好开端的基础上通过广告、公关、终端促销等手段引导消费者参与有价值的品牌体验当中。作为体验式营销沟通战略的一部分，事件营销（Events Marketing）产生于德国，指企业通过策划、组织和利用具有新闻价值、社会影响的事件和人物，引起电视、报纸、网络等媒体和社会大众的普遍关注，从而以“眼球”效应获得企业产品、品牌的曝光度，扩大企业品牌的传播范围，表达企业所倡导的品牌价值观和精神内涵，提高企业的品牌形象。

事件营销是集新闻效应、广告效应、公关效应、形象传播、客户关系管理于一体的营销传播活动，其本身的新闻价值和公众话题性特征使其具有受众面广、突发性强、传播速度快等效果，成为这些年来国内外流行的一种市场推广手段。近年来，随着以网络为代表的新媒体的发展，企业能够基于社交媒体、即时通信服务终端对用户的需求和利益点做出及时的反应，网络营销经验丰富的企业更是常常基于各种网络社交平台开展事件营销，吸引目标用户的注意力和兴趣。比如，越来越多的企业选择开发具有趣味性、话题性或社会意义的活动事件，以此激发受众的兴趣，使其自发地参与到品牌文化的构建和传播过程中。与传统媒体环境下企业直线推销式的和单向“漏斗形”的品牌传播形式不同，数字媒体环境下企业的事件营销更加重视消费者的参与性。

2012 年 5 月，广药集团租给加多宝公司的“王老吉”商标到期，加多宝公司开始经营自有品牌“加多宝”凉茶，但加多宝公司仍然在全国很多省级和地市级电视台广告中反复宣传知名红罐凉茶已经更名为加多宝，这类广告像更名通知一样，暗示广大受众认牌购买，却混淆了消费者的认知，严重影响了王老吉凉茶的市场销售，损害了广药集团的合法权益。于是，2012 年 11 月 30 日，广药集团以违反《反不正当竞争法》的规定为由向广州市中级人民法院起诉加多宝公司。最终，2013 年 12 月 20 日，广州市中级人民法院判令加多宝公司立即停止使用更名广告及广告语，并通过媒体公开道歉。此后，全国多家省级、地市级电视台均已停播该类“更名”电视广告。在广州市中级人民法院审判的过程中，擅长营销攻势的加多宝公司反客为主，在网络上“泪流满面”，连发 4 条微博，以“对不起”体表明自己的立场，借此事件反而赢得了广大网民和一些媒体的同情、关注，乃至品牌认同，扩大了加多宝的影响力。

这 4 条微博图文并茂，其画面组合形式类似于一个主题鲜明的网络平面广告：红色大写的“对不起”、一个个可爱的孩子声泪俱下。这一方式打动了不少网民的心。这些微博在两个小时之内就获得超过 4 万次的网络转发，评论超过 1 万余次，赢得了消费者的情感认同，在某种程度上甚至扭转了加多宝公司的不正当竞争行为造成负面影响的局面。而且，此次营销事件和“对不起”体如病毒传播的种子一般迅速引发线上线下的大规模传播与扩散，成为流行一时的热门话题。与以往相比，品牌尤其是国内品牌在遭遇公关难题时，要么疲于应付，要么就以一纸没有力量的声明敷衍了事。但是这一次，加多宝公司立即反应，以一组四格创意替代了以往的官方声明，先入为主收获了更多网友的同情与支持；并且，加多宝公司“对不起体”的创意文案，得到网友的各种评论、调侃，甚至跟风模仿，引发了巨大的话题效应，迅速扩大了影响力。于是，加多宝公司利用此次“成功的事件营销”，借助网络媒体、传统媒体等互文链条的无限扩展，形成了一种广范围、深层次的广告话语内在的互文性，成功吸引了更多消费者的认知与持续关注，并邀请他们参与到该品牌的情感体验中来，而这种体验则取代了产品的功能性价值，让消费者借助品牌文化表达自我、实现自我价值。

二　品牌体验构建品牌文化

消费社会不同的人群，就是聚集在不同符号图腾下的品牌部落，依赖品牌彼此认同、获取社会身份，在不同的国家与区域构成了社会阶层的“金字塔形”或“纺锤形”，品牌已经成为区隔人与人地位与身份的辨识标志，是一定群体赖以界定自身的工具。特别是在数字化技术对个人消费方式的深刻影响之下，个体消费过程实际上已成为体验的过程。在新型消费观念的驱动下，消费者通过企业设计的独特的品牌感官体验，积极地参与到品牌的生产与品牌文化的传播之中。品牌体验包含由品牌相关的刺激物产生的特定的感知、感情和行为反应，是企业通过共同在场的、面对面的方式与受众互动交流，从而构建品牌与目标消费者的关系、推动品牌理念的认知和认同。品牌体验是消费者内心与外界环境因素共同作用的过程和结果，并贯穿于消费的搜寻、购买、使用等各个环节，对品牌联想、品牌忠诚和品牌美誉度均会产生较为直接的影响。品牌体验在20世纪70年代就已经出现，但一直没有得到应有的重视，直至B.约瑟夫·派恩（B. Joseph Pine Ⅱ）和詹姆斯·H. 吉尔摩（James H. Gilmore）在《体验经济》一书中提出“体验经济”的概念以及相关研究的推动下，才引起业界和学界的广泛关注。B. 约瑟夫·派恩和詹姆斯·H. 吉尔摩认为"如今的商业世界到处都是毫无差异化的产品和服务，在这种情况下创造价值的最大机会就在于营造体验"。[①]"体验是在一个人的心理、生理、智力和精神水平处于高度刺激状态时形成的"，[②] 体验本身就是产品或品牌的营销。

品牌体验可以帮助企业试验新产品的市场接受度，也可以帮助企业招揽新顾客、提升老顾客的品牌忠诚，强化消费者对品牌所倡导的生活方式和文化理念的认同感，满足消费者的精神需求。品牌体验不同于产品体验和服务体验，产品体验给消费者带来的是产品的功能、质量等实用性价值，服务体验给消费者带来的是周到热情的服务过程和温馨舒适的服务效果，而品牌体验是通过让消费者参与并感知理想的生活模式，从而认同品牌及其所代表的文化价值。品牌理念甚至在消费者参与体验的过程中会对消费者的个人价值观念产生影响，品牌体验是把顾客满意度转化为企业品牌价值的关键。产品体验、服务体验是直观的，但也是容易被竞争对手赶超或取代的，而品牌体验则是独特的、难以被竞争对手超越的。

在企业开展体验营销的过程中，品牌是不可或缺的。作为消费社会的符号图腾，品牌之所以被人们所信仰，不是因为它所代表的质量与功能，而是因为它所象征的意义和文化价值。所以，将体验融入品牌文化传播之中，创造一种视觉、心理上的极致化体验，从而以饱含感情、鲜活的品牌形象进一步激发消费者的心理需求，推动消费者对品牌的皈依与忠诚。特别是在数字媒体环境下，企业往往通过品牌虚拟社区增加用户的品牌体验活动卷入度，和消费者快速建立情感性联系，从而培育和形成品牌忠诚，提升自身的品牌资产。

中国互联网的发展促进了电子商务的发展，从 20 世纪 90 年代

① 〔美〕派恩（Pine，B. J.）、〔美〕吉尔摩（Gilmore，J. H.）：《体验经济》，毕崇毅译，机械工业出版社，2016，第XVI页。

② 〔美〕派恩（Pine，B. J.）、〔美〕吉尔摩（Gilmore，J. H.）：《体验经济》，毕崇毅译，机械工业出版社，2016，第 13 页。

末步入实质性的商业阶段（以在线销售软件图书网站 8848 正式上线为标志），直至 2008 年之后电子商务真正蓬勃地发展起来，其间催生了众多网络垂直类自主品牌。但是直到今天，如何在同质化的竞争中进入并占据细分市场，通过鲜明、独特的品牌形象既提高现有客户的忠诚度又吸引更多的新客户，仍是摆在诸多垂直品牌电商面前的难题。互联网品牌“三只松鼠”定位为“多品类的纯互联网森林食品品牌”，主要是以互联网技术为依托，利用 B2C（商家直接面对顾客）平台实行线上销售，并以多元化的网络营销方式迅速在消费者心目中树立起了既萌又暖、鲜明的品牌形象，开创了一个新型食品零售模式，完成了从卖零食到卖文化的转变，缔造了互联网品牌的一个奇迹。

安徽三只松鼠电子商务有限公司成立于 2012 年，并于当年 6 月正式上线销售。2013 年，三只松鼠在全国的销售额即达到 3.26 亿元。截至 2015 年，三只松鼠在全国已经拥有 1500 万会员。2019 年 7 月 12 日“三只松鼠”在深交所挂牌上市，被誉为“国民零食第一股”。三只松鼠之所以能够牢牢抓住消费者的心，与其对体验营销的深刻理解和贯彻执行紧密相关，并主要体现在其准确的品牌体验要素设计和符合消费者需求的品牌体验价值。

首先，从品牌形象设计来说，三只松鼠的品牌标识（logo）以三只松鼠扁平化萌版设定为主体，突出企业的动漫风格；logo 整体呈现三角形态，图形下边缘有圆润的弧度，象征稳固而和谐的发展；小美张开双手，寓意拥抱和爱戴购买三只松鼠产品的每一位消费者；小酷紧握拳头，象征该品牌拥有强大的团队和力量；小贱的手势向上，象征该品牌充满青春活力、一往无前。

其次，从品牌定位来说，三只松鼠以坚果类为核心产品，定位于“森林系”，倡导“慢食快活”的生活方式；以此为品牌的核心理念，该企业通过建立新媒体品牌中心，推动品牌文化的外化与传播。三只松鼠官网店铺的页面设计以代表健康的森林绿和大气高贵的黑色为主，将“三只松鼠”作为企业的吉祥物，并赋予每只松鼠鲜明的个性风格——对应了年轻一代消费群体不同的特征和偏好，也代表了独特的品牌形象。例如：松鼠小贱，积极乐观，喜欢唱歌、街舞；松鼠小美，典型的双鱼座性格，喜欢甜食，代表了时下的年轻女性；松鼠小酷，天蝎座，技术宅一枚，吻合了当下宅男的心理与偏好。三只松鼠的鲜明形象迎合了80后、90后消费者的心理需求，给他们带来了视觉上的消费刺激。

再次，通过开发毛绒玩具、拖鞋、指甲钳等衍生产品，三只松鼠的卡通品牌形象得以不断地强化。当消费者在网络平台下单后，三只松鼠会随包裹附送开箱器、开口器、封口夹等工具，给顾客带来惊喜，这些快递包裹箱、包装袋、小工具、周边产品反映了年轻一代消费群体的特点和审美趣味，从而赢得了他们的好感，促使他们纷纷加入口碑客户的行列。

最后，在行动体验方面，三只松鼠常常根据节日或体育赛事来开展促销互动，或者将传统促销手段直接融入目标群体喜爱的娱乐方式之中。比如，在2014年世界杯期间，三只松鼠围绕世界杯开展主题性的借势促销活动，并利用比分竞猜项目促进消费者的网络社交互动；而且，三只松鼠官网推出的“看动画、答问题、领现金”活动使“三只松鼠”的品牌文化和价值观念得到广泛传播，被广大用户逐渐理解和接受。

“产品满足需要，体验满足欲望。”[①] 体验属于人类情感的范畴，在企业所提供的品牌价值中，产品和服务所占的比例将越来越小，而更多的将是由消费者个人参与品牌构建过程中所获得的心理价值。随着企业品牌营销方式的交互性和参与性越来越强，体验本身将等同于商品，甚至等同于消费者的社会生活。三只松鼠在品牌营销传播的过程中“一切以用户的需求为出发点”的理念，以及“慢食快活”的生活方式、“萌”文化、永不止步的生活态度等引发了消费者的关注与情感共鸣，满足了消费者从中所获得的特定感受，而在消费者对品牌认知、感觉、情感的体验过程中，企业更是实现了消费者

① 〔美〕马克·戈贝：《情感品牌》，向桢译，海南出版社、三环出版社，2004，第22页。

效用的最大化，促进了共有品牌价值观的建设。同时，在这种“超满意体验”的服务中，企业也引发了消费者线上线下的口碑传播，形成病毒式营销的辐射效果，逐步积累起消费者对品牌的信心和忠诚度。

三　病毒式营销传播品牌文化

企业通过为顾客营造良好的品牌体验环境，并从情感上与顾客沟通，满足顾客对品牌体验价值的需求，可以促进消费者对品牌的正面评价，积极的正面评价进而会促进顾客忠诚，而拥有高忠诚度的消费者则会积极地参与到品牌与品牌文化的口碑传播中来，由此形成品牌文化传播的良性循环。特别是在数字媒体环境下，年轻一代的消费者常常借助社会化媒体对品牌进行病毒式的口碑传播，而企业也不失时机地借助病毒式营销方式引导和促进更多的消费者参与品牌传播的各个环节，发挥消费者的主观能动性，从而实现消费者效用的最大化。

病毒式营销（Viral Marketing）并不是一个新鲜事物。早在 1996 年初，免费电子邮件提供商 Hotmail 就推出了第一个病毒营销活动：通过把促销信息附在每一封用户的电子邮件中实现信息的广泛传播。今天，病毒式营销已经成为各个行业企业，包括耐克、联合利华等跨国企业都在使用的主流营销工具，企业借助病毒式营销手段可以让客户的朋友和熟人对品牌有更多关注和信任。

病毒式营销是建立在企业和消费者互动和体验基础上的品牌营销方式，在其传播过程中，传者——企业和受者——消费者的地位、角色都在发生变化，这种传播方式消解了传者和受者的传统界限，传者是受者，受者是传者。在传统的营销环境中，一个企业通过各种方式鼓励忠诚客户向他们的亲朋好友推荐企业的产品和传播品牌信息。Mills 认为，病毒式营销的核心是企业通过利用网络用户传递有关商品或品牌的信息，能够建立和促进品牌和消费者之间的关系。[①]

① Adam J. Mills, “Virality in Social Media: The SPIN Framework,” *Journal of Public Affairs*, Vol. 12, 2012, pp. 162 – 169.

在数字化时代，网络社会化媒体提供了多种方式，帮助网络用户与其他人分享信息与观点，一个有价值的观点、话题，或一张有趣的图片等都能够刺激他们讨论、分享和传播的欲望，并影响他们对品牌的印象，决定他们的购买选择。通过病毒式传播，品牌形象能够得到与众不同的、清晰的呈现，但是，众多的用户参与到病毒式传播的过程中，致使其传播效果常常难以控制，企业需要制造最具有创意性的主题，才能使病毒式营销产生预期的效果。Jonah A. Berger 等人经过研究，确定了影响病毒式营销效果的六个关键“要素”：社会化传播、引爆话题的“关键点”、情感、公众性、实用价值和故事性。[①] Mills 认为成功的病毒式营销具有四个关键的特征：覆盖面大、传播力强、整合力高和企业与消费者亲密关系的建立。[②]

全球最大的中文搜索引擎公司“百度”创立于 2000 年，其品牌价值观是“简单可依赖”。2005 年百度网络广告视频“唐伯虎篇”通过内部员工的邮件转发而逐渐引起了网民的关注，其广告语“百度更懂中文”使百度通过品牌定位战略，成功抢占了消费者心目中中文搜索引擎第一品牌的位置，这段网络视频获得了中国第 12 届广告节上代表中国广告创意最高荣誉的全场大奖，属于国内第一个完整且具有代表性的网络病毒营销案例。该网络视频是一部古装情景剧：面对城门墙上的一张悬赏告示，一名外国人摇头晃脑，开始对告示中的内容进行断句，但令人不知所云；这时，风流才子唐伯虎来到告示前，他令人叫绝的精彩断句，不仅吸引这名外国人身边的众多女子拜倒在他的身旁，而且把外国人气得一命呜呼；最后百度搜索的广告语“百度更懂中文”呈现在网络屏幕上。在没有投入任何媒介费用的情况下，这个网络视频在不到一个月的时间内，引发了网络上超过十万个下载或观赏点，的确是一次病毒式营销的奇迹。

---

① Jonah A. Berger, Katherine L. Milkman, “What Makes Onlime Content Viral?” *Journal of Marketing Research*, Vol. 49, 2012, pp. 192 – 205.

② Adam J. Mills, “Virality in Social Media: The SPIN Framework,” *Journal of Public Affairs*, Vol. 12, 2012, pp. 162 – 169.

该网络广告巧妙地呈现了百度品牌的独特个性和差异化优势。广告中有趣的故事情节像病原体一样感染了广大受众，刺激、发挥了受众的主观能动性，他们的主动观看、下载与转载使百度达到了广告宣传、扩大知名度的目的，对百度品牌形象、品牌理念文化的构建和广泛传播均有很大的推动作用。这种互动式的传播模式使广告文本得到“受众允许式”的自然传播，使广告话语的意义在更为广泛而紧密的互文链条中得以流转和再生产。

第二节 智能技术驱动下品牌文化传播变革

品牌是连接企业和消费者的媒介，亦是由诸多符号元素共同组成的复杂的文化意义系统。整合营销传播（IMC）理论主张把企业所有的营销资源和传播活动，如广告信息、促销活动、新闻事件、标识设计、产品开发、售后服务等进行一元化的规划、整合，引导消费者从不同的信息渠道获取品牌的文化意义和象征价值，感触、理解品牌的符号价值，并将其内化为自我的文化价值取向，而这些消费者获取品牌信息的不同渠道均可以称为品牌的“接触点”。企业只有发掘、营造关键接触点，才能更有效地接触消费者，与消费者建立持久密切的关系。

2017 年被业界人士称为“人工智能商业化应用元年”，移动互联网技术的应用驱动并形成了相应的品牌文化接触形态，在大数据、物联网、VR、AR 等智能技术的助力下，品牌接触点正在被大量地发掘、设计、置入消费者的现实生活轨迹之中，基于多触点的数据管理与智能算法的内部转型已经成为企业必须修炼的“内功”。

一 动态发掘品牌文化接触点

（一）洞察受众，发掘接触点

在智能化时代，如何从整合营销传播的思路出发挖掘、营造有价值的接触点？如何在品牌接触点上针对性地发力，引导受众接触、体验这些接触点？简·梵·迪克（José van Dijck）认为，相较于大众社会，“个体已经成为网络社会的基本的网络连接要素”①，因此，首先就要关注受众个体，把握受众在各种关系网络、服务网络中编织的基本节点，研究这些节点承载和连通的信息资源，进而基于大数据挖掘和个性化机器推荐算法，借助智能手机、传感器、面部识别、眼动跟踪等智能设备，实现时间、地理位置、年龄、性别、职业、兴趣等多维度定向或细粒度标签化组合、关联，洞察、发掘乃至制造消费者购买前、购买中、购买后的线上线下接触点，包括智能搜索、信息流广告、智能推荐等新型接触点。同时，也要掌握他们倾向于在哪些时间、地点、场景下接触品牌、认知品牌，并将富有创意的内容或热点事件注入关键性的接触点，实现品牌接触点内容与传播渠道的统筹布局、系统策划，从而最大化地发挥品牌文化元素在接触点汇流形成的符号整合价值，不断延展消费者的需求想象空间。

品牌文化的接触点包括固有接触点、潜在接触点和人为接触点等，由语言、视觉、行为等信息构成。户外广告属于人为接触点，也是一种实质性的品牌识别和文化价值接触，广告中文字、图像、色彩等符号能够赋予品牌一定的文化价值和意义，特别是在智能技术的驱动下，户外广告已经超越静态展示阶段，可以通过 AR、MR、大数据、区块链、触觉反馈等技术增强受众的感官系统与商品的互动性，刺激观众产生相关的情感和联想，以形成对品牌更为积极的态度。在受众与广告感官、行为互动的过程中，数字广告牌上连接的智能摄像头会向广告主提供有关受众的空间位置、身体状态、运动状态甚至心理反应的细碎化海量数据，这是消费者状态、需求的一种外化表现，这些数据信息被存储在区块链中并通过智能合约自主运行，将在很大程度上帮助企业洞察消费者的生活轨迹，根据消费者互动触点匹配模型进行广告创意设计从而为顾客提供千人千面

① 〔荷〕简·梵·迪克：《网络社会——新媒体的社会层面》，蔡静译，清华大学出版社，2014，第 20 页。

的品牌体验。

2019 年，分众传媒与阿里巴巴共同宣布推进“U 众计划”，联合打造全域解决方案。通过阿里云赋能，分众传媒获得在云端极速分发、精准分发、互动引流、客流来源分析、品牌人群画像与楼宇人群画像的精准匹配等六个方面的新能力。这将有助于分众传媒全面布局受众接触点并加以整体性规划、整合，从而为品牌广告主创造更为多样化的品牌符号和意义沟通的场景。

2022 年 6 月，不少消费者发现“蜜雪冰城”旗下实体店铺的品牌形象——雪王“黑化”了，其微信公众号与抖音号的官方头像都变成了“黑雪王”。“黑化”的雪王立即引发了网友的热烈讨论和转发，消费者和官方互动，猜测“雪王变黑的真相”，直到 6 月 19 日 18 时，蜜雪冰城官方才在微博公布了正确答案。蜜雪冰城品牌以品牌形象——雪王为接触点，以优质创意内容激发网友的好奇心与关注，各类线上线下与消费者的互动不仅为新品造势，而且推动了品牌文化价值的二次传播。

（二）塑造统一的品牌形象

每一品牌、每一产品都应发展和投射一个形象，有关品牌形象的信息，如品牌个性、文化、象征意义等由每一个品牌接触点传达给顾客或潜在顾客，并最终使顾客在心中形成对品牌的认知、联想和评价。随着同类产品差异性的日趋缩小，品牌同质性的日趋增强，企业需要结合不同品牌接触点的特性，从某些特定的情感和文化入手，运用设计、采用差异化的品牌形象或风格满足消费者的心理需求。但是今天，随着商业模式的智能化衍生与创新，面对分散、异质化的用户和来自媒体等接触点的无数品牌信息，企业仍然缺乏对接触点的有效整合，即通过对接触点内容跨屏、跨平台的整体策划、整合联动，将信息化繁为简，塑造并传播统一的品牌形象。

因此，企业需要借助大数据算法和商业智能技术，研究目标消费群体的生活轨迹，分析消费者在哪些场景下与品牌发生实际接触，考察哪些是给消费者带来良好体验的关键点，以及哪些接触点需要改善甚至去除，以发现、营造更多贴近消费者真实生活形态的、可供利用的有效品牌接触点，然后将品牌的文化内涵和形象进行分解并合理注入接触点，通过关键、辅助性接触点跨媒介的系统性演绎实现品牌文化协调、一致、连贯性地传播，激活品牌共鸣。

2021 年伊始，HARMAY（话梅）、WOW COLOUR、THE COLORIST（调色师）、KKV 等一大批美妆品牌在国内一二线城市不断“开疆拓土”、开设新店，成为新零售市场上的网红品牌。这些美妆品牌正在依托大数据技术，以消费者体验为中心，驱动品牌营销传播体系的重构。例如，KK 集团旗下的美妆集合店 KKV，实行复购率低的商品末位淘汰制，其产品的下架和上架是交由大数据可视化分析技术来决定的，而不是由人来掌控的。

2021 年 5 月，华为与资讯类短视频媒体梨视频发布了“华为智慧屏 V 系列”《赞美始发站》广告短片。短片开始以“人们的印象里，中国人似乎都很含蓄”“面对陌生人，赞美真的很难说出口吗?”为话题引发观众思考，接着华为改造了一些公交站牌，用华为智慧屏的畅连视频通话，开启了一场“赞美陌生人”的街头实验，当铃声响起，车站屏幕上显示“你愿意给陌生人一个赞美吗?”，候车乘客点击按钮装置后，就能和公交站台的人视频通话，并在屏幕的引导下对他进行赞美。广告短片以青年人对环卫工人的称赞、年轻人和爷孙俩的互相夸赞等为主要画面，展现的是人们由衷的、真诚的笑容。《赞美始发站》广告短片没有过多地讲述产品的功能，而是传递了拒绝冷漠、善于发现美、发自内心地鼓励和欣赏别人的文化价值理念，体现了科技的温度，在顾客全景化的品牌体验、互动之中，持续不断地强化了华为以人为本、消除数字鸿沟、回馈社会的品牌形象。

“精准、一致、人性化”是品牌文化接触点创建与管理的核心，在全新的智能化时代，为了提高竞争力，企业亟须且必须掌握核心秘籍，专注修炼好“内功”，借助智能技术追踪、研究消费者，发掘、创设并整合更多贴近用户真实生活场景的、最有价值的接触点，为品牌文化理念传播、品牌形象塑造持续赋能。

二 整合品牌传播提升品牌价值

2000 年 5 月，国际电信联盟正式公布第三代移动通信标准。2008 年，中国 3G（第三代移动通信技术）开始进入全面商用时代。2013 年 12 月 4 日，工信部正式向中国的三大移动通信运营商颁发了 TD-LTE 制式的 4G 牌照，标志着中国电子通信行业正式进入 4G 时代。[①] 2019 年 6 月，工信部正式向中国移动、中国联通等四大运营商发放 5G 商用牌照。截至 2020 年 4 月，我国已经实现了 50 多座城市 5G 的商业化应用。2017 年，习近平总书记在党的十九大报告中明确提出："推动互联网、大数据、人工智能和实体经济深度融合。"[②] 2022 年，习近平总书记在党的二十大报告中强调："加快发展数字经济，促进数字经济和实体经济深度融合，打造具有国际竞争力的数字产业集群。"[③] 随着以移动应用为主的社会化媒体日益成为消费者日常生活不可或缺的信息获取和服务平台，消费者作为品牌信息的传播者和品牌理念、核心价值观的参与共建者的地位日益突出，消费者的关注点也逐渐从产品、品牌本身转向个人生活、社会以及自我价值的实现。

这个阶段是品牌形象和品牌价值升级的阶段，品牌传播主要靠情感价值、文化价值的价值驱动发展，消费者在线上线下的社会化活动中也频繁感受到品牌的文化魅力。在企业与消费者的互动过程中，消费者与品牌逐渐产生情感关系并进而产生价值认同，而品牌所传递的价值观则随着消费者的口碑传播和社会化行为持续扩散，

---

① 刘菊花、张辛欣：《中国正式进入 4G 时代》，《乌蒙新报》2013 年 12 月 5 日，第 13 版。

② 《习近平：决胜全面建成小康社会 夺取新时代中国特色社会主义伟大胜利——在中国共产党第十九次全国代表大会上的报告》，新华网，2017 年 10 月 27 日，http://www.xinhuanet.com//politics/19cpcnc/2017-10/27/c_1121867529.htm。

③ 《习近平：高举中国特色社会主义伟大旗帜 为全面建设社会主义现代化国家而团结奋斗——在中国共产党第二十次全国代表大会上的报告》，中国政府网，2022 年 10 月 25 日，https://www.gov.cn/xinwen/2022-10/25/content_5721685.htm。

并在特定条件下汇聚为一定的力量，形成一种“价值共振”，影响整个社会的文化价值观。最终，随着这种文化价值观念的整合与扩散、企业品牌战略的提升、企业品牌文化传播的跨媒体选择与整合，整合品牌传播成为品牌研究学者关注和探讨的主题。整合品牌传播是指把品牌与企业的所有接触点作为信息传达渠道，以直接影响消费者的购买行为为目标，围绕品牌核心价值开展价值共创活动，与消费者互动沟通建立价值关系，使品牌价值突破经济价值上升到社会价值的整体传播战略与过程，其核心理念是通过品牌管理实现价值最大化。[①]

2001 年中国加入世贸组织，加快了融入世界经济的步伐，不仅越来越多的、实力雄厚的跨国公司涌入中国市场，中国企业也有更多的机会开拓国际市场。随着中国市场越来越成熟、竞争越来越激烈，品牌问题在各个行业中的重要性日益凸显，国内消费者的品牌意识也日益高涨，我国企业已经意识到制定和实施品牌战略是企业生存和发展的重要保障。在 PC 互联网、移动互联网以及社会化媒体等数字化媒体的推动下，企业开始以消费者为核心、以关系营销为目的，整合目标消费者接触的所有媒介，多角度、多层面地诠释企业文化、品牌理念，建立并发展品牌与消费者之间的关系，实现品牌价值的提升。

OPPO 是由步步高公司在美国注册，以智能手机为主要产品，以打造国际化形象为目标的全球数码品牌。Find 是依托 OPPO 主品牌而设立的最重要的分品牌，它以都市年轻男性为目标消费群体。OPPO Find 把重点放在诠释年轻人的探索精神上，把“打造男性消费者首选的智能手机品牌”作为品牌传播总体目标，希望通过整合品牌传播的活动提升品牌形象，充分向消费者传达 OPPO Find 的品牌文化精神。

---

① 段淳林：《整合品牌传播：从 IMC 到 IBC 理论建构》，世界图书出版公司，2014，第 77 页。

因此，OPPO邀请了好莱坞著名男演员莱昂纳多作为以“Find Me”为主题的系列广告片的男主角，广告画面类似莱昂纳多主演的电影《盗梦空间》中的画面。通过多个广告镜头，我们看到广告的男主角John（莱昂纳多饰演）先后出现在巴黎的地铁站、街头，接着镜头中对应出现一名女子，原来他一直在苦苦追寻该女子，但是二人却总是莫名其妙地擦肩而过，而每次那名女子都会说“Find Me”，给受众留下神秘莫测、难以捉摸的感觉，这也恰恰吻合了OPPO智能机的主题——“寻找”。这则电视广告延续了莱昂纳多在电影中的着装、表情与眼神，也秉承了电影中错综复杂、迷局重生的拍摄手法，突出了OPPO Find智能手机“智慧、探索”的品牌文化理念。同时，该品牌与中国知名的互动整合行销服务公司和互联网广告代理商网迈广告合作，为OPPO Find智能机旗舰机型X903量身打造整合品牌传播策略，借助社交网站、微博等网络平台、移动平台实施体验营销活动，力求全方位、多层次地与目标消费者实现互动沟通，让消费者在品牌体验中深刻了解品牌的理念文化，从而提高品牌的认知度和美誉度，提升品牌价值。

OPPO“Find Me”系列广告大片改变了企业进行整合品牌传播时单纯整合广告媒体的传统做法，创造性地将消费者在不同媒体上的体验贯穿起来，并通过这种反复体验产生口碑的良性循环，最大化地发挥了整合品牌传播的效果。短短两周内，共有120万人参与了探索游戏，回访率高达30%；新浪和腾讯的官方微博从零开始积累了15万个粉丝和36万条相关微博；相关搜索引擎上共有12万个搜索达人；搜索游戏的总时长达到了38个小时，报纸等各大媒体也竞相报道了这股Find热潮。在产品正式上市前，就已经有大量的消费者表达了强烈的购买意愿。同时，这一系列广告片还斩获了“艾菲实效奖”。通过此次整合品牌传播活动，OPPO不仅实现了精准的媒体组合投放，也扩大了互动参与的用户规模，获得了消费者的品牌认可，提升了品牌价值。

三 实时维护品牌文化形象

（一）创新品牌文化核心价值

中国本土企业品牌发轫较晚，为了迅速占领市场，企业大多走的是低价促销路线，无形之间对品牌产品的品质造成了伤害。同时，不少企业缺乏挖掘品牌文化内涵的意识，在注入品牌文化之后，忽视了对品牌文化核心价值的传播、创新，也给塑造品牌形象设置了障碍，影响了消费者对品牌的认知度和忠诚度。

首先，企业需要以核心技术为基础，将研发、生产、物流、体验等各个环节紧密联系，实现产业链的升级再造，推动企业“从中国制造向中国创造”转型，提升品牌的科技含金量，从而获得国内外消费者的品质信任。其次，通过制造品牌接触点、建立品牌体验平台让消费者充分感知品牌的文化内涵，比如将齐鲁文化、中原文化、吴越文化等区域传统文化元素融入品牌，运用虚拟现实、神经网络和深度学习技术创设体验场景，使消费者主动卷入全景化的品牌互动，感受品牌的历史变迁以及品牌文化带给人的情感和温度。最后，随着大数据、移动互联、物联网、人工智能等技术的发展，各种智能终端成为数字生活者的第一接触点，① 消费者与企业的品牌接触点形态呈现更为潜在、自发、多元化、长尾化的发展趋势，给企业的接触点管理带来了极大挑战。

在此背景下，企业需要在产品、卖场、大众媒体等线下终端或微信、微博、视频网站、官网等线上平台发掘、设计品牌接触点，抓住并打开“机会窗”，把品牌的人文、情感、价值等符号意义融入“接触点”，推动品牌文化在消费者的生活中实现真正、全面的渗透。

例如，目前京东试试已经囊括了 AR 试妆、AR 试衣、AR 试鞋等一系列功能，利用 AR 技术为消费者带来了一体化的虚拟购物体

① 阴雅婷：《大数据环境中的品牌接触点传播变革与协同建构》，《广告大观》（理论版）2019 年第 5 期。

验，并且京东使用智能算法，将彩妆等商品的色号精准还原，达到了与实物一致的效果，使用户能够在真实环境中的任何接触点更为直观地无缝获取商品信息，由此便于用户做出购买决策。2018 年淘宝也推出“淘宝买啊”产品，配合微软的 Holo Lens MR 混合现实技术，在现实生活场景中置入智能化品牌接触点，进一步丰富了消费者交互体验的方式。2022 年，肯德基联合宝可梦推出儿童节套餐，通过人为接触点——魔性的可达鸭激发了网络用户的二次创意与传播。在网络用户发布的各种视频中，可达鸭被贴上文案、穿上衣服、改换皮肤，各种网民自创的可达鸭形象将其推上微博热搜。肯德基与年轻人接触点的碰撞，引发了全社会对新一代年轻人精神诉求的思考。

（二）传递品牌文化的正能量

2012 年 11 月 29 日，习近平总书记在参观“复兴之路”展览时，明确提出中华民族伟大复兴的中国梦。2017 年党的十九大为实现中国梦擘画了时间表、路线图。以习近平同志为核心的党中央将“两个一百年”奋斗目标同中国梦联系在一起，激励全党全国各族人民为实现两个百年奋斗目标而努力。习近平总书记在党的二十大报告中强调：“以中国式现代化全面推进中华民族伟大复兴。”① 在“中华民族一家亲、同心共筑中国梦”的时代背景下，中国品牌肩负着品牌强国的历史使命，在大数据、人工智能技术的助力下，展现个性化、智慧化、民族化、国际化的文化调性，以意象性的文化符号、自然的文化意境、积极的东方美学价值影响着国内外消费者。

在新的时代背景下，中国的传统“老字号”品牌，绝不能困溺于封闭的自我，也不能为“他者”所折射和扭曲。百雀羚始创于 1931 年，距今已经有九十多年历史，是国内代表性的护肤品牌，覆

---

① 《习近平：高举中国特色社会主义伟大旗帜 为全面建设社会主义现代化国家而团结奋斗——在中国共产党第二十次全国代表大会上的报告》，中国政府网，2022 年 10 月 25 日，https://www.gov.cn/xinwen/2022-10/25/content_5721685.htm。

盖用户群体广泛。但是，国货“老字号”的美誉，也使百雀羚无意之间也被贴上了“老龄化”的标签，急需品牌升级，重新焕发品牌活力，赢得年轻消费群体的关注。因此，从2010年开始，百雀羚以“东方之美”为核心文化价值，运用大数据、智能化技术，整合微博、微信、直播、视频网站等媒体，将热点事件、品牌故事、传统文化、时尚元素融入品牌塑造之中，以各种视觉文化符号向消费者传递品牌的理念和文化，呈现一个年轻化的、国际化的、具有老上海文化底蕴和中国传统韵味的品牌形象。

（三）及时妥善处理品牌危机

企业需运用大数据、智能算法技术建立有效的信息跟踪、监控系统，对损害品牌的信息及时搜集，在品牌关系松懈阶段就将隐患消除，并借助智能化管理平台，与目标受众及时、有效互动，依据受众反馈适时调整品牌形象构建策略，对传播效果实现智能应对与处理，实现受众反馈与传播的良性循环，以持续树立正向的品牌形象。例如，某一消费者在社交媒体网站上发布了一张某品牌服装的照片和一些负面评价，情感分析技术就能够立刻识别出这个照片拍摄的地点、时间，还能够对消费者满意程度做出等级评估，分析其对该品牌形象带来的影响，并通过反馈机制将其第一时间反映给相应的企业品牌管理部门，帮助他们启动恰当的危机公关或补救措施，牢牢掌握信息发布主动权，及时消除这类事件给品牌形象带来的负面影响，维护品牌形象。

同时，运用人工智能技术还可以实时追踪品牌关系断裂现象，建立预警机制和反应机制，有助于企业采取积极的公关策略及时应对突发事件、动态化解品牌形象危机，实施舆论引导，推动品牌文化价值的整合传播推广。

四　品牌忠诚：品牌文化资产的核心与体现

消费者的认同和偏好是品牌成功的关键，目标消费者和社会公众积极的正面评价也是品牌的文化定位成功的关键，而定位准确的品牌文化能够提升品牌忠诚，实现顾客价值的最大化。因此，品牌的文化定位必须以消费者为导向，研究并适应目标消费者的价值取向、审美取向及其特定心理需求，才能建立品牌忠诚。比如，1988年，娃哈哈依靠在中央电视台播出的广告语“喝了娃哈哈，吃饭就是香”驰名大江南北，而且仅凭儿童营养液这一款产品就创下了1亿元的销售额，1991年销售额更是达到了4亿元，其原因主要在于这个广告语正反映了当下独生子女普遍吃饭难、家长发愁犯难的问题以及符合了家长“望子成龙、望女成凤”这一传统价值观，实现了社会群体话语和广告话语的巧妙转换，因而赢得了目标消费群体的关注和偏爱，一举名扬全国。品牌忠诚是品牌文化价值的体现，主要包括态度忠诚和行为忠诚两个方面。态度忠诚是指相较于其他品牌，消费者对某一品牌表现出明显的品牌偏好，对品牌有更积极的态度；行为忠诚则指消费者对同一品牌的循环性重复购买。消费者更愿意选择那些与自己的文化品位、价值观一致或趋近的品牌。因此，顾客的品牌忠诚来源于品牌的利益和情感的满足，以及企业与顾客共有的价值观和精神理念。品牌理念文化在价值观体系中维系了企业与顾客的关系，是顾客品牌忠诚的基础和关键。企业如果想实现并提升品牌忠诚度，进而提升品牌文化价值，就需要与顾客建立有关品牌的情感联系，并对品牌文化进行营销与传播，这是品牌与顾客双向忠诚、双向互动的过程。当一个品牌成为目标消费群体的一种生活方式、价值观和信仰之时，消费者对品牌的忠诚已经发自内心、根深蒂固，品牌就成为消费者心中的印记，达到了其发展的最高层级。

我国的传统老字号品牌十分注重以传统文化与道德规范构建与维护品牌的文化与精神理念。例如，创立于1669年（康熙八年）的同仁堂以“同修仁德，济世养生”为企业理念，在社会各阶层迅速树立起良好的声誉，自创办以来，逐渐以诚信树立起了“同仁堂”的金字招牌。进入21世纪以来，同仁堂、念慈庵、全聚德等老字号品牌的经营者们转变观念，借鉴国内外经验，运用现代化营销理论创新企业品牌形象，不仅通过文化的融合与情感的沟通维护了老顾客的品牌忠诚，更是日渐赢得了年轻一代消费者的品牌文化认同，进一步稳固和提升了其品牌资产价值。

第三节　品牌审美文化的数字化协同共建

随着科学技术和社会生产力的发展，人们的消费需求日益呈现多元化的特征，企业对产品的展示和品牌的传播也越来越多元化。企业的品牌传播活动不再仅仅表达品牌标识、产品功能等品牌的物质文化，也日益成为一种与品牌理念有关的文化交流。企业正在借助各种新型技术手段和材料，通过对现实生活内容的深度挖掘，从中萃取新的审美元素，加以创新后投入品牌传播活动中，潜移默化地影响社会的审美意识与审美价值观。而广告，作为品牌传播的主要手段、文化产业的一个重要组成部分，正在缩短审美文化与大众的距离，以艺术感染力增强受众的信心，构建社会和谐之美。

特别是在数字媒体环境下，随着广告传播方式的多元化、消费者审美需求和能力的提升，消费者对广告审美的需求越来越高，广告主也越来越关注商品外在的艺术形态和广告内在的审美价值，越来越重视广告受众在广告活动中的审美体验与审美感受。在此情境下，广告审美消费文化加速并加剧了“日常生活审美化”的现实趋势，而且通过与消费者协同共创多向度、多层面的审美意蕴空间，持续提升大众的广告素养与媒介素养，影响社会的审美趋向与审美观念。

一　广告审美提升品牌传播效果

在传统的认知中，美与艺术是超功利性的，但是作为商业与艺术的复合体，广告则向传统美学的经典设定发出功利性质疑。在数字化时代，商家越来越多地借助数字媒体渠道向外推广艺术化的商品包装、广告设计、广告文化，并将多姿多彩的广告表现形态切分成若干微小的广告元素，全方位地渗入消费者的无意识世界。而在广告审美文化接受的过程中，不同的消费者基于自身的个性气质、审美水平、审美期待等对广告进行创造性的意义解读，并在企业的引导下积极能动地对广告进行审美创造，从而使广告作品产生更为丰富的审美价值和更为明显的品牌传播效果。

例如，小米公司强调“为发烧而生”的产品概念，并在 2011 年 9 月开放购买时将官方网站作为唯一的渠道。2011 年，小米手机的粉丝队伍迅速壮大，同年 8 月，小米社区正式对外上线，为小米手机的网络营销提供了新的互动平台。小米社区包括小米手机学院、小米同城会、小米游戏软件下载、酷玩帮、小米随手拍等众多分类内容，满足了用户多样化的需求。同时，小米为微博、微信、论坛等运营团队配备了专业的设计师，以精美的图片设计调动“米粉”转发与传播的积极性。小米还开辟了“酷玩帮”“随手拍”等栏目，号召“米粉”随手拍下生活中的精彩瞬间，这些照片和内容经由“米粉”上传投稿，随后，小米运营团队对这些粉丝的大众化艺术品进行挑选，最后发布出来，供“米粉”欣赏、讨论。所以，无论是对于拍摄、设计者来说，还是对于欣赏者来说，这些栏目都涵养了他们的审美趣味，在某种程度上提升了他们的审美鉴赏力，也提高了品牌的审美文化价值。2014 年小米手机在央视春节晚会播出前投放了时长 1 分钟的广告“我们的时代”篇，广告中分别表现了舞蹈演员、运动员、学生等各行各业拼搏与展现自我的年轻人，同时，广告旁白：“我们的名字叫年轻，在追逐梦想的路上，我们不断向前，去探索、去改变、去拼搏，我们的时代，来了!”其广告语是“小米为发烧而生”，宣传口号是“致所有在路上追梦的年轻人”。该广告延续了小米一贯的励志风格，进一步强化了网络用户和粉丝的品牌忠诚度，而且也引发了传统消费者的广泛关注。除此之外，小米手机通过微博、官网等数字媒体，借助饥饿营销、事件营销、口碑营销等品牌传播策略，引发了消费者的心理共鸣。小米团队以品牌文化涵养“米粉”的品牌忠诚和审美素养，与他们协同创建和传播“小米”品牌的核心文化价值，大大提升了品牌的知名度、美誉度和品牌的资产价值。

二　企业与消费者协同共建审美理想

数字化时代，在数位科技和新兴传播工具的洪流下，消费者掌控了资讯接受与否的主控权，企业如果想继续发挥广告意识形态效应的最大化，就需要在保证广告实用功利性价值的基础上，将艺术嫁接到广告的枝叶上，创造出消费者愿意鉴赏的广告艺术作品。因此，企业需要重视广告的审美效应，注重对消费者广告审美心理的把握，反映其广告审美意识和审美创造能力，实现广告实用价值和审美价值的完美统一。具体而言，越来越多的企业正在网络上追踪用户的社会化足迹，并基于用户画像的大数据挖掘，判定其特征、习性与偏好，进而以此为依据，针对目标消费群体的阶段反馈和需求适时调整广告的内容与投放策略，采用顾客定制化营销策略进行品牌推广，提高数字广告的传播效果和审美价值。

2009 年初，在工信部向中国移动、中国电信、中国联通三家运营商分别发放第三代（3G）移动通信牌照之后，中国通信市场上的竞争变得更加激烈，而中国移动在 3G 市场竞争中并不占有多少优势。在这种背景下，中国移动与其代理公司携手在互联网上开展了品牌建设和传播活动，该活动名称为“时光轨迹——移动改变生活”，整个活动创意发源于“改变”二字，最终形成“时光轨迹”的互动网络广告活动。该广告活动以生活的改变为创意出发点，激励人们不断向前发展、迈向美好的明天。总体来说，“时光轨迹——移动改变生活”广告活动分为三个步骤，第一个步骤包括四个部分，第二个步骤包含三个部分，第三个步骤主要是整合传统媒体，进一步呈现广告活动的理念文化与艺术性。

第一步：

（1）手机时光轨迹：该部分以动画视频的形式回顾了手机的演变过程，妙趣横生的动画播放与浏览过程既丰富了用户的审美体验，又唤起了用户各种美好的回忆，从而再次加深了用户的品牌印象，提升了用户的品牌认同感和美誉度。

（2）江山移动画卷，时代的时光轨迹：该部分展示了移动通信历史变迁过程中曾经发生的大事件和整个社会的变化历程，令用户赏心悦目的同时使其感受时代变迁与文化魅力。

（3）描绘人生画卷，你我的时光轨迹：该部分引导用户撰写自己与通信有关的情感故事，从而使用户充分运用自己的创意和构思重新描绘自己，形成自己的时光轨迹。

（4）精彩移动人生，那些属于你我的故事：该部分邀请导演、演员等社会知名人士，以舞台剧的形式向人们讲述平凡人物的不平凡经历。同时，人们在观看舞台剧时也了解了时代的发展变迁。

第二步：

（1）中国移动与新浪、腾讯等多家网络媒体联合举办“时光轨迹”访谈，邀请易中天、水均益、李宇春、俞敏洪等知名人士分享他们的成长经历和感想。

（2）邀请徐静蕾、黄健翔、袁岳等各行各业的杰出代表人物撰写与个人成长经历和体验有关的博文。

（3）邀请网友提交个人的“时光轨迹”故事，引导、鼓励网友借助网络平台发表自己创造的感性文化成果。

第三步：

通过杂志、电视等传统媒体完成对周杰伦、曾子墨等公众人物的深度访谈，扩大此次广告活动的影响范围，进一步提高广告活动的文化与艺术内涵。

这是一次以网络媒体为开端的创新式传播，同时结合电视、杂志等传统广告媒介资源开展的整合品牌文化传播。在两个半月的活动执行期后，核心目标受众达到了很好的覆盖。The Change 网站累计访问人数达 452.8 万，20 余位公众人物访谈视频流量达 413 万，此次活动累积覆盖率也达到 1.5 亿人次。由于该广告活动解读了移动画卷的互动意义和再现意义，全面展现了移动生活的变化历程，并以生动与直观的互动、体验形式，调动了网民的参与和创作热情，使品牌话语的意义在多元媒体的互文链条中得以更广泛地传播，丰富了网民的艺术和文化生活，推动了日常生活的审美化。该广告也荣获了第八届中国互动网络广告创意全场大奖。

再比如，2017 年，百雀羚与“局部气候调查组”设计工作室合作，在百雀羚官微和局部气候调查组公众号上发布标题为“一九三一”的创意广告。该广告采用一屏到底的长图漫画形式，全长 427 厘米，采用 2.5D 风格，被网友戏称为“谍战中的清明上河图”。其以“与时间作对”为主题，以民国时期的上海滩为背景，讲述的是女特工“阿玲”刺杀敌特分子“时间”的故事，广大受众跟随阿玲的脚步，渐次看到广告画面中的旗袍、海派西餐、照相馆、警署、洋行、裁缝铺、百乐门、大剧院等文化元素，感受到吴文化的浓厚氛围、西方文化与中国传统文化的碰撞，以及独立自主的女性意识，满足了年轻人的文化和审美需求，用历史和情怀成功打造了传统国货新形象，传递了品牌文化的正能量。该广告运用 H5 技术，实现与受众良好的互动，而且微信、搜索引擎等均可以作为广告的流量入口，因此被广大网民在微信朋友圈、微博等多种社交软件上刷屏转发和点赞、评论，引发了巨大的话题讨论和口碑效应。

三　消费者积极的品牌态度驱动品牌忠诚

在传统媒体环境下，广告对商业信息的传达过于直白、机械、浅露，随着广大受众的审美鉴赏力的提高，单调直白的广告难以吸引受众的注意力，难以调动受众的情绪；尤其在“受众力量崛起”的数字媒体环境下，企业不应该再将广告仅仅视为功利性的推销工具，而是把它看作一种大众传播文化的形式，通过设计富有审美价值的广告作品，吸引消费者的审美眼球，激励消费者通过深度访问官网、品牌社区或官微上的广告与品牌进行对话，从而在更深层次上影响消费者的审美判断、审美情感和审美观念。随着人机交互、区块链、元宇宙等数字化技术驱动下的新媒体的普及，媒体的平台化趋势凸显，主流媒体所代表的垄断性、中心性的话语权力逐渐消解，形成了“我—我”互为主体的独立、平等、动态的对话关系及其传播机制，进而动态生成作用融合之后的自识与互识。这一多重传播视角在一定程度上避免了主体性本身所具有的片面主观性，促使媒体边界不断扩展，中国品牌文化的塑造与传播也不断地被多元化“赋权”，形成基于文化间性理论意义生成的、多元主体参与的多维框架体系。

在此过程中，广告的审美内容和文化成为各类虚拟社区中品牌与顾客实时交流沟通的介质。一方面，用户通过对广告作品的创造性解读与批评，提升了自身的审美能力和审美境界；另一方面，在与广告自然交互的审美游戏中，越来越多具有类似美学情趣的消费者自发自觉地聚集在一起，并逐渐基于数字媒体社交平台自愿参与形成了品牌虚拟社群。随着社群中有关广告审美价值和意义的话题和内容的不断增加，以及企业有目的、策略性地引导与推广，积极的品牌态度逐渐在用户之间、在品牌社群中形成，目标消费群体的品牌忠诚度也由此得以积累和维系。

品牌文化以品牌为基础，在与消费者的沟通传播中逐渐积淀而成，广告文化是品牌的传播文化，它是形成和发展品牌文化的重要环节，与产品一起共同构建了最终的品牌形象。一方面，广告美学颠覆了传统美学的秩序性和系统性，消解了审美与日常生活的边界，承载了人们对于美的期待和追求，使人们在欣赏广告之时潜移默化地接受了广告的价值导向和审美规范，[①] 从而改变了人们的文化认知

① 邓欢：《消费时代广告的审美嬗变与美学走向》，《现代视听》2011 年第 12 期。

结构和价值取向；另一方面，一些低俗、拙劣的广告对受众进行狂轰滥炸，完全忽视了受众的审美接受与心理需求，另有一些广告则在经济利益的诱使下，一味向受众灌输拜金主义、消费主义价值观，满足人们瞬间的身体快感，其广告文化文本与影像在消费欲望的渲染美化下变得僵硬无味。在这些广告所倡导的物质化的追逐中，大量的广告信息变成了广大受众对完美生活场景的审视。最终，不断膨胀的消费欲望导致了肆意的、没有节制的消费，而在消费主义所控制的社会文化中，消费者的心灵空洞却永远无法填补，人逐渐成为一种“消费动物”，不再关注精神境界的提升和自我价值的实现，这种个体异化所带来的影响也会同时扩展至社会，造成整个社会精神文化空虚的危机。

第四节　品牌文化传播场域中的多元权力关系

法国哲学家米歇尔·福柯认为当社会变成科学研究的对象，人类行为变成供人分析和解决的问题时，这一切都与权力的机制有关。[①] 权力是为了满足生产的需要而被创造出来的，并且随着技术和生产力的发展而不断得到改变。在数字媒体环境下，企业和网络用户以品牌虚拟社区和文化权力为背景，展开各自的文化生产、传播并形成一定的社会影响力。网络公共空间是传统品牌文化传播场的延展，同样受到政治制度、经济发展水平和文化习俗的影响，而且受到网络媒体的技术属性和企业、用户之间的品牌文化协同传播与建设程度的影响。在品牌文化传播的场域中，消费者可自由定夺，随心所欲地给出自己的判断。

因此，品牌文化不再是只属于社会精英的专利，而是商业化、市场化的“功能美学”。品牌文化属于企业的文化资本，企业借助品

① 包亚明主编《权力的眼睛——福柯访谈录》，严锋译，上海人民出版社，1997，第31页。

牌文化构造、展示企业与品牌的文化等级，从而迎合消费者对高端产品和高级文化追求的趣味，吸引他们的注意力，最终成功地将品牌的文化资本以产品的价格形式体现出来，并通过商品销售将之转化为经济资本；消费者通过品牌消费形构、体现自我的文化趣味与身份，并通过社会或同类消费群体的品牌文化认同将文化等级成功地转化为社会等级，从而顺利地由文化再生产向社会再生产转变。

一　经济力量对品牌文化传播的构筑

1949 年新中国成立后，国内逐步建立并实行以公有制为基础的计划经济模式，国家的指令性计划在资源配置中发挥着主导性作用；1978 年党的十一届三中全会之前，经历了十年“文革”，中国经济严重倒退；1978 年 12 月底党的十一届三中全会以后，我国开始实施对内改革、对外开放的政策，其中，打破原有的计划经济体制，进而建立社会主义市场经济体制的经济体制改革是社会主义改革的重点。在这个经济体制转型的过程中，广告产业、企业的品牌建设与发展都随之产生了巨大的变化。

在高度集中的计划经济体制下，社会物质水平低下，产品和服务的生产和销售完全依赖政府的行政命令进行计划和安排，我国城镇居民的日常生活消费品只能凭票限量供应，商品匮乏，老百姓并不关心品牌，企业的品牌意识也非常薄弱。

在市场经济体制下，我国企业开始由国家统购统销走向自主经营、自负盈亏，逐渐成为具有法人资格的市场活动的经济主体，随着改革开放的深入，三资企业、乡镇企业、国有企业、集体企业、私营企业、个体等各种所有制形式的企业大量涌现，市场上的产品前所未有地丰富起来，外商企业现代化的品牌经营方式和品牌营销手段唤醒了中国企业的品牌意识，中国企业开始借助广播、报纸、电视、杂志、互联网等各类线上线下媒体，组合运用事件营销、品牌体验、病毒式营销、整合品牌传播等营销手段进行品牌文化传播，并且越来越多地把民族哲学观念、传统文化习俗、消费主义等西方现代文化、青年流行文化、网络亚文化、小众文化以及全新的、符合时代特征的企业理念等融入品牌文化，以影响目标消费者乃至社会公众的消费观念和意识形态，品牌文化的传播日趋喧嚣，呈现良莠不齐的芜杂状况。

广告成为品牌文化传播的主要途径和形式，国内广告产业高速发展、广告规模迅速膨胀，特别是在数字媒体环境下，随着广告产业的数据化转型，与品牌建设和传播有关的广告公司、公关策划公司、大数据机构、数字营销公司更是如雨后春笋般出现，广告数量实现井喷式增长。根据艾瑞咨询《2020 年中国网络广告市场年度洞察报告》中的数据，2019 年度中国网络广告市场规模达到 6464.3 亿元，互联网媒体已经成为广告市场的主导力量，移动广告市场规模也达到 5415.2 亿元，增长率达 47.8%，持续保持高速度增长，信息流广告市场规模为 1761.7 亿元，发展势头强劲，而传统媒体则日渐式微。[①]

同时，不同的经济发展水平和生活条件也是造成消费者对品牌的认识和需求不同的原因。1978 年之前，我国实行的是国家主导下的计划经济体制，社会物质水平低，产品和服务按照政府指令性计划进行生产与销售，我国城镇居民的日常生活消费只能凭票限量供应，商品匮乏，老百姓并不关心品牌。进入 20 世纪 90 年代之后，我国经济社会的发展日新月异，国内居民的消费环境和物质生活得到极大的改善，市场上的产品也前所未有地丰富起来。社会主义市场经济的发展，也促进了人们文化价值观念、审美观念的转变，随着国内消费者精神文化需求的不断增长，整个社会的品牌意识不断提高，品牌的文化价值在消费者商品购买决策中所占的比重逐渐上升。企业为了满足消费者日益多元和鲜明的精神文化需求，越来越多地通过各种品牌文化影响消费者的消费方式和生活观念。品牌文化甚至成为品牌信徒的信念，帮助他们实现自我的理想与社会价值。

① 《艾瑞咨询：2020 年中国网络广告市场年度洞察报告（附简版下载）》，199IT 网站，http://www.199it.com/archives/1080099.html，最后访问日期：2023 年 3 月 30 日。

二　大众媒体对品牌文化的广泛传播

在改革开放以来中国品牌文化传播的过程中，中国的媒体蓬勃发展并不断走向市场化，网络等新媒体主流化进程不断加快，各类形态媒体的力量呈现此消彼长的发展状态和趋势。大众媒体正在以前所未有的强度影响着人们的消费行为和生活方式，其所传播的品牌理念文化对社会公众产生了各种直接或间接的影响。

首先，在20世纪80年代计划经济向市场经济过渡的时期，作为党和政府的宣传部门，媒体属于事业单位，报纸、广播是主要的品牌传播媒介。当时整个社会对于品牌的认识仍然局限于品牌的物质文化表层，认为品牌就是产品的名称、标识、符号等，因此整个社会把商标等同于品牌，而有关品牌的文化、理念更是无从谈起。因此，该阶段的企业主要通过广告宣传企业或产品的名称、商标，以及产品所能带给消费者的物质层面的功能性利益，广告形式以文字、图片、声音为主，广告内容简单平实，往往是品牌获得的各种荣誉，以此提高品牌的可信度，而报纸等党政媒体的权威性也强化了品牌符号文化的传播。

其次，20世纪90年代社会主义市场经济体制确立后，我国大多数新闻媒体开始实行“事业单位、企业经营、独立核算、自负盈亏”的管理模式，广告成为媒体收入的主要来源，电视、杂志等传播媒体的加入，使品牌传播的手段更加丰富。与此同时，政府自上而下地推动名牌战略工程，扶持我国企业进行品牌建设。但是，政府在政策制定和执行的过程中，并没有将品牌发展的基础——质量放到至关重要的位置。于是在报纸等权威媒体的助推下，不少品牌理念欠缺的企业急功近利，期望依靠广告一夜之间制造出中国名牌。一时间电视广告泛滥，导致当时中国的企业大多都忽视品牌文化的核心——理念文化的建设和传播，最终使品牌成为缺乏核心价值的空壳。

但是，此时也有一些优秀的国内企业开始关注品牌文化的建设与传播，例如“南方黑芝麻糊”“琴岛—利勃海尔”“息斯敏”等开始在电视等媒体广告中融入品牌理念文化。之后，在消费主义文化的助推下，消费者的品牌意识空前加强，企业为满足消费者日益增长的精神文化需求，越来越注重整合报纸、广播、电视、杂志、户外广告牌等各种广告媒体，运用有偿新闻、软文、植入式广告、公关策划、整合营销活动等品牌文化传播方式影响消费者的消费方式和生活观念。

最后，数字媒体的特性进一步推动了中国社会的现代化进程，同时也是进入 21 世纪之后中国社会文化多元化得以形成与存在的基础。从口头传播到电子媒体，时间、空间和自身能力的限制与人类日益增长的信息、文化需求之间的矛盾日益突出，而网络等数字媒体成为人类文化得以最广泛传播的有效媒体。随着生产与消费的边界日渐模糊、线下与线上的融合以及消费内容的长尾化和细分化，中国企业愈加注重借助数字媒体塑造和传播品牌的文化内涵，不断进行品牌传播的营销创新，强化顾客对品牌传播活动的参与、体验，并与活泼、敏感、感情充沛的迷狂消费群体创建共同的品牌文化。与此同时，消费者在市场中拥有更多的主动权和话语权，逐渐借助网络互动媒体对自己喜爱的品牌文化表现形式进行广泛的转发与传播，并在与企业的品牌互动中创新品牌文化。综合看来，在层出不穷的创意策略与数字媒介生态的影响下，品牌文化传播场中的权力资本——品牌理念文化，在某种程度上具有影响社会文化价值观的作用，成为政府、媒体、企业、消费者等场域中的主体竞争与合作的焦点。因此，品牌文化传播场域存在不同于其他场域的竞争与合作的规则。

三　政策法规对品牌文化传播的规范

改革开放之初，由于经济发展刚刚起步，国内企业规模小、实力不强，生产供给水平低，商品种类不丰富，市场上求大于供，企业不需要品牌即可将产品销售出去。1984 年中共中央通过《关于经济体制改革的决定》，1985 年，我国以城市为重点的经济体制改革全面开展，企业的自主权逐步得以扩大。商品市场的发展促使市场开始自由竞争，一些意识比较先进的商家为了赢得更多消费者的关注，从而为企业带来更多的销售利润，开始投放广告、打造品牌，但此时企业并不具备品牌文化传播意识。1992 年之后，在过热的经济形势下，许多企业迷信广告的作用，完全依赖广告进行品牌推广，中国广告业以每年 45% 的速度增长，[①] 特别是温州、广州等沿海地区广告业发展突飞猛进，但是，由于当时广告是新生事物，其经营管理体制尚不健全，国内不少地区的广告经营管理出现漏洞，其中一个显著的表现就是虚假、低俗等各种问题广告泛滥，遭到了广大群众的厌恶和抵制。这些不良广告既影响了我国本土品牌的健康发展，又污染了社会文化环境。针对当时我国大多数企业品牌营销意识淡薄、广告投放与管理混乱的现象，我国政府先后出台了一系列相关的政策法规进行规范治理。

进入 21 世纪之后，网络等数字媒体广告上的广告主、广告经营者、广告发布者往往三者中合二为一，企业的官方营销网站甚至将以上三者融为一体。因此，数字媒体环境下的品牌传播存在巨大的漏洞——网络虚假广告、误导用户的隐性广告、劣质低俗甚至包含淫秽内容的广告、违法的烟草和医疗保健广告、未经广告审查机关审批的特殊商品广告等，污染了社会文化空气，甚至扭曲了一些社会成员的文化价值观。这是因为在数字媒体环境下，一方面广告主对广告法规缺乏了解，另一方面也存在寻找网络监管漏洞从事违法广告行为的现象。针对社会迫切需要法律规制互联网广告的诉求，2015 年 9 月 1 日正式实施的《中华人民共和国广告法》（以下简称《广告法》）做了整体上大范围的修改和调整，对互联网广告、广告代言人的法律责任和义务等制定了新的规定，进一步严控烟草广告

① 《自进入 90 年代以来，中国广告业每年增速 45%——我国广告业发展迅猛》，《广告大观》1998 年第 6 期。

的发布，说明了虚假广告的具体情形，强化了对大众媒体中虚假广告的监管、惩治力度。

2015 年《广告法》共计 75 条，第 19 条、第 44 条、第 45 条、第 63 条和第 64 条这五条与互联网直接相关。其中，第 19 条、第 44 条、第 45 条是针对互联网广告发布行为予以规范的条款，其余两条均是对互联网广告发布违法行为的处罚规定。2015 年《广告法》第 19 条规定："广播电台、电视台、报刊音像出版单位、互联网信息服务提供者不得以介绍健康、养生知识等形式变相发布医疗、药品、医疗器械、保健食品广告。"2015 年《广告法》第 44 条规定："利用互联网从事广告活动，适用本法的各项规定。利用互联网发布、发送广告，不得影响用户正常使用网络。在互联网页面以弹出等形式发布的广告，应当显著标明关闭标志，确保一键关闭。"2015 年《广告法》第 45 条规定："公共场所的管理者或者电信业务经营者、互联网信息服务提供者对其明知或者应知的利用其场所或者信息传输、发布平台发送、发布违法广告的，应当予以制止。"2021 年 4 月 29 日，第十三届全国人民代表大会常务委员会第二十八次会议对《广告法》作出修改，将 2015 年《广告法》中的第 62 条、第 63 条对互联网广告违法的处罚规定修订为第 62 条与第 64 条，内容保持不变。

虽然我国针对互联网广告制定了一些具体的法规条例，在总体上实现了互联网广告的有法可依，但是仍然存在局限，例如对搜索引擎推广、软文、信息流、直播、短视频等隐性、新兴广告表现形式仍然缺乏有效监管。2017 年 6 月 1 日实施的《中华人民共和国网络安全法》、2023 年 5 月 1 日市场监管总局修订发布的《互联网广告管理办法》等后续更为具体的法律法规对净化网络环境与生态，以及规范品牌文化在网络上的健康传播提供了重要指引，有利于监督企业在网络品牌传播过程中传承中国优秀传统文化，以绿色、积极的品牌文化影响、引导社会公众的生活方式和文化价值观。

四　西方消费文化对品牌文化传播的推动

人们的消费观念是不断变化的，而且在不同时期，人们的消费观念受到自身的生活条件、品牌文化、个体需求的限制和影响，相应地，人们也会呈现对商品的不同追求。在社会物质水平低下、商品匮乏、人们的温饱尚不能保证的情况下，人们关注功能、质量等产品的实用性价值，并不关心品牌，人们的消费观念和消费模式总体上以“勤俭节约”为主。

20 世纪 80 年代之后，随着我国经济对外开放的深入，包括消费主义在内的西方文化迅速进入中国民众的生活。20 世纪 90 年代之后，随着经济和文化全球一体化进程的加速、全球消费主义文化价值观在我国的逐渐确立，企业主为了实现利润最大化的功利性目标，纷纷在广告中介绍西方发达国家的休闲娱乐、饮食着装等消费方式、消费文化，竭力塑造新时代的消费偶像和推广西方消费主义的价值观，“煽动”着嗅觉敏锐的新一代青年消费群体接纳享乐主义、个人主义的价值观。而在西方消费主义文化的驱动下，受到各种媒体广告的刺激，人们从“量入为出”消费向过度消费甚至奢侈性消费发展，逐渐将西方消费主义文化作为个人的生活态度与人生处世哲学，充分追求感官刺激的满足。进入 21 世纪，在国家“走出去”战略实施之后，中国企业纷纷试水海外市场，在这个过程中，西方消费主义、个人主义、享乐主义等文化价值观念搭乘西方品牌营销传播方式的快船，对我国传统消费文化与道德伦理形成强烈的冲击，不断消解着传统的社会价值观念。

美国学者尼葛洛庞帝在他 1996 年出版的《数字化生存》一书中指出，人类虚拟化、数字化的生存方式，不同于物质世界的原子单位，数字化生存的基本单位是比特，比特的数量是无限的，而随着使用比特的人不断增多，比特的价值亦会不断增长。在这种环境下，消费主义文化借助多媒体融合渠道实现了海量且更为深度化的传输。在消费主义文化的影响下，人们对品牌有了更多更高的要求，希望所选购的品牌能够代表他们的生活品位、生活态度、理念和信仰，帮助他们建立和维系社会关系，乃至实现他们的自我价值。为了满足消费者对品牌的要求，企业开始前所未有地重视品牌文化的建设与传播，品牌文化的价值也随着消费主义文化所强调的消费给人们带来的荣誉、身份、地位乃至情感等符号价值而得以不断提升。品牌文化受到消费文化的影响，品牌文化的传播符合国内消费者当下的消费心理。因此，品牌不仅成为消费文化传播的载体，而且成为人们在数字化时代的消费社会中表达自我、实现自我价值的载体。

第七章 中国当代品牌文化变迁的规律、特征及价值实现

本书通过比较20世纪80年代、90年代以及进入21世纪之后国家相关的政治、经济、文化等环境和因素对品牌文化的影响，分析了改革开放后中国本土品牌文化传播的内容、方式，品牌文化价值的变化，及其所受到的消费主义等西方现代文化的影响，研究了中国当代品牌文化变迁的轨迹、规律和特征。

第一节 中国当代品牌文化变迁的轨迹与规律

1978年之前，我国实行的是计划经济体制，社会物质水平低下，产品和服务的生产和销售完全由政府计划，我国城镇居民的日常生活消费只能凭票限量供应，商品匮乏，老百姓并不关心品牌，企业的品牌意识也非常薄弱。

1978年改革开放后，中国社会发生了翻天覆地的变化。改革开放初期，经济发展刚刚起步，国内企业规模小实力不强，生产供给水平低，商品种类不丰富，市场上求大于供，导致“皇帝的女儿不愁嫁”，企业不需要品牌即可将产品销售出去。1985年，我国城市经济体制改革全面展开，企业的自主权逐步得以扩大。商品市场的发展促使市场开始自由竞争，一些意识比较先进的商家为了赢得更多消费者的关注，从而为企业带来更多的销售利润，开始投放广告、打造品牌，但当时的品牌推广以介绍商品特色、展示商品性能为内容，以质朴、直白的方式传达商品信息，达到促销的目的。虽然当时的广告缺乏创意，缺少内在的品牌文化支撑，广告中频繁出现

“省优、部优、国优，质量三包，权威机构、科学认证”等内容，但是在该时期，企业通过产品的包装、色彩、品牌名称、标识等传播的审美价值已经初步萌发于产品的形式美和广告的视觉符号之中，“感性诉求”的推销观念也日益为广告主所重视。因此，该阶段属于品牌符号文化主导的时期。

进入20世纪90年代，社会主义市场经济体制确立后，我国经济社会发展突飞猛进。社会主义市场经济的发展，也促进了人们文化价值观念、审美观念的转变。1996年，国务院颁布实施《质量振兴纲要（1996年—2010年）》，明确提出“实施名牌发展战略，振兴民族工业”。在国家领导人对实施名牌战略的关心和重视下，以及在国家相关政策、资金的激励和扶持下，20世纪90年代，随着社会主义市场经济体制的确立，全国各地相继实施名牌战略，启动名牌工程，争创名牌的热潮在神州大地上风起云涌。但是，政府在政策制定和执行的过程中，并没有完全将品牌发展的基础——质量放到至关重要的位置。于是有的企业急功近利，单纯地追求品牌知名度而忽视产品的质量管理，把争创名牌的希望全部寄托在广告的炒作上，期望“一夜成名”所带来的产品热销，结果广告投放得越多，产品销售得越多，品牌的美誉度和忠诚度反而越低，同时，这些低俗、虚假广告和问题广告社会危害巨大，为广大群众深恶痛绝。针对当时我国企业品牌文化意识淡薄、广告投放与管理混乱的现象，我国政府出台了一系列相关的政策法规进行治理整顿，这些相关的法律法规与行业自律组织的行为一并推动了我国广告的专业化发展，规范了企业的品牌经营和管理行为，促进了中国本土品牌朝着现代化、科学化和富有文化内涵的方向发展。

1996年，中国制定刺激消费、扩大内需的政策，城市居民个性意识、消费意识、品牌意识彰显，品牌与广告之间的联系已经建构。而且国内买方市场的形成，为企业品牌的塑造和发展注入了前所未有的动力，中国品牌迎来大发展的局面，全国性制造商品牌数量迅猛增长，国内市场上的品牌竞争开始加剧。在这个过程中，企业开始正视品牌的发展，企业主和广告商逐渐将品牌塑造成产品功能性价值的附属物，品牌的附加价值文化形成，并向品牌文化资产建设、品牌文化多元化过渡，品牌文化定位实现品牌的差异化，广告所传播的品牌审美文化价值业已呈现。但与此同时，由于企业主对实现利润最大化的功利化目标的片面追求，我国广告的审美表现呈现窄化与扭曲的一面。

20 世纪 90 年代末以来，品牌竞争进入“一切以消费者为中心”的品牌文化竞争阶段，品牌文化的构建开始充分体现顾客与企业的双向互动与沟通，越来越多的企业借助网络媒体、数字媒体，通过品牌事件导入、品牌体验构建品牌文化，通过病毒式营销传播品牌文化，并通过整合品牌传播实现品牌价值的最大化，从而提升消费者的品牌认知度，实现消费者的品牌联想和品牌忠诚，品牌文化已成为企业文化和消费者文化的结晶。进入 21 世纪以来，经过品牌附加价值文化的长期积累与拓展，企业逐渐进入品牌文化资产建设、品牌文化多元化发展的阶段，品牌成为连接企业、消费者之间的纽带以及企业资产的一个重要组成部分。同时，作为在品牌传播过程中形成的文化，广告审美消费文化的数字化协同共建进一步消解了审美与日常生活的边界，影响着消费者的文化价值观与审美观。

中国本土企业的品牌文化变迁从以品牌名称、商标为代表的品牌符号文化的孕育开始，到名牌战略下的品牌理念文化匮乏，再到 20 世纪 90 年代市场经济环境下的品牌附加价值文化发展，直至 21 世纪经济全球化语境下的品牌文化资产建设、数字媒体环境下的品牌文化多元化发展，体现了企业从满足消费者的产品功能性需求向满足消费者日益增长的精神文化需求转变的过程。在这个过程中，中国本土企业的品牌文化实现了由表及里、由浅入深的升华，其传播内容逐渐从功能性价值发展到品牌情感与精神价值的传播，其品牌传播对象从“容器人”到“生活者”，其审美消费文化也由商品的设计、包装等形式美与广告传播的形态美走向企业与消费者协同共建的品牌文化审美价值。同时，越来越多的中国消费者的消费观念已经从产品功能性消费过渡到参与、体验式的品牌文化消费。

虽然直至今天，品牌文化的建设与传播在一些企业那里仍然没有得到足够的重视，也不乏低俗、劣质的广告在破坏品牌的文化艺术性，但综观改革开放后中国品牌文化发展的轨迹，可以发现，中国当代品牌文化越来越多元化、现代化。通过对改革开放后以广告为代表的品牌文化传播表现与形式的考察，可以发现中国品牌文化变迁的过程呈现以下规律：这个过程并非直线式的、跳跃式的，也不是前后彼此更替、取代的关系，而是呈现前后叠加、交错、交融、式微的关系，即上一个品牌文化发展的阶段到了新的时期并不会消失，而是和新出现的发展阶段协同共进，融合上升，互为作用，乃至进入 21 世纪之后，随着经济、文化全球一体化进程的加速，越来越多的国外品牌进入国内市场，国内品牌也越来越多地“走出去”，中国民族企业的品牌文化呈现多元化共生与发展的态势。同时，在数字化媒体环境下，品牌也不再只是将生产者的产品或服务区别开来的标记、符号，其魅力在于它不仅仅给消费者提供功能、质量等实用性价值，还帮助消费者实现个人价值，成为消费者的精神和信仰。

第二节　中国当代品牌文化变迁的影响因素与特征

文化价值观的取向不同，消费者对产品和品牌的选择与偏好也就不同，而品牌和消费者的价值观是由其所处的社会文化环境决定的，在某种程度上，品牌是凝结了社会文化价值的载体，品牌文化也通过影响消费者的消费行为、观念等潜移默化地影响社会的文化价值观念。

一　中国当代品牌文化变迁的主要影响因素

中国本土品牌文化的变迁与改革开放后中国社会政治制度、经济发展、文化环境等因素紧密相关，更与中华民族文化的特殊土壤密不可分，也受到消费主义等西方现代文化的影响。

1. 与政治经济因素紧密相关

改革开放以前，我国尚处于工业化初期，技术和管理较为落后，同时，由于国际国内的环境条件，我国采取的是粗放型、内向型的经济发展方式，实行贸易保护主义政策和高度集中统一的外贸外汇管理体制，经济增长由国内需求而不是国外需求推动。当时的商业广告以生产资料广告、革命电影和样板戏等“文化广告”、外贸广告为主。之后，十年的“文化大革命”使党、国家和人民遭到新中国成立以来最严重的挫折和损失，[①] 中国企业的发展遭受严重曲折，商品严重短缺，人民生活水平下降，广告作为“封资修”的东西被砸烂，我国社会的品牌意识极其淡薄。而20世纪中后期，世界技术与经济发展突飞猛进，资本主义国家由自由竞争阶段进入帝国主义阶段，生产力的巨大发展推动生活水平的提高，消费者对商品消费由物质需求的满足上升至心理上的追求，品牌逐渐成为企业间竞争的焦点和企业营销战略的核心。

1978年底，“党的十一届三中全会提出一系列新的政策。就国内政策而言，最重大的有两条，一条是政治上发展民主，一条是经济上进行改革，同时相应地进行社会其他领域的改革”[②]。在此之后，中国经济与社会结构发生重大变化，随着城市经济体制改革的实施，创办经济特区作为一种改革的实验，成为实行对外开放的突破口。中国的对外开放从局部地区向全国逐步推进，逐渐形成了经济特区、经济技术开发区、经济开放区特区等全方位、多层次、宽领域的开放结构，逐步实现从一般贸易到加工贸易的对外贸易方式的转变，利用外资方式日益丰富、贸易市场日趋多元化。

但是，在改革开放之初，由于国门刚刚打开，国家对外贸行政管理过于集中，不利于企业自主经营，同时，有关利用外资的立法

① 《“文化大革命”的十年》，中国政府网，http://www.gov.cn/test/2005-06/24/content_9300.htm，最后访问日期：2023年5月1日。

② 《邓小平文选》第3卷，人民出版社，1993，第116页。

还很不完善，导致引进外资的数量较少，但早期进入国内的外资企业及其本土化的品牌策略唤醒了中国社会的品牌意识。20 世纪 90 年代以来，随着我国外贸经营体制发生转变、外贸政策逐步放宽，越来越多外商进入我国市场，并以合资并购的方式与我国企业进行合作，但是合资的方式也一度使中国大量的优秀民族品牌消失。外商通过合资并购“雪藏”中国品牌、占领市场份额的现象屡屡发生，这进一步提高了社会的品牌保护意识，引进外资也逐渐由注重数量向注重质量转变。

整体上看，从改革开放至今，在陆续引介的西方营销理论的影响下，以及随着中国广告业的恢复与发展、1982 年《商标法》的颁布，中国的品牌文化建设以商标的创建为开端，而后逐渐进入以广告营销、公关活动为代表的行为和精神文化领域，逐步实现了“基于消费者”的品牌资产价值的提升。

2. 根植于中国传统文化土壤

文化价值观是自一个人出生以后就在无意识中习得的，并逐渐成为个体不可分割的一部分。发展心理学认为，到 10 岁时，大部分儿童都已经形成了基本的价值体系。一个社会的文化价值观就这样稳定地被一代一代地传承下来。例如，在美国，自由、平等、公平、成就、民主等价值观念在其历史发展中一直占据主导地位；而在中国社会，上千年来，爱国主义、仁义礼智信、忠孝勇恭廉等传统价值观念一直在被稳定地传承并占据主导位置，其核心是儒家文化思想。

中国当代品牌自产生以来就根植于中国传统文化的特殊土壤，在商品包装的设计上讲求同一性、对称性和圆融性，其中渗透着“天人合一”的儒家思想；在商品包装色彩上偏好红色、黄色等“艳”和“真”的色调，体现了传统的民族气质；在品牌名称的书写上也常融入中国书法艺术；在品牌形象的表现上也往往融入国画艺术元素，以及神话故事中的龙凤、仙鹤、孙悟空、嫦娥等进行宣传；以广告的创意与设计为代表的品牌营销方式中更是注意结合中秋、春节等传统节日，并植入唐诗宋词、民俗乐调等传统文化元素，表现和传播了“仁、义、礼、智、信、忠、孝、悌、节、恕、勇、让”的儒家伦理思想。

比如，中国是茶文化的发源地，茶文化包括茶道、茶艺、茶学及其相关的儒、释、道文化思想。四川著名茶企竹叶青茶广告包括海报、杂志、电视和网络视频等媒体广告，其旗下产品“论道竹叶青”定位于高端市场，其平面广告以黑、绿、金黄三色为基调，广告画面中央是“论道竹叶青”五个加粗的大字，其产品包装和字体均使用了中国传统的文字与材料，增强了视觉冲击力，并利用中国特有的围棋项目结合禅学意向对广告产品进行包装，产生由此及彼的移情效果，将茶文化和我国传统文化的契合表现得酣畅淋漓，从而构建了具有说服力的品牌形象。

国内的企业不仅以茶叶、京剧、武术、书法等具象的文化符号表现与传播中国传统文化，并且常常根据广告主题将某些具象或抽象的中国传统文化元素与时尚、流行的文化元素相结合，从而赋予民族传统文化以新的生命力，体现品牌全新的精神文化内核。

例如，在广告中运用中国国画的水墨元素，可于万千变化之中体现一定的意境美。2006 年，李宁的超轻透气跑鞋电视广告“天羽国画篇”就采用了中国传统的水墨画场景，空中的杨柳、飞燕，湖面上朵朵盛开的莲花与水中灵动的鱼儿，配合古典轻雅的音乐，使观众一下从城市的喧嚣中跳脱出来。这时，一个扎着马尾，身着短裤，脚穿李宁跑鞋的年轻女孩轻快地跑进广告画面，然后画面里又出现了一个同样自信的男孩轻松地跑着。他们踏入池塘并触碰到荷叶，如蜻蜓点水一般了无痕迹，此时画面给予李宁跑鞋一个特写，将跑鞋的超轻恰如其分地表现出来。这则广告以中国国画中水墨丹青为表现手法，利用动画制作将跑鞋的超轻与中国水墨风光结合起来，整个广告画面古典、恬静，实现了中国传统文化与现代运动科技的完美结合，广告结尾处的画外音“轻若无物，跑出轻的印记”更加指明了广告的主旨，给消费者留下了深刻的品牌印象。

在李宁的这则广告中，中国传统文化元素通过能指的纯粹性和所指的丰富性巧妙地展示了意指所象征的境界。比如，鱼是一种中国传统吉祥象征符号，在我国有着悠久的历史。早在商代殷墟出土的龟甲和兽骨残片上，就有“鱼”形文字出现。在这则广告中，凝聚着民族创造精神的鱼文化与现代文化元素融合，不仅有着美好的寓意，更形成一个包容开放的体系，展示了中华民族广阔的胸襟。

龙起源于中国原始社会的新石器时代，是中华民族的精神符号、文化标志和情感纽带。在中国，龙既有威严的一面，也有和善的一面，代表了中国人民的美好追求、祥和理念和深厚的文化底蕴。2014 年，重庆涪陵榨菜集团股份有限公司广告“海龙王篇”借助一向以威严示人的龙为表现载体，以幽默的手法表现一条在天空中翻腾的青龙看到该企业食品后，被深深吸引并瞪大双眼、流口水。广告旁白、字幕——

> 乌江上海带丝啦！呀呀呀……！乌江海带丝，一清二洗三漂烫，去沙去腥去盐霜，乌江海带丝，健康菜，中国好味道。[①]

该广告充分展示了该企业食品的美味和高品质。整个广告画面以国粹青花瓷风格的大海为背景，符合该产品的特征，和“中国好味道”相呼应，并赋予“乌江”品牌更多的文化内涵。

与此类似，实达电脑的平面广告也采用中国传统的陶器陶瓷——国粹青花瓷和中国两汉时期典型的建筑附件“瓦当”为载体，隐喻该品牌产品具有同样的品质；[②] 同时，依据 G. Kress 和 T. Van Leeuwen 提出的信息值的概念，[③] 构图中元素的放置位置不同，信息值就不

① 刘立宾等主编《IAI 中国广告作品年鉴 2015》，中国传媒大学出版社，2015，第 202 页。

② 刘立宾等主编《IAI 中国广告作品年鉴 2002》，中国传媒大学出版社，2002，第 46 页。

③ G. Kress，& T. Van Leeuwen，*Reading Images: The Grammar of Visual Design*，London：Rutledge，1996，p. 208.

同，比如放置在中间的图像元素就提供了核心信息。在实达电脑的这则平面广告中，瓦当、青花瓷和广告语均位于构图的中心位置，而实达电脑的功能介绍、企业名称和联系方式等均位于较为边缘的位置，起到辅助、补充核心信息的功能。由此，图像和文字一起实现了广告的表意功能，最终取得了一举两得的广告效果：既赋予现代科技品牌以独特的文化内涵，也充分展现了实达电脑精湛纯熟、坚实质朴的特性。

3. 在现代生态和环境危机中蜕变

随着改革开放的深入发展、西方消费文化的强势入侵以及我国人民生活水平的持续提高，人们的消费观念和消费方式发生了巨大的变化。特别是进入21世纪以后，消费不再仅仅是为了传统意义上的实际生存需要，而在很大程度上是为了满足由现代广告等商业文化刺激起来的消费欲望，是为了占有商品或品牌所代表的符号象征意义。消费、享受、快感逐渐成为人们的价值追求，而消费活动本身亦成为个人获取社会地位和身份认同的途径。消费欲望无限制地膨胀和人们对商品的渴望，导致了大量的商品生产和加速的产品更新换代，更导致了“我们这个极大丰盛社会里的巨大浪费”① 以及持续加重的现代生态和环境危机，危及人类未来的生存和可持续发展。人们开始审视和反思自己的消费行为，越来越多的消费者把个人的消费纳入环境保护的规范之中，人们的健康、安全、环保意识逐渐提高，纯天然、绿色、无污染、健康的产品越来越受消费者关注。为了满足消费者对绿色健康产品的追求，越来越多的企业开始致力于绿色健康产品的研发，并引进绿色传播策略大打健康牌，在目标消费者心中树立健康、环保的品牌形象，传播绿色健康生活新理念。杭州大王椰木业连锁有限公司是一家以生产绿色环保家居建材为主导的多元化集团企业。为了传达企业品牌的环保理念，大王

① 〔法〕让·鲍德里亚：《消费社会》，刘成富、全志钢译，南京大学出版社，2000，第28页。

榔木业在2009年的电视广告“写意篇”[①] 中以“自然”为主题，采用手工沙画的艺术手法，用木纹写意气候的变化、阳光的照耀、雨露的滋润和风的轻拂，并配合其广告字幕——

> 莫奈，Sunshine；梵高，Rain & dew；张大千，Mountain……阳光、雨露、和风，大树底下是我家，大王椰木业。

整个广告表现了大王椰板材天然不加修饰地来到消费者家中，巧妙地向消费者传递了大王椰品牌天然、环保的理念。

二　中国当代品牌文化变迁的特征

改革开放后，随着社会主义市场经济体制的逐渐确立，企业的生产、经营自主权逐步扩大，企业的品牌竞争日益激烈，品牌意识日渐增强。但中国的市场经济起步较晚，所运用的现代营销理论是1978年之后从国外引进的，而且中国的名牌战略、名牌工程是20世纪90年代以来在国家政策的激励与支持之下，自上至下在全国各地掀起的一场热潮。虽然在品牌的自由发展和竞争中，涌现了海尔、长虹、格力、中华等一些著名品牌，但时至今日，仍有相当多的企业重视短期的销售行为，缺乏长远的品牌经营与战略规划意识，严重阻碍了企业品牌的建设与发展。

受各种特定的政治、经济、文化等因素的影响，我国本土品牌文化的变迁过程呈现以下特征。

1. 兼具物质性与象征性

品牌文化是具有功利性和目的性的商业文化，符合现代市场法则，是可以生产和再生产的，即企业通过一系列广告营销活动的投资，将经济资本转化为品牌的文化资本，品牌文化传播的成功又会

① 刘立宾等主编《IAI中国广告作品年鉴2010》，中国传媒大学出版社，2010，第98页。

为企业带来新的经济资本，如此便形成生产和再生产的良性循环，成为一个不断增值的过程。因此，品牌不仅附着特定的经济文化，还体现出一种人格化的价值内涵与情感内涵：其一，品牌文化是企业的一种文化资本，而且兼具身体、客观和制度三种形态，给企业品牌带来了巨大的无形资产，极大地提升了品牌价值；其二，品牌文化也属于消费者个人的一种文化资源、资产，赋予了消费者社会地位和社会身份认同。因此，无论是对于企业还是对于消费者，这种回报均兼具物质性和象征性双重属性与利益。

品牌文化的传播既体现了商品、交换及其相关的经济关系，也体现了品牌的符号价值和意义。1978 年改革开放后，中国的品牌文化建设以商标的创建为开端，而后逐渐进入以广告营销、公关活动为代表的行为和精神文化领域，逐步实现了“基于消费者”的品牌资产价值的提升。特别是进入 21 世纪之后，越来越多国内企业根据目标市场的特征和竞争情况，将某些具象或抽象的中国传统文化元素与时尚、流行的文化元素相结合，并以现代化的形式表现出来，不断创造象征性符号、打造高价值的品牌，而品牌价值的不断提高也为企业带来了源源不断的市场利润。河北衡水老白干酿酒（集团）有限公司于 1996 年 12 月 12 日成立，其前身是地方国营衡水制酒厂。衡水老白干二十年古法年份是衡水老白干古法年份系列酒中主推的一款酒，也是衡水老白干精心打造的一款代表性产品。为了把这一代表性产品在市场上与其他酒精类产品区别开来，河北衡水老白干酒业在挖掘提炼之后力图将其打造成一款具有男人味道的产品，并通过一系列的广告把这种品牌文化传播出去。衡水老白干的电视广告“男人味道篇”[①]正是体现这种品牌文化的代表作品。在该广告中，广告语“行多久，方为执着。思多久，方为远见”阐述了时光与男人味道之间的思辨命题，而“衡水老白干喝出男人味”是该企业经提炼而成的品牌价

① 刘立宾等主编《IAI 中国广告作品年鉴 2013》，中国传媒大学出版社，2013，第 208 页。

值观。同时，该企业邀请演员胡军做广告的男主角，在沙漠中、在大海上、在旅途中，胡军演绎出了沧桑而成熟的男人味道，与品牌文化和企业理念相吻合，不仅再次提升了品牌的价值，而且塑造了酒中的“男人”形象，成功地把衡水老白干这一品牌人格化、人性化，并对中华传统文化进行了一次现代性的诠释、表达和传承。

除了广告传播的形式，衡水老白干还通过赞助电视节目和运动会、拍摄公益广告等方式传播品牌文化，促进目标消费者的品牌价值认同，实现企业销售利润率的增长。

2. 品牌文化的现代性

改革开放初期，企业以产品观念和推销观念为指导，一切以产品质量和功能诉求为中心。品牌就是区别不同产品、企业的商标、符号或标记，并不具备现代意义上的营销功能。在选择商品的过程中，消费者处于被动地位。企业主要是通过报纸、电视等传统媒体进行单向的广告传播，广告语言朴素直白，往往以醒目的字体、编排突出产品的功能、特点，画面简单明了，以商标、产品为视觉中心，并常常强调产品在国内外畅销，以达到引人注目、引发从众消费的目的。随着市场经济的发展，城市居民人文意识、消费意识、品牌意识彰显，虽然受到西方生活方式、价值观念的影响，但中国传统文化价值在本土的商业品牌中更多地保存下来并以更为“现代性”的方式呈现出来。

在“万物皆媒”的时代，任何用来传播信息的载体都可以被称为媒介，可以作为话语权力的承载者，具有特定的符号价值。当植入中华文化元素的中国品牌及其广告作品成为跨文化传播的载体时，中国的文化价值和民族精神也得以在全世界广泛扩散。同时，随着时代发展，越来越多的企业将青年流行文化、网络亚文化、小众文化以及全新的、符合时代特征的企业理念等融入品牌文化，挖掘并拓展中华优秀传统文化、革命文化和社会主义先进文化内在的文明普适意义与价值，倡导以传者为中心的意识向多元主体、互为中心的对话意识、“平台化”合作意识转换，增强国外受众的跨文化情景体验感、参与感，在不断的创新中实现文化符号的现代性重构，并整合各种媒介发出统一的声音，实现自身声量的最大化，从而更为清晰地呈现具有辨识度的品牌形象，获得目标受众的认同和精神共鸣。

例如，中国移动于 2002 年 3 月推出“动感地带”（M-ZONE）品牌，该品牌的目标消费者是 15～25 岁年龄段的、崇尚新奇事物的年轻人，该品牌通过提供时尚、好玩、充满探索性的移动服务，拉近与消费者的距离，使“动感地带”品牌成为目标消费者生活的一部分。“动感地带”的广告语“我的地盘，我做主”也极具煽动性和个性，成功地与年轻人相关的各种社会意象进行了互文，反映了年轻人追求独立、自主的个性与价值观念，品牌的核心价值得到了青年群体的广泛呼应。2003 年，中国移动延续以往的风格，推出动感地带“加油篇”“夜间一角篇”等平面广告。[①] 其中，“加油篇”以深受年轻人喜欢的歌手周杰伦为品牌形象代言人，这则广告包括两个部分。第一个部分的画面是周杰伦一只手敲着充当架子鼓的“汽油桶”，另一只手摆出其招牌性动作，画面右边是白色的粗体字（广告语）：“Show 酷不够？动感杰伦，为你加油！”整个画面极具个性张力。第二个部分的画面是周杰伦一只手挥舞着 F1 赛车格子旗，另一只手同样做出其招牌动作，画面右边是白色的粗体字（广告语）：“Show 炫不够？动感杰伦，为你加油！”“动感地带”品牌针对目标消费群体，以极具现代性的广告营销方式演绎了品牌的核心精神理念，提高了“动感地带”品牌的关注度和美誉度。

无独有偶，2023 年，户外生活方式品牌“蕉下”邀请周杰伦作为品牌代言人，并共同推出一支《简单爱》音乐短片，传递了蕉下品牌倡导的“轻装出发，简单纯粹”的文化理念，体现了蕉下品牌所倡导的“轻”生活方式。品牌文化是时代精神的缩影，反映、记

① 刘立宾等主编《IAI 中国广告作品年鉴 2004》，中国传媒大学出版社，2004，第 41～42 页。

载了社会价值观的变迁，创新的品牌文化准确表达了目标消费者“想成为他者的富有浪漫主义色彩的渴望”[①]，并在特定的历史条件下，汇聚为一定的能量，发挥社会审美和教育职能，推动社会新型价值观的形成。

第三节　品牌文化的价值实现

一　品牌文化的企业价值

价值本质上是一个哲学范畴，品牌价值却是一个经济学概念，品牌能够超越产品，为消费者提供更多的物质和精神方面的附加价值，品牌价值是企业最宝贵的无形资产，也是企业获取竞争优势的主要方式之一，有助于企业获得顾客满意和品牌偏好，对于企业来说，品牌经营的目标和关键在于实现品牌的价值。品牌价值体现了品牌和消费者之间的关系，指的是消费者对品牌的感知、认可和偏爱在财务上的集中体现，是品牌带给消费者的文化、审美、情感和体验性价值，是企业总资产的组成部分之一。人类的情感和精神也是品牌文化的根基，品牌文化承担着品牌价值内涵及情感内涵的自然流露，以及触动消费者心灵的载体的任务。[②] 品牌文化赋予了品牌独特的内涵和个性，唤起了消费者的情感共鸣和价值认同，提高了品牌的市场竞争力。因此，企业的品牌文化传播过程也是品牌价值实现和提升的过程。

但是，改革开放后的很长一段时间内，我国企业普遍缺乏品牌意识，更没有品牌文化意识。比如，20 世纪 90 年代初，在国家相关政策的激励与支持之下，全国各地掀起一股创名牌的热潮。由于当时国内的企业普遍认为做品牌无非就是提高知名度、吸引眼球，甚

---

① 〔英〕西莉亚·卢瑞：《消费文化》，张萍译，南京大学出版社，2003，第 68 页。
② 刘晓刚等：《品牌价值论》，东华大学出版社，2010，第 140 页。

至有的中小企业认为企业实力不足，没有资金做广告，就没有能力做品牌，短线投机心理泛滥。而且当时“一条广告捧红一个产品”“一条广告救活一个工厂”的广告神话频频上演，助长了社会上这种浮躁的风气，结果“品牌建设等于广告运作”的观念不断滋长，导致广告投放得越多、产品销售得越多，品牌的美誉度和忠诚度反而越低。山东“孔府宴酒”、山东秦池酒厂、熊猫手机等央视广告“标王”的陨落，此起彼伏的家电价格大战等，都充分暴露了当时我国企业品牌文化的表面化和空心化。企业的品牌意识和营销观念已经远远滞后于中国市场经济的发展，不能满足人民群众日益增长的精神文化需求，严重影响了我国本土品牌的持续发展。

1996 年，中国制定刺激消费、启动内需的政策，从真正意义上开启了全面导入市场经济的发展模式，城市居民个性意识、消费意识、品牌意识彰显。为了顺应市场的发展、满足消费者日益增长的精神文化需求，企业开始正视品牌的发展，将深刻而丰富的文化内涵赋予品牌，品牌的附加价值文化逐渐形成，并向品牌文化资产建设、品牌文化多元化过渡。品牌文化的丰富与深化提高了企业品牌的市场竞争力，品牌的文化内涵和价值理念也对消费者的生活方式、消费观念产生了影响。

二　品牌文化的消费者价值

文化是品牌在消费者心目中的印象、感觉和附加价值。在品牌文化建设和传播的过程中，消费者不仅可以将有关品牌的意见、建议和态度反馈给企业，而且可以借助数字化媒体平台参与品牌文化的构建和传播过程，和企业一起协同共建共有的文化价值观念。今天，品牌与消费者个人价值取向渐趋统一，品牌文化已成为品牌粉丝群体的生活方式、个性特征和价值观的象征。

改革开放初期，经济发展刚刚起步，社会物资匮乏，商品供不应求，企业不需要品牌即可将产品销售出去，而在市场上，可供消费者自由选择的空间很小，因此商品仅能够满足人们的基本生活需求，无法体现消费者的个性和品位。在20世纪80年代中后期有计划的商品经济阶段，我国市场仍然是一个卖方市场，市场供给远低于需求，居民整体购买力低下，商品经济无法发挥应有的作用，消费者的市场主体地位仍然没有完全确立。20世纪90年代之后，市场经济正式成为社会主义的内在组成部分，国民经济的快速增长推动国内买方市场形成，中国城市文化的市场化、世俗化进程加快，人们消费、休闲和娱乐的途径日渐增多，不再满足于商品所能带来的功能性价值，而是倾向于那些高品质、有“温度”、能为自己带来高附加价值的品牌，使自己能够从品牌的消费中体验到弥足珍贵的情感、获得精神上的满足，也能够感知到品牌给自己带来的声望与荣誉。所以，对于消费者来说，品牌不再仅仅是区分同类产品的标识、符号，它除了代表产品的质量，还表现了自己的生活方式、经济状况、生活品位、个人修养和社会地位。

进入21世纪之后，各种物资、商品和服务在中国市场上供应比较充足，中国消费者的消费行为逐渐呈现新的时代特征——消费个性化、选择多样化、决策主动化，消费者拥有更多表达的权利、机会和自由。越来越多的消费者借助数字化媒体平台参与品牌文化信息与价值的构建和传播过程，成为企业的积极合作者。例如，消费者会基于他们的购买经验与品牌建立不同的关系，或者与其他有同类志趣的消费者建立某品牌的虚拟社区、品牌亚文化社群等。在这些或真实或虚拟的社区群体中，他们就品牌文化的内涵进行交流、互动，进而使他们的想法、主张、文化价值观念在品牌中得以呈现和广泛传播。在这种情境下，品牌已经成为消费者自我表达的一种途径，成为他们表达个人价值观、财富、身份地位与审美趣味的一种载体，而且品牌所传递的精神、文化已经上升为品牌追随者的精神信仰。

三　品牌文化的社会价值

品牌是属于全社会的，品牌价值也是属于全社会的。品牌的社会价值不仅体现在品牌能够促进企业经济效益增长，进而带来整个社会物质财富的增长，还体现在品牌对社会文化的传播与传承。

首先，当企业由品牌符号、产品功能的传播走向品牌文化传播的时候，品牌开始反映客观的社会生活，体现个人的审美趣味和价值取向，并通过唤起消费者内在的情感与精神共鸣，有效地发挥品牌的社会审美和文化教育的职能。在国际上具有较高知名度的品牌，如苹果、可口可乐、麦当劳、耐克等能够通过统一的产品、形象、文化等在世界范围内引导消费观念、改变消费行为，甚至影响众多国家消费者的文化价值观念。改革开放后，中国人民慢慢富裕起来，人们对生活质量的要求也越来越高，偏爱和崇尚名牌商品。与此相应，国内的品牌也越来越多地指向精神体验，向消费者传递一种生活方式，潜移默化地改变着人们的生活方式和生活观念。进入 21 世纪之后，随着人们环保意识的不断增强，绿色健康型消费需求不断增加，吃健康食品、穿天然材质的衣物、低碳出行等消费行为逐渐成为社会风尚。人们生活态度和理念的改变必然引起低碳环保、新能源产品的开发，以及绿色健康品牌文化的传播，企业的品牌价值取向正在发生变化，因此，品牌文化的变迁在某种程度上也反映和记录了中国社会文化价值观演变的轨迹。

其次，品牌无形价值能够提高企业的核心竞争力，为企业带来源源不断的经济利益。2020 年，美国 Interbrand 品牌咨询公司数据显示，苹果的品牌价值为 3229.99 亿美元，同比增长 38%；亚马逊（美国）的品牌价值为 2006.67 亿美元，同比增长 60%；在该公司发布的“2020 全球最具价值品牌 100 强”排行榜中，华为是排名最高的中国公司，品牌价值为 63 亿美元。[①] 品牌的核心价值在于其品牌无形价值的含金量，无形价值越高，品牌的溢价能力就越高，具体表现为产品的价格就越高。苹果、谷歌的品牌价值高于同行业

① 《Interbrand：2020 年度全球最具价值 100 大品牌榜》，网易，https://3g.163.com/dy/article/FPP24O2K053159A3.html，最后访问日期：2021 年 5 月 1 日。

其他品牌，它们的平均获利率也会相应高于其他品牌。通过观察引领国际市场的品牌也会发现，它们往往能够最大限度地利用全球的经营资源，并通过生产和流通的规模效应不断降低产品生产的成本，而这些品牌的产品销售价格却远远高于同类产品中的普通品牌。据调查，一个知名品牌能够将产品的价格提高20%～40%，甚至更高，[①] 产品的高价格、低成本为这些企业带来了远高于同行业平均利润的品牌附加值，也以一当十之力占据了相当大的市场份额，为社会经济总量贡献了巨大的力量。所以，推动中国企业建设民族品牌、发展品牌文化内涵有利于提高我国民族品牌资产价值，提升民族品牌对社会商业经济发展的作用，推动全社会财富的增加。

最后，20世纪90年代之后，随着我国市场经济体制的形成与完善、整个社会品牌意识的不断上升，品牌从实体性产业逐渐延伸至教育、文化、广电、体育等公共性产业。公共产业是我国社会经济的重要组成部分，也需要面向市场、服务民众，借助品牌的力量谋求发展，于是，政府品牌、文化遗产品牌、教育机构品牌等应运而生并得到传播。例如长城、故宫、春节等文化品牌，其背后的文化故事及其衍生的文化创意产品，均体现了中国悠久的历史文化。这些品牌具有相当可观的经济价值，其内在的品牌文化的传播也有利于对国家公共产业部门的形象宣传，进而有助于提升国家形象，深化人们对国家资源、文化遗产的了解和对祖国的热爱之情。近年来，在我国积极融入世界的过程中，我国政府也开始重视对国家形象的宣传。2011年1月17日，中国国家形象“人物篇”宣传广告出现在世界的十字路口——美国纽约时报广场。六块巨型液晶显示屏每日300次滚动播出，每小时播出15次。该广告播出一直持续到当年2月14日，总计播出8400次。该形象广告共计30秒，片中出现了谭盾、郎朗、袁隆平、杨利伟等国内知名人士，基本涵盖了这些年活跃在

① 余明阳、戴世富编著《品牌战略》，清华大学出版社，2009，第2页。

中国经济、文化、体育、科技等领域的名人，从各个角度展示了中国人民积极进取、生机勃勃的风貌，有助于世界各国人民正确地认识中国。2023 年 3 月 12 日，《人民日报》新媒体发布了最新国家形象网宣片《PRC》，中文名为“这就是我，中华人民共和国”。仅就标题而言，其积极回应了在近几年贸易摩擦的影响下，不少西方人抵制“中国制造”的问题。再者，该宣传片开篇，使用了莫高窟、三星堆、兵马俑、故宫等闪转画面，展现了中华文明 5000 年的历史，之后的中国大熊猫、风力发电、中欧班列等场景传递了“人类命运共同体”的主张。

第四节　品牌文化的战略启示

一　品牌文化传播的“国家”意识

文化是极具竞争力的武器，文化软实力已成为国家之间综合国力竞争的关键因素，作为国家软实力的重要体现——品牌之间的竞争也将是品牌文化的竞争，品牌文化的无形价值决定了企业的品牌价值。但是，长期以来，中国品牌在跨文化讲述自我身份、建构品牌形象的过程中面临价值体系、文化理念差异等多重障碍。企业和品牌传播者可以通过广告作品的概念隐喻框架、传播视角以及选择多样化的媒介与话语表述方式，实现对中国品牌文化多方位、多层级、多角度的自塑。例如，可以通过品牌文化的“泛媒介化”传播构筑琴棋书画、笔墨纸砚、汉字篆刻、文人古迹、诗词歌赋、中华武术等中国优秀传统文化以及社会主义先进文化等多元化的对话空间，以增强中国品牌文化传播的主体性以及国家形象的丰富性和自主性。

随着全球经济一体化和国际竞争的不断加剧，企业之间的竞争已经从原来的效益、规模、资本的竞争走向文化的竞争，这是企业走向成熟的标志，也是企业在激烈的竞争中获得持续发展的必由之路。文化的竞争体现了软实力在企业的品牌建设和品牌文化战略中的重要性。目前，国内已经有一些在品牌文化建设上做得较成功的知名企业，如海尔、华为等。它们在品牌的跨文化传播过程中充分融入当地市场，通过品牌文化核心价值唤起当地消费者内心的文化和价值观认同，由此释放出巨大的能量，并转化为丰厚的品牌资产价值，促使品牌逐渐从便宜、山寨、大量、低端的全球性刻板印象中走出来。

品牌文化产生于不同的品牌，而不同的品牌有其得以形成的独特的企业内外部环境，而且不同企业的经营理念、营销策略、价值观念也不尽相同。这些因素均导致了品牌文化和个性的差异，技术创新可以学习和模仿，但品牌文化的独特性是其他竞争性企业难以模仿和超越的，所以，品牌文化有助于企业构建以文化为核心的竞争力，提升现代企业品牌形象，充分发挥企业的竞争优势，也有助于中国企业的国际化、现代化发展，增强企业品牌的国际竞争力。品牌文化是对品牌竞争理论的完善和发展，因此加强品牌文化传播，有助于我国企业缩小与国外先进企业在品牌营销理论与实践上的差距，并结合中国特殊的经济、文化、社会生活等方面的基本情况和特点，探索出富有中国特色的品牌文化传播策略。

作为社会发展的产物，文化是国家软实力的重要组成部分，也是建设社会主义文化强国的重要资源。因此，从国家战略高度上看，把品牌放在国家软实力的层面，将有助于中国社会抵御西方国家的文化扩张。美国学者约瑟夫·奈是“软实力”的提出者。他认为，一个国家的实力包括由文化、意识形态、政治价值观、国内外政策等组成的软权力和由军事权力、经济权力组成的硬权力两个部分。①他宣称，当今世界，这些软性权力之源正变得越来越重要。② 2005

① 〔美〕约瑟夫·奈：《美国定能领导世界吗》，何小东、盖玉云等译，军事译文出版社，1992，第159~164页。

② 〔美〕约瑟夫·S. 奈：《硬权力与软权力》，门洪华译，北京大学出版社，2005，第118页。

年8月12日，时任浙江省委书记的习近平在《浙江日报》第一版“之江新语”的专栏文章《文化是灵魂》中也讨论了文化的力量，或者我们称之为构成综合竞争力的文化软实力①的作用；2007年，党的十七大报告首次从战略角度明确提出“推动社会主义文化大发展大繁荣，提高国家文化软实力”②；2017年，党的十九大报告将“社会文明程度达到新的高度，国家文化软实力显著增强，中华文化影响更加广泛深入”③ 列为2020年到2035年第一个阶段的战略目标；2022年，党的二十大报告更是提出“坚持创造性转化、创新性发展……传承中华优秀传统文化……不断提升国家文化软实力和中华文化影响力”④ 的战略要求。

总之，无论从哪个层面着眼，均亟须提高企业乃至国家的品牌文化意识，重视品牌文化的国内、国际传播，积极进行文化输出，提高品牌资产的附加价值，推动国家软实力和国家形象的提升，增强中国品牌、中华文化和国家形象独特的吸引力和影响力，并将购买和消费本土品牌打造为消费者的一种生活方式，正确影响、引导公众的文化价值观，涵养公众的审美趣味。

二　品牌文化传播的“企业”转向

国家优秀文化通过品牌对外输出有助于提高品牌形象，也有助于国家文化软实力的提升，此外，国家形象也与品牌形象关系紧密，前者通过企业形象间接地影响后者。但是，近代以来沉疴的中国国

① 习近平：《文化是灵魂》，载《之江新语》，浙江人民出版社，2007，第149页。

② 《胡锦涛在党的十七大上的报告（全文）》，国务院新闻办公室网站，http://www.scio.gov.cn/37231/Document/1566887/1566887_7.htm，最后访问日期：2022年7月25日。

③ 《决胜全面建成小康社会 夺取新时代中国特色社会主义伟大胜利——习近平同志代表第十八届中央委员会向大会作的报告摘登》，《人民日报》2017年10月19日，第2版。

④ 习近平：《高举中国特色社会主义伟大旗帜 为全面建设社会主义现代化国家而团结奋斗——在中国共产党第二十次全国代表大会上的报告（2022年10月16日）》，人民出版社，2022，第43页。

家负面刻板印象,[①] 并没有随着中国经济总量的大幅提升而得到彻底的扭转，特别是在一些欧美发达国家和地区民众的潜意识中，中国的国家形象仍然停留在国民素质不高、产品品质低劣、现代化程度低的层面,[②] 这使中国企业的品牌在国际上也受到影响，常常得不到国际主流市场消费者的认可。品牌是一个国家的名片，是国家形象的直接展示，所以，中国政府应鼓励和支持中国企业依靠自主品牌进入国际市场并不断国际化，而不只是为跨国企业代工、贴牌生产。但目前，仍然有不少国内企业要么将无自主品牌名、无商标、无形象和无文化意义的产品输至国内和国外市场，要么只顾眼前利益，自甘为他人作嫁衣裳，成为跨国企业的代工商，导致我国产业长期处在“微笑曲线”的底端，许多企业单纯以低劳动力成本、资源消耗和牺牲环境为代价换取微薄的利润。

相较之下，在美国等西方发达国家，许多知名品牌早已成为国家文化的代名词，如可口可乐、麦当劳、迪士尼、耐克等，不仅在美国本地，而且在全球各地源源不断地以各种品牌传播形式输出美国文化价值观。这些世界级品牌通过青春流行文化和多元文化的铸造表现自我，并通过对外传播品牌精神文化，尝试在这个多元化而又和谐的世界中构建一种国际性的、友好的资本主义乌托邦视野，其完整、成熟的品牌象征性符码已经等同于文化本身。

所以，推动自主品牌文化的建设和传播对于中国企业实施“走出去”战略、提升品牌形象、传播国家文化等都是非常重要的。具体而言，中国在建立起世界性制造规模的同时，应该主要从以下方面推动自主品牌文化的建设与传播。

其一，推动企业建设自主品牌，并以自主品牌的形式“走出去”。

随着中国经济的快速增长、国力的增强，国外消费者对中国国

① 王海忠：《中国品牌演进阶段的划分及其公共政策启示》，《中山大学学报》（社会科学版）2015 年第 4 期。

② 王玲玲、郭晓欣：《国家刻板印象对中国企业被东道国市场接受程度的影响》，《阅江学刊》2019 年第 3 期。

家形象和品牌形象的关注度与日俱增，而一个企业的品牌形象与其来源国的国家形象具有紧密的互动关系。一方面，国家的政治、经济、文化因素会影响一国企业的品牌形象。C. Min Han 通过研究认为，当消费者对一个国家的产品知之甚少之时，产品来源国的形象会直接影响消费者的态度，从而影响到他们对该产品属性的信念，进而影响到对该品牌的评价；而在消费者对该产品非常熟悉的情况下，国家形象则以总括效应直接影响到他们对该品牌的态度。① 此外，王海忠和赵平在一项有关品牌原产地效应的调查中发现，国家形象对于消费者的品牌信念和品牌购买倾向有着显著的影响。② George Balabanis 和 Adamantios Diamantopoulos 通过研究也发现，如果消费者知道一个陌生品牌的原产地，他倾向于从这个品牌的原产地推断出该品牌的属性（例如质量、风格）。③

文化是一个民族的精神支持，对国家的影响是深远的。品牌文化是国家文化的一种表现形式，积极的、正面的品牌形象及其品牌文化的海外传播，有利于反映和完善全球化语境下的国家形象。因此，推动中国品牌做大做强，是中国经济由大变强、持续蓬勃发展的重要内容，也是中国国家形象提升的重要途径之一。中国民族品牌需要加快“走出去”的步伐，依托于深厚的中华文化内涵形成强大的自信和感召力，提升“中国制造”的国际竞争力。

目前，中国政府正在把国家战略和中国品牌“走出去”的战略进行深度融合，推动更多的民族企业和品牌走出国门，通过完善相关法律法规、健全技术创新体系、营造良好的社会环境等，加快培育、塑造中国品牌的国际竞争力。2015 年以来，“一带一路”倡议

---

① C. Min Han, “Country Image: HaIo or Summay Construct?” *Journal of Marketing Research*, Vol. 5, 1989, pp. 222 – 229.

② 王海忠、赵平：《品牌原产地效应及其市场策略建议——基于欧、美、日、中四地品牌形象调查分析》，《中国工业经济》2004 年第 1 期。

③ George Balabanis & Adamantios Diamantopoulos, “Brand Origin Identification by Consumers: A Classification Perspective,” *Journal of International Marketing*, Vol. 1, 2008, pp. 39 – 71.

的实施，对中国企业发展、打造百年品牌是难得的历史机遇。而在中国企业借助“一带一路”倡议“走出去”的过程中，由于拥有自主品牌是企业参与国际竞争的先决条件，国内企业首先要实现从定牌加工到拥有自主品牌的转变，全力打造品牌竞争的全新优势；其次，企业要增强品牌保护意识、坚持自主创新，培育和发展自主品牌；再次，企业要在海外坚持品牌文化传播的本地化，通过广告、公关、事件营销、体育营销、网络营销等多种品牌传播方式构建和传播品牌文化，提升品牌的无形价值，成为推广中国文化的新名片；最后，在国内企业走出国门后，中国政府和相关组织也要指导企业做好商标的境外注册工作，指导企业运用知识产权的综合保护机制全面保护注册商标，并在政策、服务等方面给予支持和推进，加速提升企业自主品牌的国际竞争力。

其二，在国内探索现代化的品牌文化传播策略，实现中国文化的传播与传承。

20 世纪 90 年代末，为了抵御国际经济环境的不利影响，应对国内需求不足造成的经济增长乏力，国家出台了扩大国内需求的相应措施，开始大力“鼓励消费”。与此同时，随着国外商品、品牌的大量涌入，包括消费主义在内的西方现代文化在大众传媒、商业广告等的助力下在我国得到更加深入的传播，“买东西变成了既是自尊的一种证明，又是一种社会接受方式的标志”,① 特别是西方发达国家的名牌产品、名牌奢侈品已经被中国广大消费者视作象征社会身份与地位的符号。Erdener Kaynak 和 S. Tamer Cavusgil 指出，如果一个品牌的原产地是发达国家，那么消费者就会倾向于对其品牌形象产生良好的认知。② 这个结论在国内消费者特别是年轻一代的消费者身

① 〔美〕艾伦·杜宁：《多少算够？——消费社会与地球的未来》，毕聿译，吉林人民出版社，1997，第 20 页。

② Erdener Kaynak & S. Tamer Cavusgil, “Consumer Attitudes Towards Products of Foreign Origin: Do They Vary Across Product Classes?” *International Journal of Advertising*, Vol. 2, 1983, pp. 147 – 157.

上得到了验证。他们大多认为欧美西方发达国家的知名品牌无论质量、性能，还是创新能力，均优于国内品牌，甚至具有盲目崇洋媚外、“讲究攀比、追求豪华”等扭曲的行为观念，而对中国的自主品牌则表现出鄙夷的态度，认为国内品牌不过是低价、低质量的代名词。每一个品牌的成长都是一个从小到大、从弱到强的过程。目前，中国的本土品牌发展处于起步阶段，而且知名品牌不多，需要一定的成长空间和时间，需要国人的鼓励、包容、关注与呵护。

但是目前，在国内市场上，有些中国企业经营者还并不充分理解与消费者建立关联的重要性。不管是无形的关联还是情感上的关联，他们都不理解它的重要性。但企业和消费者建立非常紧密的关联，对打造品牌的价值来说是非常重要的。所以在这个阶段，中国企业一方面需要抓住新科技革命带来的有利条件，加强自主技术创新体系建设，提高产品质量和科技创新能力，形成自己的核心技术与能力，提升品牌的市场竞争力；另一方面，需要不断提高品牌意识，以品牌文化的传播推动品牌的发展。中国企业需要通过创新、实施品牌文化传播策略，满足国内人民群众日益增长的精神文化需求。相较于20世纪八九十年代，今天中国消费者表现得更为理性和成熟，消费观念也发生了变化，关于产品，他们所能掌握和处理的信息资源也越来越多，不再一味地相信企业的广告宣传。所以，企业要认识到品牌成长的自然规律和不可或缺的内涵建设，要借助广告、公关、促销、人际等各种传播手段，通过精心的品牌策划与传播和中国消费者建立起持久的品牌关系，与他们共同培育和传播品牌文化。

首先，企业需要全面采用和贯彻“以消费者为中心”的品牌营销策略，由市场转向消费者的内心，为品牌在消费者心中占据最有利的位置，并在网络等数字媒体兴起的环境下，吸引消费者参与品牌文化的协同共建，共同塑造目标消费者心目中的品牌形象，共同建设、传播品牌文化，最终提升品牌的消费者忠诚度和美誉度；其次，企业要避免盲目跟风国外某些品牌的营销传播方式，减少广告中的物质主义、享乐主义等消费主义文化内容，并在中国传统文化、企业文化、品牌故事中深度挖掘品牌的核心价值观，积极探索现代化的品牌文化传播策略，从而在新的形势下传播与传承中华民族优秀的文化，正面影响、引导消费者的文化价值观；最后，企业可以根据某个艺术性的主题策划广告活动，并与消费者进行线上线下互动，引导消费者参与、体验品牌和产品，进而共同创造多向度、多层面的审美意蕴空间，提升消费者的审美素养，影响社会的审美趋向与审美文化。

比如，获得第十二届中国国际广告节长城奖金奖的《五月花水墨艺术 art of absorption》，① 该广告活动大胆地将中国传统的水墨画与“五月花”品牌卫生纸相结合，与现场 100 位参与者共同感受了五月花卫生纸强韧、柔软、湿水不易破的特性，以现代性的方式弘扬了中国的传统文化。

其三，坚持全球一体化与本土化统一的品牌营销战略，在文化表现和品牌理念等方面获得国外消费者的理解和认同。美国 Interbrand 公司始创于 1974 年，是全球领先的品牌咨询公司，该公司的品牌评估方法是全球第一个通过 ISO 权威认证的方法。在 Interbrand 公司发布的“2014 全球最具价值品牌 100 强”排行榜中，中国华为技术有限公司居第 94 名，系首次上榜的中国品牌；在 Interbrand 公司发布的“2020 全球最具价值品牌 100 强”排行榜中，华为仍然是中国唯一上榜品牌，排名上升至第 80 名。一个国家或地区拥有名牌特别是世界名牌的数量，标志着该国家或地区的综合经济实力。世界名牌，就是在国际市场上具有较高的知名度、获得相关国家和地区消费者的普遍认可和偏爱，并在国际市场上具有较强的竞争力的企业品牌、商标，其品牌文化也具有高度的国际融合性。我国很多企业在品牌价值、经营规模、全球化程度、技术创新程度等方面同苹果、微软、可口可乐、宝马、耐克等世界名牌存在较大的差距。而国际化是成就世界名牌的必由之路，世界名牌企业一般都建立了

① 《中国广告年鉴》编辑部主编《2014 中国广告年鉴》，新华出版社，2014，第 355 页。

全球性销售网络，具有较高的国际市场占有率。这些品牌正在科技力量的推动下，将标准化的产品销往世界各地，形成全球统一的市场，加速了全球经济一体化的趋势。但是，由于每个国家的消费习惯、文化风俗、价值观念等仍然存在差异，跨国企业在长期的品牌经营过程中，需要根据分支机构所在国家或地区的实际情况，采用趋于本土化的营销思维，坚持全球一体化与本土化相统一的品牌国际化战略，具体表现为两个方面。

一方面，全球一体化首先要给自己设计一个放之四海而皆准的品牌名称，其次要实现产品质量标准和资源运用的全球化，最后要实现品牌核心价值的全球化。比如，宝马向全世界消费者传播“驾驶的乐趣”，万宝路则在世界各地反复展示其“勇敢、冒险、激情、进取的男子汉形象”。

另一方面，跨国企业也要在其分公司所在国家或地区采用本土化思维进行品牌经营，即在保持母公司产品、服务基本内涵以及品牌核心文化价值不变的基础上，通过产品设计生产、品牌经营方式等方面的适当本土化，使自身内在的品牌文化得到当地人民的理解、认可和支持，并在品牌营销过程中与当地人民建立长久稳固的关系和情感联系，进而获得当地政府和人民的支持。

20 世纪 90 年代中期，华为就凭借自主品牌方式，以非洲和亚洲的一些发展中国家为起点进入国际市场，并将自身的品牌核心价值与当地文化相结合，在当地市场实施本土化的品牌营销、建立情感联结，通过几年的品牌建设，华为逐渐在发展中国家站稳了脚跟。例如，截至 2023 年初，华为已经与 200 多家非洲电信运营商合作，成为 1500 余家非洲本地企业的数字化转型合作伙伴，在南部非洲，华为更是布署了超过 5000 个绿色站点方案，帮助运营商每年减少 4000 万美元的支出。[①] 华为在欧洲国家的品牌营销活动在一定程度

① 《华为：点亮未来，释放非洲数字经济潜力》，华为网站，https://www.huawei.com/cn/news/2022/11/huawei－africacom－2022，最后访问日期：2023 年 7 月 10 日。

上也扭转了海外公众对我国本土品牌的刻板印象。例如，2013 年华为更是提出把欧洲作为“第二故乡”的发展策略，积极融入西方社会，逐步建立起企业的全球性组织架构。2016 年，华为与德国徕卡公司实施品牌联合战略，发布了新旗舰产品华为 P9 手机，赢得了国际市场的高度关注。2019 年 5 月，美国将华为手机列入管制“实体名单”之中，谷歌公司也表示与华为终止业务合作，但是，华为在欧洲市场仍然具有影响力。多年以来，华为在品牌传播上的深耕细作，极大提升了华为品牌在全球消费者心目中的知名度和美誉度，使之成为全球知名品牌。

结　语

品牌是企业的灵魂。品牌文化，作为企业的无形价值，往往要远高于企业的有形价值，决定了企业未来的发展方向。随着产品日趋同质化，企业的竞争日益升级，未来品牌之间的竞争也将是文化的竞争。本书梳理分析了中国当代品牌文化变迁的轨迹、规律，认为中国品牌文化的变迁是从以产品功能为主导的物质文化向品牌理念文化发展过渡，最终走向企业和消费者共建共有的价值观的过程，品牌文化将以越来越多元化、现代化的形式呈现，渗透进中国消费者生活的方方面面，成为消费者的一种生活方式，影响中国的社会文化。同时，品牌文化也已经成为企业的一种文化资本，而且兼具身体、客观和制度三种形态，给企业品牌带来了巨大的无形资产，极大地提升了品牌的资产价值。由于目前中国的品牌文化发展还处于初级阶段，所以有关品牌文化传播的理论和实践问题有待经济管理学、传播学相关学者继续深入研究。

一　研究的不足

由于目前从历史发展的角度研究品牌文化变迁的成果不多，且从广告、营销管理与文化相结合的角度研究品牌文化变迁的更是罕见，本书缺乏与改革开放后中国品牌文化传播过程直接相关的研究资料；同时本书也没有成型的中国当代品牌文化发展变迁的分期模式可供借鉴。所以，本书存在以下不足之处。

（一）品牌文化价值变迁的阶段划分问题

在参考中国的广告学者对四十年来的当代广告发展的历史分期模式，考察中国政治、社会、经济与文化的发展，并借鉴与品牌文化相关的经济管理学、营销学研究的基础上，本书首次研究中国品牌文化的变迁过程，依据改革开放后与品牌、品牌文化演变有关的社会背景，即中国经济与文化的发展、企业品牌意识的再次唤醒与发展、广告业的恢复与发展等，将中国品牌文化发展的时期分为品牌符号文化的孕育、品牌附加价值文化的发展、品牌文化资产建设，以及品牌文化多元化发展等阶段。这个过程并非直线式、跳跃式的，也不是前后彼此更替、取代的关系，而是呈现前后叠加、交错、交融、式微的关系，即上一个品牌文化发展的阶段到了新的时期并不会消失，而是和新出现的发展阶段协同共进、融合发展、互为作用，乃至进入 21 世纪之后，随着经济、文化全球一体化进程的加速，越来越多的国外品牌进入国内市场，国内品牌也越来越多地“走出去”，中国民族企业的品牌文化呈现多元化传播与发展的态势。本书中有关中国品牌文化变迁的阶段划分仅代表个人的观察与研究结论，还需要后续研究者的考证与完善。

（二）广告中所呈现的文化价值观的划分问题

本书对于传统和现代化文化价值观的划分虽然是依据 Mueller①、Cheng 和 Schweitzer②、Lin③ 与 Pollay 等④的定义和划分方法，但实际情况并非如此简单与理想化，同样，实用性文化价值观和象征性文化价值观，也存在类似的问题。由于目前中国处在多元文化碰撞与交融的时期，所以一些广告也呈现复杂多元的文化价值观，很难判断它到底是“传统的”还是“现代的”，是“实用性的”还是“象征性的”。目前广告中出现文化价值观交织融合的状况，有助于我们

① Barbara Mueller, “Reflections of Culture: An Analysis of Japanese and American Advertising Appeals,” *Journal of Advertising Research*, Vol. 27, 1987, pp. 1 – 21.

② H. Cheng & J. C. Schweitzer, “Cultural Values Reflected in Chinese and U. S. Television Commercials,” *Journal of Advertising Research*, Vol. 36, 1996, pp. 383 – 398.

③ Carolyn A. Lin, “Cultural Values Reflected in Chinese and American Television Advertising,” *Journal of Advertising*, Vol. 30, 2001, pp. 83 – 94.

④ R. W. Pollay, D. K. Tse, & Z. Y. Wang, “Adevertising, Propganda and Value Change in Economic Development,” *Journal of Business Research*, Vol. 2, 1990, pp. 83 – 95.

更好地理解社会文化价值观念的发展变迁，对品牌文化的理论与实践发展也会有参考与借鉴意义。总之，影响广告中的文化价值观的因素很复杂，而分析广告中的文化价值观也只是观察中国品牌文化变迁的一个角度。品牌文化涉及企业文化、品牌传播策略、消费者消费行为、心理等诸多因素。中国品牌文化变迁的研究的发展目前尚处在初级阶段，需要相关学者今后进行大量的观察和研究。

（三）品牌文化传播研究的样本问题

由于 2000～2022 年《IAI 中国广告作品年鉴》中涉及的广告较多，本书仅根据研究目的选取了中国 2002 年和 2007 年《IAI 中国广告作品年鉴》中收录的广告进行内容分析、话语分析，并主要选用了 2000 年之前的“全国优秀广告作品展”获奖作品和 2000 年之后《IAI 中国广告作品年鉴》中的代表作品进行对比分析与话语分析，探析广告所传播的品牌文化。而主要以 2000 年之前的“全国优秀广告作品展”获奖作品和 2000～2022 年《IAI 中国广告作品年鉴》中收录的代表作品为样本会存在一定的局限性，今后类似的研究可以扩大广告样本的选取范围，或进行更大时间跨度、跨媒体的抽样调查研究，以得出更具普遍性的结论。

（四）品牌文化传播研究的方法问题

如前所述，由于从某种角度上讲，广告的传播是“单向度”的，广告主为了尽可能地提高市场占有率和销售利润率，往往选择那些能够刺激消费者的消费欲望的西方价值观念，比如物质主义、享乐主义的价值观，而刻意回避或扭曲那些倡导勤俭节约、量入为出的传统文化价值观；同时，媒介文本的符码因为受众生活境遇和所属阶层的不同也有所差异，所以，本书仅仅以 2000 年之前的第一届至第六届“全国优秀广告作品展”获奖作品、2000～2022 年的《IAI 中国广告作品年鉴》中收录的代表作品和中西方学者有关广告所体现的文化价值观的研究资料为对象进行研究，缺乏对受众的广告文化价值观念进行的实证调查与研究，不免产生偏差。再者，由于目前从史学的角度研究品牌文化的成果很少，并且从营销管理、品牌传播与文化研究结合的角度观察与研究品牌文化变迁的过程与规律的更是罕见，因此本书缺乏与中国本土品牌文化变迁直接相关的研究资料，需要后续相关的研究者予以继续关注。

二　研究展望

虽然目前我国本土企业已经普遍具有品牌意识，逐渐重视品牌文化的建设和传播，而且一些具有国际化视野和现代营销观念的中国企业已经拥有品牌文化传播的经验，但是，我国市场经济起步较晚，国内民族品牌发展时间较短，品牌在世界竞争中处于弱势，品牌文化的发展也仍然处于初期阶段。而且，相对于西方知名品牌，我国企业的品牌投入仍然较少，很多企业对品牌的认识还停留在表面肤浅的阶段，品牌意识尚不完善，相当多的企业没有真正认识到品牌文化的价值与作用，往往追求商品销售的短期效应，忽视长期的品牌经营与战略规划；与此同时，我国经济管理、品牌营销和广告学的相关学者对中国品牌文化传播模式和策略的研究还不够系统和深入，有待于更多的学者基于企业和消费者的双重角度，系统而深入地研究中国品牌文化传播的策略、路径和意义。

首先，其他研究者可以继续考证与完善中国品牌文化的变迁，或从经济管理、文化研究等理论出发，或基于中国经济、品牌演进的路径等，对本书中中国当代品牌文化变迁的阶段进行考察与拓展；其次，今后类似的研究可以扩大广告样本的选取范围，亦可以选取公关、叙事、营销、人际等品牌传播的文本或案例进行更大时间跨度、跨媒体的抽样研究，以得出更具普遍性的结论；最后，今后类似的研究可以考虑以中国的消费者为研究对象，兼顾受众问卷调查、实验等量化研究和焦点小组访谈、文本分析等更为质化的研究方法，对广告中所呈现的文化价值观和品牌文化的变迁过程进行多维度的、深入的分析。

参考文献

著　作

[1]〔德〕席勒:《美育书简》,徐恒醇译,中国文联出版公司,1984。

[2]〔德〕康德:《判断力批判》上卷,宗白华译,商务印书馆,1964。

[3]〔美〕赫伯特·马尔库塞:《单向度的人——发达工业社会意识形态研究》,张峰、吕世平译,重庆出版社,1988。

[4]《中国广告年鉴》编辑部编《中国广告年鉴(1988年)》,新华出版社,1988。

[5]中国广告年鉴编辑部编《中国广告年鉴　1992~1993》,新华出版社,1995。

[6]〔法〕让·诺尔·卡菲勒:《战略性品牌管理》,王建平、曾华译,商务印书馆,2000。

[7]〔法〕让·鲍德里亚:《消费社会》,刘成富、全志钢译,南京大学出版社,2000。

[8]〔英〕迈克·费瑟斯通:《消费文化与后现代主义》,刘精明译,译林出版社,2000。

[9]〔美〕达里尔·特拉维斯:《情感品牌》,唐菁等译,新华出版社,2002。

[10]〔美〕艾·里斯、杰克·特劳特:《定位:有史以来对美国营销影响最大的观念》,谢伟山、苑爱冬译,机械工业出版社,2011。

[11]黄江松编著《品牌战略》,中国金融出版社,2004。

[12]陈培爱主编《现代广告学概论》,首都经济贸易大学出版社,

2004。
[13] 李光斗：《品牌竞争力》，中国人民大学出版社，2004。
[14] 〔美〕唐·舒尔茨等：《新整合营销》，吴磊等译，中国水利水电出版社，2004。
[15] 〔美〕杰姆逊：《后现代主义与文化理论》，唐小兵译，北京大学出版社，2005。
[16] 余明阳、杨芳平编著《品牌学教程》，复旦大学出版社，2005。
[17] 余明阳、朱纪达、肖俊崧：《品牌传播学》，上海交通大学出版社，2005。
[18] 〔美〕斯科特·戴维斯：《品牌资产管理》，刘莹、李哲译，中国财政经济出版社，2006。
[19] 陆扬、王毅：《文化研究导论》，复旦大学出版社，2006。
[20] 《中国广告年鉴》编辑部编《2006中国广告年鉴》，新华出版社，2006。
[21] 杨海军主编《现代广告学》，河南大学出版社，2007。
[22] 张殿元：《广告视觉文化批判》，复旦大学出版社，2007。
[23] 李沛新：《文化资本运营理论与实务》，中国经济出版社，2007。
[24] 余明阳、戴世富：《品牌文化》，武汉大学出版社，2008。
[25] 郭鸿编著《现代西方符号学纲要》，复旦大学出版社，2008。
[26] 《中国广告年鉴》编辑部编《2008中国广告年鉴》，新华出版社，2008。
[27] 王成荣：《品牌价值论：科学评价与有限管理品牌的方法》，中国人民大学出版社，2008。
[28] 〔英〕迈克·费瑟斯通：《消解文化——全球化、后现代主义与认同》，杨渝东译，北京大学出版社，2009。
[29] 余明阳、韩红星主编《品牌学概论》，华南理工大学出版社，2008。
[30] 陈刚主编《当代中国广告史·1979—1991》，北京大学出版社，2010。

[31] 刘晓刚等：《品牌价值论》，东华大学出版社，2010。

[32] 戴烽：《公共参与——场域视野下的观察》，商务印书馆，2010。

[33] 陈素白：《转型期中国城市居民广告意识变迁》，厦门大学出版社，2011。

[34] 李启庚：《品牌体验的形成及对品牌资产的影响研究》，上海交通大学出版社，2013。

[35] 段淳林：《整合品牌传播：从 IMC 到 IBC 理论建构》，世界图书出版公司，2014。

[36] 陆扬：《后现代文化景观》，新星出版社，2014。

[37] 《中国广告年鉴》编辑部编《2014 中国广告年鉴》，新华出版社，2014。

[38] 〔法〕皮埃尔·布尔迪厄：《区分：判断力的社会批判》，刘晖译，商务印书馆，2015。

[39] 刘光明主编《品牌文化》（第二版），经济管理出版社，2017。

[40] 阳翼：《人工智能营销》，中国人民大学出版社，2019。

[41] Stephen King, *What Is a Brand?* London: J. Walter Thompson, 1970.

[42] Roxanne Hovland and Gary B. Wilcox (eds.), *Advertising in Society*, Lincolnwood, Illinois: NTC Publishing Group, 1989.

[43] J. J. Lambin, *Strategic Marketing: A European Approach*, London: McGraw-Hill, 1993.

[44] J. H. Davidson, *Even More Offensive Marketing: An Exhilarating Action Guide to Winning in Business*, London: Penguin Books, 1997.

[45] Chernatory and McDonald, *Creating Powerful Brands: In Consumer, Service and Industial Markets* (3th edn.), Oxford: Elsevier/Butterworth-Heinemann, 1998.

[46] L. de Chernatony & M. McDonald, *Creating Powerful Brands in Consumer*, Oxford: Butterworth-Heinemann: Service and Industrial, 1998.

[47] Marc Gobe, *Emotional Brandingr the New Paradigm for Connecting Brands to People*, New York: Allworth Press, 2001.
[48] Geert H. Hofstede & Gert Jan Hofstede, *Cultures and Organizations: Software of the Mind* (2nd edn.), New York: McGraw-Hill, 2005.

文　集

陆蓓:《浅议商标与品牌的关系及对商标监管工作的启示》,《工商行政管理理论文集(2014年度)》,2014。

期刊论文

[1] 陈辽:《也谈"文化热"》,《文艺争鸣》1987年第3期。
[2] 马波:《提高企业商标意识　促进商品经济发展》,《商业研究》1990年第10期。
[3] 汝羊:《中国当代广告审美变革与取向》,《暨南学报》(哲学社会科学)1991年第1期。
[4] 阮庭方:《强化商标法律意识,促进商品经济发展》,《商业经济文萃》1992年第5期。
[5] 陈培爱:《广告传播与中国传统文化的融入》,《齐鲁学刊》1993年第3期。
[6] 高瑞兰:《市场经济与功利性价值观念》,《理论与现代化》1994年第3期。
[7] 周超:《个性化消费:21世纪消费思想》,《商业研究》1995年第5期。
[8] 成有信:《中国现代化与中国古代文化及西方现代文化的关系》,《北京师范大学学报》(社会科学版)1995年第5期。
[9] 刘瑞璞:《浅议功利性价值观念》,《实践》1996年第2期。
[10] 宗胜利:《80年代"文化热"研究综述》,《理论前沿》1996第16期。

[11] 陈策：《企业商标体系的形成》，《中国工商管理研究》1997年第2期。

[12] 万乔：《论商标传播在企业名牌战略中的作用》，《湖北商专学报》1997年第3期。

[13] 李蒙蔚：《以市场为中心的经营战略》，《电子质量》1998年第1期。

[14] 国家统计局《城镇居民生活质量研究》课题组：《喜看今日新变化——改革开放20年城镇居民生活水平显著提高》，《中国统计》1999年第1期。

[15] 刘丽、王改珍：《改革开放以来中国居民的消费需求变化（I）——城市居民消费》，《中国农业大学学报》（社会科学版）2000年第2期。

[16] 王培先：《中国广告业发展综述》，《中国广告》2000年第6期。

[17] 康微：《商标与品牌异同比较》，《中国青年政治学院学报》2001年第6期。

[18] 余明阳、舒咏平：《品牌传播刍议》，《电子质量》2001年第11期。

[19]《海尔率先引领个性化消费力推电子商务》，《家用电器科技》2001年第1期。

[20] 郭莲：《文化的定义与综述》，《中共中央党校学报》2001年卷第1期。

[21] 李宗山：《20世纪中国的两次“文化热”述评》，《中华文化论坛》2001年第3期。

[22] 刘凤军、雷丙寅、王艳霞：《体验经济时代的消费需求及营销战略》，《中国工业经济》2002年第8期。

[23] 黄海客：《21世纪：消费个性化时代》，《决策与信息》2002年第2期。

[24] 洪茵茵：《浅议品牌文化》，《商业经济文荟》2002年第4期。

[25] 陈英毅、范秀成：《论体验营销》，《华东经济管理》2003 年第 2 期。
[26] 范鲁斌：《中国广告业二十年（1983—2002）统计回顾》，《广告研究》2003 年第 7 期。
[27] 戴贤远：《民族品牌文化底蕴的移情化延伸》，《经济管理》2003 年第 21 期。
[28] 张富刚：《浅谈财政与中国媒体产业化进程》，《新闻知识》2003 年第 4 期。
[29] 符莎莉：《品牌空心化危机》，《商业经济管理》2003 年第 3 期。
[30] 林振辉、许锡明：《以客户为中心的产品化设计——“动感地带”品牌的创建》，《电信科学》2004 年第 12 期。
[31] 尤华丹、顾菁婧：《论品牌文化与品牌延伸》，《上海商业职业技术学院学报》2004 年第 3 期。
[32] 孙文宪：《艺术世俗化的意义——论本雅明的大众文化批评》，《华中师范大学学报》（人文社会科学版）2004 年第 5 期。
[33] 范红、黄瑞熙：《中西方广告中的文化价值观——符号、语篇与文化价值取向》，《当代传播》2005 年第 6 期。
[34] 晋雪梅：《基于顾客价值的品牌关系管理》，《市场周刊》（研究版）2005 年第 S1 期。
[35] 蒋英州、叶娟丽：《对约瑟夫·奈“软实力”概念的解读》，《政治学研究》2009 年第 5 期。
[36] 刁世存：《20 世纪中国社会人道主义思潮的历史命运》，《玉溪师范学院学报》2005 年第 5 期。
[37] 何佳讯：《转型经济与新兴市场背景中的品牌资产问题——一个研究回顾》，《市场营销导刊》2006 年第 4 期。
[38] 赵丽英：《论企业文化与品牌文化的关系》，《山西农业大学学报》（社会科学版）2006 年第 2 期。
[39] 郭国良：《我国家电企业的品牌空心化现象、成因及其营销对策》，《商场现代化》2006 年第 7 期。

[40] 黄蕾、刘书慧:《企业文化和品牌文化之比较研究》,《当代经济》2006 年第 9 期。

[41] 莫军华:《文革前后中国广告设计的审美特征》,《艺术百家》2006 年第 4 期。

[42] 蒋亦斌:《当代中国消费观念变迁的阶段和特点——以广告传播表现为视角》,《商场现代化》2006 年第 20 期。

[43] 彭诚、郭飞:《解读商标与品牌的异同》,《前沿》2007 年第 7 期。

[44] 侯玲、张玉林:《消费主义视角下的环境危机》,《改革与战略》2007 年第 9 期。

[45] 孙晓强:《品牌文化建设的五大误区》,《天津市经理学院学报》2007 年第 1 期。

[46] 王龙、钱旭潮:《体验内涵的界定与体验营销策略研究》,《华中科技大学学报》(社会科学版) 2007 年第 5 期。

[47] 艾瑞咨询:《Web2.0 热点在社区　社会化营销现端倪》,《广告大观》(综合版) 2007 年第 12 期。

[48] 王旭:《浅析品牌文化与企业文化》,《商业文化》(学术版) 2008 年第 5 期。

[49] 韦华伟:《品牌文化与企业文化的异同》,《企业文化》2008 年第 3 期。

[50] 宋联可:《文化成就张裕传奇品牌》,《企业文化》2008 年第 6 期。

[51] 杨春花:《改革开放以来消费观念变化的哲学透视》,《山东社会科学》2009 年第 7 期。

[52] 赵东坡:《我国居民消费观念的进化轨迹与成长趋向》,《商业时代》2009 年第 19 期。

[53] 张丽莲:《企业品牌危机及其防范策略》,《齐鲁学刊》2009 年第 10 期。

[54] 赵洁、关岑:《电视广告推动中国改革开放 30 年消费模式变

迁》,《中国广播电视学刊》2009 年第 1 期。
[55] 徐浩然、郭语言:《中国广告观念之三十年变化》,《中国广告》2009 年第 3 期。
[56] 朱飞:《中国电视广告三十年关键词》,《新闻世界》2009 年第 12 期。
[57] 丁俊杰、王昕:《中国广告观念三十年变迁与国际化》,《国际新闻界》2009 年第 5 期。
[58] 陈素白:《中国电视广告 30 年:价值重塑和分化的推手》,《中国广播电视学刊》2009 年第 1 期。
[59] 蒋原伦:《当代艺术与阐释性批评——多媒介语境下艺术评价机制之探析》,《文艺研究》2010 年第 12 期。
[60] 肖进:《张瑞敏:“砸”出品牌管理经》,《中国林业产业》2010 年第 4 期。
[61] 吴辉:《文化价值观的转变——以大众化报纸广告为视角的研究》,《国际新闻界》2010 年第 11 期。
[62] 邓欢:《消费时代广告的审美嬗变与美学走向》,《现代视听》2011 年第 12 期。
[63] 沈虹:《社会化营销:品牌与消费者协同创意》,《中国品牌与防伪》2013 年第 1 期。
[64] 文刃:《粮票制度的诞生与取消》,《共产党员》2012 年第 10 期。
[65] 张祥:《走向服务经济时代》,《时事报告》2012 年第 10 期。
[66] 张思遥:《改革开放初期中国平面设计发展的特征与趋势研究》,《美与时代》(上)2012 年第 4 期。
[67] 王敏:《从勤俭节约到消费至上——建国以来我国消费观念的整体变迁》,《边疆经济与文化》2013 年第 6 期。
[68] 刘晓丽:《垂直类电商的体验营销策略——以“三只松鼠”为例》,《鸡西大学学报》2013 年第 12 期。
[69] 褚东霞:《中国广告 30 年看消费者的消费价值观的转变》,

《现代营销》(学苑版) 2014 年第 1 期。

[70] 杨文学:《钢铁营销从“以市场为中心”向“以顾客为中心”转型探析》,《市场营销》2014 年第 3 期。

[71] 赖红波:《新媒体背景下广告的事件营销》,《广告研究》2014 年第 19 期。

[72] 刘泳华:《2013 年十大经典品牌营销事件》,《商》2014 年第 3 期。

[73] 林景新:《社会化营销的三种成功范式》,《国际公关》2014 年第 2 期。

[74] 沈露:《浅谈品牌的社会化营销》,《包装世界》2014 年第 5 期。

[75] 吴姝蓉、程建新:《崭新的篇章——1978 年改革开放后中国品牌发展》,《中国广告》2014 年第 4 期。

[76] 姜华:《西方现代性的内在文化逻辑解读与批判》,《学术交流》2015 年第 11 期。

[77] 丛珩:《北京老字号企业自媒体品牌传播现状及问题解析——以新浪微博为例》,《新闻界》2015 年第 10 期。

[78] 苏林森、郭超凯:《改革开放以来中国广告业、宏观经济与政策的互动关系》,《新闻大学》2015 年第 5 期。

[79] 舒咏平、齐二娜:《基于企业自有数字媒体的品牌传播聚合性》,《新闻大学》2015 年第 2 期。

[80] 唐莉莉、吴彩霞:《三只松鼠整合营销传播中的体验营销的运用》,《新闻研究导刊》2015 年第 14 期。

[81] 赵勇、王亚楠:《大学生消费主义思潮的引领与超越》,《社会科学家》2015 年第 9 期。

[82] 傅国涌:《1916——民营企业的品牌意识》,《中国中小企业》2016 年第 12 期。

[83] 姜华:《西方现代文化的普遍表述与哲学反思》,《广东社会科学》2017 年第 1 期。

[84]《新媒体法规风险扫描》,《广告大观》(综合版)2008年第6期。

[85] 余人、高乔:《新〈广告法〉中互联网广告规定的更新与局限》,《中国出版》2016年第3期。

[86] 陈璐:《从女性叙事角度看百雀羚〈1931〉的主题书写》,《今传媒》2018年第8期。

[87] 吴勇毅:《美妆集合店"后浪"凶猛》,《销售与市场》(管理版)2021年第8期。

[88] 彭锦函:《华为智慧屏街头实验:赞美始发站》,《销售与市场》(管理版)2021年第7期。

[89] 陶石泉:《江小白的新思考:以用户为中心的数字化实践》,《销售与市场》(管理版)2021年第6期。

[90] 阴雅婷:《大数据环境中的品牌接触点传播变革与协同建构》,《广告大观》(理论版)2019年第5期。

[91] 马成功、马博:《浅谈"国货"的新媒体营销,以百雀羚"神广告"为例》,《大众文艺》2018年第21期。

[92] Burleigh B. Gardner & Sidney J. Levy, "The Product and the Brand," *Harvard Business Review*, Vol. 3-4, 1955.

[93] Hong Cheng & Padmini Patwardhan, "One Region, Two Worlds? Cultural Values in Chinese and Indian TV Commercials," *Asian Journal of Communication*, Vol. 1, 2010.

[94] Zhen Sun, "Cultural Values Conveyed Through Celebrity Endorsers: A Content Analysis of Chinese Television Commercials," *International Journal of Communication*, Vol. 1, 2013.

[95] Miao Zhao et al., "An Empirical Investigation of Chinese Award-Winning TV Advertisements Over Time," *International Journal of China Marketing*, Vol. 2, 2013.

报纸文章

[1] 姜华：《大众文化与日常生活界限消弭的哲学思考》，《光明日报》2007年9月18日，第11版。
[2] 张子麟：《从懵懂走向成熟——回顾改革开放30年中国品牌发展》，《中国经济导报》2008年12月13日，第B1版。
[3]《诗酒天下杏花村》，《大河报》2011年7月15日，第B19版。
[4] 韩言铭：《“三只松鼠”快跑的秘密：让主人快乐》，《中国经营报》2013年9月16日，第E2版。
[5] 李孔虎：《三只松鼠——守住坚果王位并非易事》，《科技日报》2014年11月25日，第6版。

学位论文

[1] 戴筱筱：《中国企业品牌文化建设的战略思考》，硕士学位论文，哈尔滨工程大学，2004。
[2] 蒋亦斌：《当代中国消费观念变迁解读——从广告传播表现看当代中国消费观念变迁》，硕士学位论文，武汉大学，2005。
[3] 马燕：《论我国电视广告对消费文化的影响》，硕士学位论文，天津师范大学，2007。
[4] 万芸：《新中国品牌发展的历史回顾及思考》，硕士学位论文，山西大学，2007。
[5] 刘海燕：《基于消费者行为的品牌文化研究》，硕士学位论文，北京交通大学，2008。
[6] 缪三红：《广告视域中的品牌文化传播解析》，硕士学位论文，中南大学，2009。
[7] 阴雅婷：《病毒营销——一种超广告的传播方式》，硕士学位论文，河南大学，2009。
[8] 王慧：《中国电视商业广告文化价值模式研究》，博士学位论文，复旦大学，2003。

[9] 孙国锋：《中国居民消费行为演变及其影响因素研究》，博士学位论文，南京农业大学，2003。

[10] 朱立：《品牌文化战略研究》，博士学位论文，中南财经政法大学，2005。

[11] 余宁：《网络环境下客户关系管理研究》，博士学位论文，华中农业大学，2007。

[12] 唐兵：《建国以来中国消费者行为变迁研究》，博士学位论文，西南财经大学，2010。

[13] 林楠：《中国消费文化演进的逻辑轨迹及其与经济发展的互动研究》，博士学位论文，武汉大学，2010。

[14] 厉国刚：《中国当代广告“健康”话语变迁研究（1979—2014）》，博士学位论文，华东师范大学，2016。

网络文献

[1] X. Kai, “Foreign Branding: The Foreign Named Domestic Brand Trend,” http://www.wxrb.com/xwzx/xwzxds/200905/t20090526450828.html, accessed January 25, 2010.

[2]《体验经济时代来临，让客户感动最重要》，腾讯财经，http://finance.qq.com/a/20121101/005603.html，最后访问日期：2016 年 5 月 1 日。

后 记

改革开放以后，特别是进入21世纪之后，中国社会生产力高度发展，物质产品极大丰富，随着人们生活水平的不断提高，人们的精神境界也得到极大提升，消费者已经不满足于产品的质量和功能属性，越来越多地追求商品品牌给自己带来的文化价值，中国本土企业的品牌文化传播呈现现代化、多元化和美学化发展趋势，企业和消费者的品牌文化意识也在不断发展成熟。目前，中国品牌发展已上升至国家战略层面，但是，中国对外的品牌文化传播在相当长的一段时间仅被当作一种对外宣传和产品促销，品牌文化输出的深层意义被忽略。时至今日，中国真正世界级的、具有文化影响力的品牌仍为少数，企业品牌文化传播未能充分展现国家形象，因此，深入培养自主品牌，构建、传播中国品牌文化价值和民族素养，具有积极和重要的意义。

本书由2020年度河南财经政法大学马克思主义新闻观研究中心招标课题“中国品牌文化传播研究”资助，是在我的博士学位论文基础上修改完善而成的。时光荏苒，转眼间我已毕业五年有余，孩子已经慢慢长大。在读博的过程中，我虽然无暇欣赏我这个年龄阶段里的繁花与日落，但是却开始品味学术研究的枯燥与寂寞，享受学习所带来的充实与丰盈。在撰写毕业论文的过程中，由于感到自己专业知识的积累不足、学术训练欠缺，而自己面对的又是新的研究领域，所以就把撰写的过程视作重新学习的过程，沉浸在华东师范大学图书馆、上海图书馆查阅资料、记笔记。去美国留学后，在遥远的异国他乡，左边是思念，右边是压力，不断遭遇各种未知的困难，还记得我经常在College of Media、Main library、Undergraduate

Library 等图书馆反复查阅资料，并进行相关样本的搜集、整理和分析，撰写至凌晨。芝加哥早晨四五点钟的太阳很清新，伊利诺伊厄巴纳－香槟分校（University of Illinois at Urbana-Champaign）夜半的月光也很静谧。

本书即将付梓，有太多的人令我感动感谢。

首先必须感谢的是杨海军老师，没有杨老师多年来耐心的引导、培养，就没有我现在对学术殿堂的向往和热情；没有杨老师的鼓励、指导，我也不可能完成博士学位论文，如期毕业。

感谢 Mike Yao 老师，是您接收我为访问学者，并在我海外访学期间，无私地对我进行了进一步的学术训练和帮助，我永远记得您的每一堂课，记得您每周和我的学术交谈，对此我深深表示感激。

感谢严三九老师、陈虹老师、雷启立老师、聂欣如老师、刘秀梅老师和路鹏程老师，在读博期间我有幸聆听了他们的课程，这些课程不仅开阔了我的研究视野，而且给了我很多启发，老师们在我的论文开题或预答辩期间也提出了很多宝贵的意见，在此再次表示感谢。

感谢我的爱人对我的信任、包容和全力支持，感谢我的父母，虽然他们现在已经去了遥远的地方，我不知那里是哪里，但是，他们永远是我继续前行的动力，而我也唯有不懈地努力，才能报答他们的爱与养育之恩。

深深感谢社会科学文献出版社的宋浩敏、王楠楠编辑，感谢你们的辛勤付出，你们的意见和建议给予我很大的启发。

“路漫漫其修远兮”，我将在专业领域中继续探索，即便前路是无尽的苍茫，并可能因为自身的不足而未能抵达“完美”之地，本书亦是如此。

阴雅婷

2023 年 7 月

图书在版编目（CIP）数据

改革开放后中国品牌文化变迁研究 ：基于广告传播的视角 / 阴雅婷著. -- 北京 ：社会科学文献出版社，2023.11

ISBN 978-7-5228-2252-5

Ⅰ. ①改… Ⅱ. ①阴… Ⅲ. ①品牌-企业文化-研究-中国 Ⅳ. ①F279.23

中国国家版本馆 CIP 数据核字（2023）第 144692 号

改革开放后中国品牌文化变迁研究
——基于广告传播的视角

著　　者 / 阴雅婷

出 版 人 / 冀祥德
责任编辑 / 宋浩敏
文稿编辑 / 王楠楠
责任印制 / 王京美

出　　版 / 社会科学文献出版社（010）59367078
地址：北京市北三环中路甲 29 号院华龙大厦　邮编：100029
网址：www.ssap.com.cn
发　　行 / 社会科学文献出版社（010）59367028
印　　装 / 三河市尚艺印装有限公司

规　　格 / 开 本：787mm × 1092mm 1/16
印 张：14.5　字 数：203 千字
版　　次 / 2023 年 11 月第 1 版　2023 年 11 月第 1 次印刷
书　　号 / ISBN 978-7-5228-2252-5
定　　价 / 98.00 元

读者服务电话：4008918866